더
탄탄하게
배우는
파이썬 3

제드 쇼(ZED A. SHAW) 저
안진섭 역

BM 성안당
www.cyber.co.kr

더 탄탄하게 배우는 파이썬 3

Contents • 차례

PART 6   SQL과 객체 관계형 맵핑

PART **7**   **마지막 프로젝트**

여러분이 일하는 프로세스는 무엇인가? • **297**

프로세스, 창의성, 퀄리티와
프로그래머에게 중요한 6가지 주제

프로세스, 창의성 그리고 퀄리티. 이 세 단어는 이 책을 읽는 내내, 항상 마음 속에서 담고 있어야 할 단어들이다. 나는 이 책을 통해서 여러분이 풀어야 할 많은 연습 문제들을 제시할 것이다. 이 연습 문제들은 프로그래머라면 반드시 알아야 할 주제에 대한 것들이다. 하지만 이 책에서 여러분이 진짜로 얻어야 할 것은 바로 프로세스, 창의성, 퀄리티, 바로 이 세 가지다. 내가 프로그래밍에 관한 책을 쓰면서 세웠던 목표는 소프트웨어 분야에서 가장 중요한 것들을 많은 사람들에게 일러주는 것이었다. 만약 프로세스가 없다면 프로젝트를 어떻게 시작해야 할지 몰라 허둥대게 되고 장기 프로젝트를 진행하면서 해야 할 것들을 제대로 관리하지 못하는 문제가 생긴다. 창의성이 없다면, 우리가 프로그래머로서 매일매일 마주하게 되는 문제를 해결할 수 없다. 또 좋은 퀄리티에 대한 개념이 없으면 우리가 지금 하고 있는 일이 잘되고 있는지 아닌지 알 수 없다.

이 세 가지 개념에 대해서 독자에게 알려주는 일은 아주 쉽다. 간단히 세 개의 글을 쓰고 블로그에 올리면서 이렇게 말하면 된다. "여러분, 이 세 개의 단어는 이러이러한 것을 의미합니다"라고 알려주면 된다. 간단한 일이다. 하지만 이런 글을 통해 독자가 좋은 프로그래머가 되지는 않는다. 또, 이런 글들이 독자를 개발자로 10년, 20년 동안 일할 수 있도록 도와 주지도 않는다. 간단한 프로세스를 알고 있다고 해서 실제 프로젝트에 이것을 적용할 수는 없는 일이다. 내가 여러분에게 알려주고 싶은 이런 복잡한 주제를 진정으로 이해하는 가장 좋은 방법은 간단한 프로젝트를 통해서 이런 개념들을 습득할 수 있도록 하는 것이다.

나는 여러분이 책의 연습 문제를 풀기 직전에 해당 연습 문제가 앞의 세 가지 개념 중에 어떤 것에 해당하는지 알려줄 것이다. 이 방식은 다른 책에서 내가 시도했던 것과 다른 방식이다. 이전에는 여러분이 의식하지 못하는 가운데 개념을 배울 수 있도록 했다. 하지만 이번에는 세 가지 주요 개념들을 마음으로 인식할 수 있도록 하는 것이 중요하기 때문에 좀 더 분명한 방식을 취하기로 했다. 즉, 연습 문제를 통해 개념들을 익힐 수 있도록 한 것이다. 연습 문제를 통해 모호한 개념들을 이해하고 잘 적용하고 있는지 알 수 있고, 연습 문제 이후에 보완하거나 추가해야 할 것들이 무엇인지도 알게 될 것이다. 이 책의 키포인트는 객관적으로 스스로를 평가하고 성장시킬 수 있는 능력을 키우는 데 있다. 여러분들이 목표를 달성하기 위해 노력하면서 기술과 훈련에 집중하다 보면 우리가 목표로 하는 능력을 가지게 될 것이다.

프로세스, 창의성 그리고 퀄리티 이외에 프로그래머로 살아가는 데 중요하다고 생각한 여섯 가지 중요한 주제에 대해서도 배우게 될 것이다. 물론 이런 주제들은 미래에는 변경될 수 있다. 하지만 여기서 제시하는 것들은 지금부터 수십 년 간은 매우 중요한 요소로 남을 것이라고 확신한다. 따라서 기술적으로 획기적인 전환이 없다면 그대로 적용될 것이다. Part 4에 있는 SQL 같은 것들 역시 데이터를 어떻게 구조화해야 하는지 배울 수 있기 때문에 관련 있다고 할 수 있다. 아주 동떨어진 주제는 아니다. 그러므로 여러분이 달성할 목표는 다음과 같다.

❶ 시작하기: 프로젝트를 시작하고 그것에 빠르게 적응하는 방법을 배운다.

❷ 데이터 구조: 데이터 구조 하나하나를 자세히 알려 주지는 않을 것이다. 여러분이 데이터 구조를 더 잘 배울 수 있는 지름길로 갈 수 있도록 도와줄 뿐이다.

❸ 알고리즘: 데이터 구조는 데이터를 처리할 수 있는 방법(알고리즘)이 없으면 아무 의미가 없다.

❹ 텍스트 처리: 컴퓨터 과학의 기본은 어떤 것을 파싱(분석)하는 것이다. 파싱을 어떻게 하는지 알게 되면 프로그래밍 언어를 배우는 데 큰 도움이 된다.

❺ 데이터 모델링: SQL을 이용해 데이터를 논리적으로 저장할 수 있도록 데이터 모델링에 대한 기초를 알려줄 것이다.

❻ 유닉스 툴: 커맨드 라인 툴은 이 책의 전반에서 사용될 것이다. 가령 프로젝트를 복사하는 일도 이 커맨드 라인 툴을 이용한다. 그리고 유닉스 커맨드 라인 툴에 대한 심도 있는 내용을 배우게 될 것이다.

이 책의 각 Part에서 여러분은 앞에서 설명한 세 가지 개념 중에 하나 혹은 두 개의 개념에 집중할 것이다. 이렇게 끝까지 진행을 하고 마지막 Part 7에서 간단한 웹 사이트를 만들면서 앞에서 배운 것들을 모두 적용해 볼 수 있을 것이다. 마지막 프로젝트가 관심을 끌기에 충분한 프로젝트는 아닐 수도 있다. 또 이것을 통해 창업하는 방법을 배우는 것도 아니다. 하지만 이 프로젝트들은 여러분들이 디장고(Django)에서 배웠던 것들을 적용할 수 있는 적당한 프로젝트들이다.

스스로의 능력을 키우는 데 필요한 내용들

앞에서 이야기한 세 가지 개념을 팀 관점으로 설명하는 많은 책들이 있다. 이런 책들은 프로세스를 언급할 때, 프로젝트에서 코드를 잘 관리하기 위해 다른 사람들과 어떤 식으로 일을 해야 하는지 잘 알려준다. 창의성에 대해서는 팀과 함께 미팅에서 고객에게 어떤 질문을 어떻게 해야 하는지 설명한다. 하지만 불행히도 이런 책들은 퀄리티에 대해 설명하지 않는다. 괜찮다. 하지만, 초심자에게 이렇게 팀 관점에 대해 설명하는 책은 두 가지 문제가 있다.

일단 여러분에게 팀이 없다. 그래서 책에서 알려주는 것을 실습해 볼 기회가 없다. 팀을 중심으로 설명하는 이런 책들은 이미 직업을 가지고 팀과 함께 일을 해야 하는 주니어 프로그래머들을 위해 쓰여진 것들이다. 이런 환경이 만들어지기 전까지 팀을 중심으로 설명한 책은 의미가 없다.

여러분이 가지고 있는 프로세스, 창의성 그리고 퀄리티에 대한 것들이 모두 엉망인데 팀으로 일을 어떻게 해야 하는지 배우는 것이 무슨 소용이란 말인가? 팀플레이를 중요하게 생각하는 사람들 조차도 대부분의 프로그래밍 작업은 결국 혼자 하는 것이라고 이야기한다. 그리고 스스로의 기술적인 성장 역시도 혼자 해야 한다. 여러분이 팀으로 일하고 있지만 코드의 퀄리티가 매번 나쁘고 지속적으로 다른 팀원에게 도움을 요청해야 한다면 상사로부터 좋은 평가를 받을 수 없다. 주니어 프로그래머 한 명이 일을 혼자 하지 못할 때, 팀원들은 팀을 욕하지 않는다. 일을 못하는 그 프로그래머를 비난할 뿐이다.

이 책은 대기업(Mega Enterprise)이나 유한책임회사(LLC)에서 일하는 좋은 근로자가 되는 법을 알려 주는 책이 아니다. 여러분이 개인의 역량을 키울 수 있도록 돕고 나중에 일자리를 얻었을 때 혼자 일을 할 수 있도록 하려는 것이다. 여러분이 자신의 프로세스를 발전시킬 수 있다면 큰 역할을 하는 팀원이 될 수 있을 것이다. 즉, 여러분 스스로 아이디어를 내고 시작해서 발전시킬 수 있다는 뜻이다. 이런 식으로 큰 프로젝트가 시작된다.

비디오 사용 방법

이 책은 여러 개의 비디오를 제공한다(원서 구매자들에게 해당). 이 비디오는 코드의 동작 원리와 디버깅에 대해서 설명하고 도전 과제에 대한 중요한 해법을 보여줄 것이다. 이 비디오를 통해 파이썬 코드에 일부러 심어 놓은 에러들을 보여주고 어떻게 고치는지도 보여줄 것이다. 또한 디버깅과 고도의 트릭 그리고 기술을 이용해서 이 코드에 대해 보다 심층적으로 들어가 볼 것이다. 비디오를 통해서 코드에 무슨 문제가 있는지 멈추어서 질문하는 방법도 알려줄 것이다. 이 비디오는 http://informit. com/title/9780134123486에서 볼 수 있다.

비디오에 접속하는 법

InformIT 사이트(http://informit.com)에 이 책을 등록하라. 업데이트 및 수정 사항을 사용할 수 있게 되면 편리하게 액세스 할 수 있다. 등록 프로세스를 시작하려면 informit.com/register에서 로그인하거나 로그인한다. 제품 ISBN(9780134123486)을 입력하고 간단한 구매 증명 질문에 답한다. 그런 다음 등록된 제품 탭에서 이 제품 옆에 있는 [Access Bonus Content] 링크를 찾은 다음 해당 링크를 따라 보너스 자료에 액세스한다.

▲ informit.com/register에서 로그인

▲ 제품 ISBN(9780134123486)을 입력

▲ 구매 증명 질문에 답한다.

▲ [Access Bonus Content] 링크

▲ 비디오 리스트

▲ 비디오 실행 모습

구매 증명 퀴즈를 위한 팁! 원서 연습 문제의 마지막 단어 리스트

연습 0 book

연습 1 notes

연습 2 too

연습 3 time

연습 4 now

연습 5 feelings

연습 6 fun

연습 7 book

연습 8 healthy

연습 9 powerful

연습 10 helpful

연습 11 takes

연습 12 those

연습 13 created

연습 14 reference

연습 15 design

연습 16 Exercise 19

연습 17 way

연습 18 Linux

연습 19 help

연습 20 process

연습 21 anyway

연습 22 programmers

연습 23 this

연습 24 structures

연습 25 find

연습 26 software

연습 27 down

연습 28 tricks

연습 29 works

연습 30 it

연습 31 support

연습 32 written

연습 33 comparison

연습 34 Python

연습 35 exercises

연습 36 practice

연습 37 things

연습 38 exercises

연습 39 read

연습 40 answer

연습 41 pages

연습 42 completeness

연습 43 statements

연습 44 Dirver

연습 45 course

연습 46 separately

연습 47 yacc

연습 48 bored

연습 49 they?

연습 50 take

연습 51 entirely

연습 52 possible

Preface 2 · 역자 서문

파이썬과의 인연

내가 파이썬을 알게 된 것은 대학에 들어가서였다. 그때의 나는 C/C++ 그리고 자바를 한창 배우고 신봉하던 때인지라 파이썬은 진지하게 배우거나 사용하지 않았다. 그저 간단한 스크립트 작업을 하거나 귀찮은 일을 처리하고 싶을 때, 사용하는 언어였을 뿐이다. 그러던 것이 최근 몇 년 사이에 파이썬을 본격적으로 사용하게 되었다.

업무적으로는 제품의 프로토타입을 작성하거나 웹서비스를 작성하는 데 사용하고 개인적으로 라즈베리파이와 같은 오픈 하드웨어를 이용한 집 자동화 프로젝트에 이용하고 있다. 구글과 같은 대형회사들이 내놓는 다양한 서비스도 파이썬으로 사용해볼 수 있어서 뭔가를 테스트할 때 파이썬 만큼 편리한 언어도 없다. 나만 그런 것이 아니라 주변 동료들, 심지어 내 아들도 파이썬 책을 들고 와서 배우려고 한다.

파이썬의 이런 인기는 무엇보다 언어가 쉬울 뿐 아니라 다양 모듈들이 이미 나와 있기 때문이다. 복잡하게 생각하지 않고 머리 속에 있는 것을 파이썬 언어로 쉽게 표현하고 실행시킬 수 있다. 개인적으로 성능이나 효율성보다는 빠르게 작성하고 결과를 바로 확인해서 다시 수정하는 현재의 프로그래밍 환경과 가장 잘 맞는 언어가 파이썬이라고 생각한다.

분명 파이썬은 쉬운 언어이다. 맞다. 다른 프로그램 언어에 비해서 쉬운 언어이다. 애매하거나 복잡한 문법을 정리하고 고급 구조체를 언어에서 지원하고 있다. 더욱이 다양한 모듈들이 이미 준비가 되어 있어서 쉽게 사용할 수 있다. 하지만 본격적으로 파이썬을 실제 문제에 적용해보려고 하면 어려워진다. 이것은 API를 모르기 때문이 아니다. 프로그램을 하는 방법을 모르기 때문이다. 문제를 정의하고 기능을 정의하고 그 중에 어떤 것을 먼저 구현해야 할지 모르기 때문이다. 새로운 지식을 배우고 적용하고 평가하는 방법이 분명하지 않기 때문이다. 흔히 말하는 방법론의 부재다.

이 책은 파이썬의 문법 API를 하나하나 알려주는 친절한 책이 아니다. 오히려 숙제만 잔뜩 던져준다. 의미 없어 보이는 연습 문제들로 보일 수 있다. 하지만 이런 연습 문제를 풀어보면서 다양한 방법론을 사용해서 스스로의 능력을 측정하고 고쳐나갈 수 있는 팁을 제시한다. 불필요한 습관을 파악하고 고치는 방법, 다양한 방법론들을 스스로 적용하고 측정해서 자신에게 맞는 방법을 스스로 찾도록 도와준다. 이런 점들이 그 동안의 프로그램 서적들과는 차별화되는 점이다. 프로그램을 업으로 삼고 있는 나에게도 여러 측면에서 스스로를 돌아보는 하는 것들이 많았다.

이 책을 번역하면 스스로에게 책의 방법을 적용하면서 번역을 했다. 빈 노트에 번역에 불필요한 습관이나 하루하루 진행되고 고쳐야 할 것들을 정리했다. 나의 나쁜 습관을 찾기 위해서 일하는 전체 모습을 계속 촬영해서 다시 살펴보기도 했다. 귀찮은 작업이었지만 분명 의미 있고 도움이 되는 과정들이었다.

이 책을 단순히 파이썬의 지식을 쌓기 위한 책으로만 본다면 다소 실망할 수도 있다. 하지만 프로그램을 진지하게 더 공부하고 발전하기를 원하는 이들에는 분명 도움이 될 것이다.

마지막으로 이 책을 무사히 완역하는데 힘이 되어준 사랑하는 아이들 재율, 재현과 아내 김은혜 님에게 이 책을 바친다. 가족과 나눌 소중한 시간을 양보해주었기 때문에 가능한 일이었다. 감사한다.

2018년 6월
역자 안진섭

Learn MORE PYTHON 3 the HARD WAY

PART 1

기초 지식

여러분이 배워야 할 것이 너무 많다. 나도 알고 있다. 겁나는 일이다. 하지만 서문에서 내가 말했듯이, 여러분은 이 책에서 딱 세 가지만 배우면 된다. 각각의 연습을 통해서 주어진 문제를 완성해 나가면 이 세 가지 스킬을 강화할 수 있을 것이다. 내가 내는 문제는 "cat 커맨드와 같은 것을 만들어라"라는 것이 되겠지만, 그 과정에서 여러분이 진짜로 배우는 것은 어떻게 하면 창의적으로 문제를 풀 것인가 하는 것이다. 그리고 내가 "링크드 리스트 데이터 구조를 만들어라"라고 주문하면, 여러분은 이 문제에서 만나게 되는 데이터 구조 코드를 리뷰하면서 리뷰 프로세스를 적용해 보는 것이다. 이 책의 핵심은 우리가 자동차 운전을 배우는 것처럼 프로젝트와 연습 문제를 통해서 자연스럽게 세 가지의 중요한 요소, 즉 프로세스, 창의성 그리고 퀄리티를 배울 수 있다는 점이다.

이 세 가지 개념에 특별한 것은 없다. 프로세스는 간단하게 말하면 우리가 어떤 것을 만들어 가는 단계라고 할 수 있다. 창의성은 어떻게 아이디어를 생각해 내고 구체화할 수 있는가를 말한다. 그리고 퀄리티란 아이디어를 현실로 만들었을 때 이것이 쓰레기가 되지 않도록 하는 방법을 말한다. 핵심은 이런 개념들을 적용하는 것이다. 어떻게 하면 여러분의 개인적인 개발 스킬에 적용할 수 있을까? 또 어떻게 하면 소프트웨어를 잘 만들고 있는지 혹은 그렇지 못한지 알 수 있을까? 어떻게 아이디어를 내고 현실화시킬까? 이 세 가지 모두가 서로 연결되어 있다. 창의성을 최대한 발휘할 수 있는 프로세스가 필요하고 퀄리티를 보증할 수 있는 프로세스도 필요하다. 모든 경우에 잘 작동하는 프로세스가 없기 때문에 이런 프로세스들은 창의적이어야 한다. 이것은 악순환이면서도 선순환이다.

이 책은 다음과 같은 과정으로 공부하는 것이 좋다.

❶ 나는 이 책 곳곳에 프로세스, 창의성 혹은 퀄리티에 대해서 어떤 목표를 제시할 것이다. 보통 여기에는 두 가지 혹은 한 가지 개념과 관련이 있다. 예를 들어, Part 2에 있는 45분 세션에는 간단한 툴을 해킹(뜯어봄)해 보면서 창의성에 대해서 배워 보는 식이다. 또, 여러분이 어떤 일을 시작하는 것이 어렵다면 창의적인 사람이 될 수 없으므로 여러분 스스로 시작 프로세스를 분석해 보는 시간도 가질 것이다.

❷ 각각의 연습 문제 앞부분에는 어떤 지시나 연습 문제를 해결하면서 생각해야 할 목표를 제시할 것이다. 이런 것들은 여러분이 어떤 관점에는 연습 문제를 풀어가야 할지 방향을 제시한다. Part 2의 **연습 04**는 간단한 것을 구현해 보라고 한다. **연습 05**는 방해가 되는 것들을 나열하고 방해물들을 제거하라고 요구하거나 좀 더 효율적으로 만들어보라고 할 것이다. 다른 연습 문제들은 주변의 실제 환경을 살펴보고 방해하는 요소를 고쳐보라고 한다. 여러분들은 주어진 지시를 생각하면서 각각의 연습 문제를 풀게 될 것이다. 그때마다 특별한 과제에 집중하면서 작업한다.

❸ 각 연습 문제의 뒤에는 훈련 항목이 있다. 이 부분을 통해 다른 도전 과제들이 제시된다. 이것들은 해당 프로젝트와 관련 있거나 연습을 통해서 공부하고 있는 프로세스, 창의성, 퀄리티에 대한 내용일 수도 있다.

❹ 어떤 연습 문제들은 '도전 모드'로 구성된다. 즉, 보통 기존의 유닉스 툴을 바탕으로 구현할 툴에 대해서 설명을 해줄 것이다. 그러고 나서 어떤 코드도 보지 않고 구현해 보라고 주문할 것이다. 처음 시작할 때는 간단한 샘플 코드가 있을 수도 있지만 보통은 이런 과제에 파이썬 코드가 없다. 이 문제에 대한 나의 솔루션은 깃허브의 http://bit.ly/lmpthwsolve에서 찾아볼 수 있다.

❺ 다른 연습 문제들은 내가 주는 코드를 이용해 필요한 부분을 구현해 보는 것들이다. 이런 종류의 연습 문제에서는 알고리즘 같은 것들을 설명해주고 설명한 알고리즘을 최대한 정확하게 구현하는 것이 중요하다. 그리고 버그도 찾을 수 있다면 찾아야 한다. 보통 이런 종류의 연습 문제는 퀄리티와 관련 있다. 자동화된 테스트 코드 작성, 에러율을 추적 기록하고 훈련 항목에 있는 다른 문제들에 대한 해결책들도 찾아보아야 하기 때문이다.

❻ 마지막으로 연구 노트를 작성하고 여러분이 일을 얼마나 더 잘하게 되었는지 보여주기

위해서 평가 지표를 계속 기록해 나간다. 나는 이것을 일기라고 생각한다. 즉, 어느 누구에게도 보여주지 말아야 하는 아주 개인적인 것에 속한다는 뜻이다. 특히 여러분의 회사 매니저에게 보여주지 말아야 한다. 이런 종류의 정보들은 여러분 스스로를 위해서 사용되어야 한다. 부디 소중히 간직하길 바란다.

이 책을 공부하면서 여러분의 목표는 단순히 몇몇 유닉스 툴의 복제품을 만드는 것이 아니다. 여러분의 목표는 이 작은 유닉스 툴 프로젝트를 통해 더 큰 프로젝트에 참여할 수 있는 능력을 키우는 것이다.

만약 제드의 둔한 프로세스를 따르고 싶지 않다면?

괜찮다. 이 책은 여러분이 성장하고 발전하는 것을 돕기 위한 책일 뿐이다. 따라서 여러분이 어떻게 일하고 있는지 분석해 볼 준비가 되어 있지 않았다면 나중에 할 수 있다. 전적으로 여러분 스스로의 방식과 원하는 시간에 도전 과제들을 할 수 있다. 그러고 다시 돌아와 제약 조건들을 가지고 프로젝트를 해보면 된다. 모든 연습 문제는 스스로 하는 것이고 개인적인 개발 역량은 작업하는 모든 부분에 적용된다. 여러분이 할 수 있는 것을 해라. 그리고 필요할 때 다시 돌아오면 된다.

내게 심각한 문제가 있다는 것을 알게 된다면?

이것은 대단히 현실성이 있다. 하지만 나의 방식은 여러분 스스로 왜 문제가 있는지 알 수 있고 또 문제를 고치기 위해 무엇을 해야 하는지 알아내도록 돕는 것이다.

이런 문제는 여러분이 이것을 개선하기 전까지만 문제된다. 이에 대한 기록을 잘 보관해서 다른 사람들이 여러분이 가지고 있는 문제를 눈치채지 못하도록 해야 한다. 그리고 준비가 되면 여러분 스스로 현재의 문제와 어떤 일을 해야 하는지 정확히 알게 될 것이다. 여러분이 사기꾼인지 아니면 일을 진짜 할 수 있는 인재인지는 예단하지 마라. 이 책의 과정을 통해서 객관적으로 여러분의 장점과 약점을 알게 될 것이다. 따라서 여러분이 어디에 있는지에 대해서 걱정하지 않아도 된다.

이 책은 여러분의 기술을 객관적으로 향상시켜 줄 여러 훈련 과정을 담고 있다. 즉, 여러분이 어떤 것을 얼마나 잘하는지 보지 말고 얼마나 많이 성장할 수 있는지 집중해야 한다. 어떤 연습 문제를 풀다가 자신의 능력에 대해서 화가 난다면, 그것은 극복하고 개선해야 하는 문제점을 찾은 것 뿐이다. 또 여러분이 해낸 다른 작업들과 객관적 발전 정도를 모두 고려해 하나의 연습 문제를 봐야 한다. 성장에 집중한다면 객관적(부정 혹은 긍정을 하지 않고)으로 스스로를 생각하게 되고 배움을 지속할 수 있을 것이다.

준비하기

이 책의 내용을 연습하기 위해서 몇 가지 도구를 컴퓨터에 설치하고 설정해야 한다. 이미 이런 것을 경험한 독자도 있을 것이다. 하지만 혹시 모르니 확실하게 하고 넘어가자.

프로그래머들이 쓰는 에디터

우리가 연습을 하는 데 필요한 것으로 프로그래머를 위한 텍스트 에디터가 있다. 이것은 소위 말하는 IDE(통합개발환경)가 아니다. 빔(Vim), 이맥스(Emacs) 그리고 아톰(Atom) 같은 것들이 프로그래머의 텍스트 에디터라고 할 수 있다. 이 툴들은 텍스트만 편집하는 간단한 텍스트 에디터가 아니다. 이 에디터들을 이용하면 전체 프로젝트를 관리하고 한번에 여러 가지 프로그래밍 파일들을 수정하는 작업을 할 수 있다. 이런 툴에는 IDE에서 볼 수 있는 기능들이 포함되어 있다. 빌드 커맨드를 실행하고 스크립트를 작성할 수 있다. 하지만 아주 중요한 것에서 차이가 있다. IDE는 보통 한 가지 언어에 특화되어 있다. IDE는 특정 소스 종류에 기능을 강화하고 IDE에서 지원하고 있는 코드를 작성하는 데 쉽도록 만들어졌다. 그래서 우리가 이런 IDE를 사용하게 되면 세부적인 것들을 모두 기억할 필요가 없다. 프로젝트에서 단지 〈Ctrl-스페이스바〉를 누르기만 하면 된다(역주: IDE는 자동 완성 기능이 잘 되어 있기 때문에 특정 키를 누르면 사용할 수 있는 기능들을 쉽게 찾을 수 있다). 이런 멋진 기능은 감당하지 못할 일들을 벌여 놓고 허우적거리는 개발자 10명보다 100배는 낫다. 하지만 이제 막 프로그램을 배우는 이들에게는 최악의 툴이다. 다른 문제도 있다. 만약 새로운 언어를 IDE를 사용해서 배우고 싶다면 그런 IDE를 누군가가 만들어 줄 때까지 기다려야 한다.

마이크로소프트나 제트브레인 같은 회사에서 우리가 사용하고 싶은 언어를 싫어하면 우리는 더이상 언어를 사용할 수 없다. IDE를 가지고 할 수 있는 모든 것들을 프로그래머 에디터라도 할 수 있다. Vim, Emacs 그리고 Atom 같은 에디터들은 내부적으로 스크립트를 사용할 수 있고 수정할 수도 있기 때문에 미래에 어떤 상황이 닥치더라도 적응할 수 있다. 하스켈++가 인기를 얻는다고 해보자. 그러면 에디터를 사용해서 이 언어를 바로 사용할 수 있다. 물론 우리가 했던 프로젝트에 대한 작업도 계속 할 수 있다. 만약 IDE에 우리가 종속되어 있다면 누군가가 이 새로운 언어를 먼저 이해하고 IDE를 만들어 줄 때까지 기다릴 수밖에 없다.

이제 막 프로그램을 배우기 시작한 경우, 프로그래밍에 사용할 좋은 에디터이면서 공짜로 사용할 수 있는 툴을 찾고 있다면 Atom(https://atom.io)이나 VisualStudio Code (https://code.visualstudio.com)를 설치하자. 이런 에디터들은 이 책에서 사용하는 모든 플랫폼에서 실행될 수 있다. 그리고 스크립트로 기능을 확장할 수 있고 이미 많은 플러그인을 보유하고 있다. 사용하는 것도 너무 쉽다. 물론 원한다면 Vim이나 Emacs 같은 툴을 사용해도 좋다.

파이썬 3.6

이 책은 파이썬 3.6을 사용하고 있다. 또한 많은 도전 과제들로 구성되어 있고 실제로 코드가 없기 때문에 이론적으로는 파이썬 2.7을 사용해도 되지만 비디오에서 보여 줄 솔루션들은 파이썬 3.6의 기능을 이용한다. 또 공식 레포지토리의 코드에서도 파이썬 3.6을 사용하고 있다. 즉, 파이썬 3.6을 쓰지 않으면 여기서 제시하는 솔루션을 파이썬 2.7에 맞도록 알아서 수정해서 사용해야 한다. 파이썬 3.6을 모르면 나의 저서 『Learn Python 3 the Hard Way』(이 책의 전작. 이 책은 'More'가 추가된 『Learn More Python 3 the Hard Way』가 원서의 제목이다.)를 읽으면 된다.

터미널로 작업하기

『Learn Python 3 the Hard Way』로 공부했다면 이미 터미널을 사용하는 방법을 알고 있을 것이다. 터미널을 시작하는 방법에 대해 꼭 알아야 하는 것은 아니지만 혹시 모르니 비디오를 통해서 설정하는 방법을 배워 두자. 비디오는 여러분이 사용할 수 있는 다양한 방법들을 보여줄 것이다. 이 비디오는 터미널 지원과 셸 스크립팅에서 많은 변화를 보여준 마이크로소프트 윈도우에서 특히 도움될 것이다. 마이크로소프트는 현재 유닉스 툴에 대한 지원을 점점 더 확대하고 있다.

pip와 virtualenv로 작업 환경 만들기

이 책은 많은 라이브러리와 소프트웨어를 설치해야 한다. 파이썬 세상에서는 이런 것들은 pip와 virtualenv를 이용하면 아주 쉽게 할 수 있다. pip 툴은 인터넷에서 패키지를 받아서 컴퓨터에 설치해준다. 그러면 파이썬 스크립트에서 이 패키지를 사용할 수 있다. pip로 작업할 때의 문제는 관리자 권한이 필요한 디렉토리에 패키지를 설치하려고 한다는 점이다. 이 문제를 해결한 것이 virtualenv 툴이다. 이 툴은 일종의 '파이썬 패키지 샌드박스'를 디렉토리에 만든다. 시스템 전체에 영향을 주는 곳에 패키지를 설치하지 않고 샌드박스에 `pip`로 패키지를 설치할 수 있도록 해준다. 설정을 설명하는 비디오가 다양한 플랫폼에서 `pip`와 `virtualenv`를 설치하고 사용하는 방법에 대해서 설명할 것이다.

연구 노트 작성

우리가 프로젝트를 진행하면 노트를 하고 여러 가지 지표에 기록을 하게 될 것이다. 그래프를 그리기 위해서는 줄 노트보다 모눈종이나 작은 점들이 있는 종이가 좋다. 그리고 연필도 많이 필요하다. 여러분들이 좋아하는 방식을 사용하면 된다. 단, 이 책에서는 연구 노트를 작성하기 위해 컴퓨터를 사용하지 않을 것이다. 이렇게 하면 문제를 풀 때 다른 관점을 가질 수 있다. 또 컴퓨터보다 종이를 사용한 경험이 더 많을 것이다(이 부분은 개인차가 있을 수 있다). 따라서 종이가 좀 더 '실제'라고 느끼고, 컴퓨터는 아니라고 느낄 수도 있다. 뭔가를 종이에 적어 보고 이것을 컴퓨터로 옮기는 것이 이런 인식의 문제를 해결하는 데 도움이 된다. 마지막으로 종이에 그리는 것이 더 쉽다.

깃허브 계정

여러분들은 github.com을 사용하게 될 것이다. 혹시 계정이 없다면 등록하자. 비디오 영상이나 프로젝트에 필요한 코드를 깃허브를 통해서 제공한다. 그러면 여러분들은 그 코드를 받아서 내가 했던 작업을 확인할 수 있다. 혹시 책에 있는 프로젝트 문제를 푸는데 막혔다면 내가 푼 것을 잠시 커닝해서 힌트를 얻어가면 된다. 연습 문제에 고의적으로 버그를 남겨 놓고 그것을 프로젝트에서 찾으라고 할 때도 있다.

깃(git)

여러분이 github.com 계정이 생겼다면 **git** 커맨드 툴도 필요하다. github.com에서 **git** 툴을 어디서 받고 어떻게 설치하는지에 대한 많은 정보를 찾을 수 있다. 물론, 간단히 비디오를 보면 플랫폼에 따라서 툴을 설치하는 방법을 볼 수 있다.

옵션: 화면 레코딩 소프트웨어

화면 레코딩 프로그램은 필수는 아니다. 단, 화면을 레코딩할 수 있고 동시에 작업하고 있는 여러분들의 얼굴까지 기록할 수 있는 소프트웨어가 있다면, 어떻게 작업하고 있는지 분석하는 데 도움이 될 것이다. 내가 이것을 옵션이라고 말한 이유는 작업 전체를 녹화하면 그것을 훑어 보고 그 중에 뭔가 도움이 될 만한 부분을 찾는 것이 고된 일이 될 수 있기 때문이다. 난 이런 작업을 한동안 스스로에게 해보았다. 이것이 많은 도움이 된 것도 사실이지만, 이 작업이 내 창의성을 방해한 것도 사실이다. 따라서 화면 레코딩 소프트웨어를 찾아서 설치할 정도의 여력이 있고 스스로 뭐가 잘못되었는지 몰라서 자신이 작업하는 모습을 보고 싶을 때, 내가 사용했던 방법을 해보는 것이 도움이 될 수 있을 것이다. 그리고 일을 하고 있을 때의 여러분의 실제 모습을 레코딩하는 것은 나쁜 자세나 다른 신체적 버릇들이 있는지 그리고 그것들이 몸에 무리가 되지 않는지를 확인하는 방법으로도 사용할 수 있다. 그러나 거듭 강조하지만 하루 종일 일을 하고 있는 자신을 기록하는 것은 조금 과도한 측면이 있다. 또 다른 사람들과 같이 일하는 것을 기록할 수 없다는 단점도 있다.

● **추가 학습** ●

이 정도가 지금 당장 해야 하는 일의 전부다. 책이 진행되면 나는 종종 다른 것들도 해보라고 주문할 것이다. 이번 연습을 끝내기 위해서 여러분이 할 일은 지금 사용하고 있는 플랫폼에 맞는 내 비디오를 찾아서 시청하고 여기서 내가 말한 툴들을 설치하는 것이다. 이미 설치했다면 비디오를 통해서 도구들이 잘 동작하는지 확인할 수 있다. 그리고 꼭 비디오를 보기 바란다. 그래서 이 책의 나머지 부분을 연습하는 데 문제가 없도록 해야 한다.

프로세스에 대해서

소프트웨어 개발에 있어서 두 종류의 프로세스가 있다. 첫째는 팀 프로세스다. 이 프로세스에는 스크럼(Scrum), 애자일(Agile) 혹은 익스트림 프로그래밍 (eXtreme Programming, XP) 같은 것들이 있다. 이런 프로세스는 다른 사람들을 방해하지 않으면서, 큰 코드를 가지고 협업하는 데 도움이 되도록 만들어진 것들이다. 팀 프로세스는 각 개인이 어떻게 협력할지 기술한다. 행동 방식, 보고 방식 그리고 오류 관리 등에 대한 표준을 제시한다. 보통 이런 종류의 프로세스는 다음과 같이 나눌 수 있다.

❶ 할 일 목록을 만든다.
❷ 목록에 있는 일을 한다.
❸ 사람들이 주어진 일을 올바르게 끝냈는지 확인한다.

팀 프로세스의 문제는 개인 영역으로 두어야 하는 부분까지 컨트롤하려고 하는 것이다. XP 프로세스는 이런 관점에서 아마 가장 제한적 프로세스일 것이다. XP는 심지어 프로그래머가 다른 프로그래머의 관찰자가 되어 작업 내용을 관찰할 때, 텍스트 에디터에서 빨간색의 뭔가가 나타날 때마다 소리를 지르기까지 한다. 나는 일부 교육을 위한 부분을 제외하고 개인적인 프로세스에 강제로 끼어드는 것을 강력하게 반대하는 입장이다. 이런 행동은 우리의 전문성에 대한 모욕이고 창의성과 퀄리티를 높일 수 없도록 하는 독재적인 분위기를 만들 뿐이다. 교육으로써 학생들에게 특정한 개인 프로세스를 강요하는 방식은 대상이 주니어 프로그래머나 신입 팀원이면 도움이 될 수 있다. 하지만 그 이후에는 팀에서 스스로 일할 수 있도록 해야 한다. 단, 개

개인이 최소한 요구된 수준으로 작업을 해주어야 한다.

또 다른 프로세스는 바로 개인 프로세스(Personal Process)다. 나는 화가, 작가, 음악가들에게서 이 개념을 가져왔다. 퀄리티에 집중하는 창조적인 사람으로서 안정적으로 작업을 지속할 수 있도록 하는 데 도와주는 것이 이 프로세스이다. 사실 아마추어 화가, 음악가 혹은 작가 중에는 자신의 작업 프로세스에 대해 아무런 생각이 없는 사람들도 있다. 보통 창의적인 프로세스가 없다고 말하는 이런 사람들도 실제로는 프로세스가 있다. 그들이 이것을 인지하지 못하고 있고 그래서 잘못 알고 있을 뿐이다. 보통 창의적인 훈련은 아이디어를 내는 순간부터 일을 마칠 때까지 중간에 길을 헤매지 않고 지름길로 갈 수 있도록 전략과 방법을 발전시키는 것이다. 화가의 경우, 이런 방식을 이용해 좀 더 확실하게 성공할 수 있도록 문제를 논리적인 단계로 나눈다. 음악가들은 자신이 선택한 음악 스타일에 균형을 잡아 주는 과정이 있다. 작가는 작품을 구조화해서 이야기가 잘 흘러갈 수 있도록 해주는 프로세스가 있다. 이 프로세스를 이용해서 이야기에 구멍이 없고 논리에 맞지 않는 부분들을 찾아낼 수 있다(대부분의 TV 프로그램 작가들이 그렇게 하지 못하지만).

소프트웨어 분야의 경우, 개인 프로세스가 다음과 같은 것들에 부합할 수 있어야 한다.

❶ 실행 가능한 아이디어를 찾는다.

❷ 아이디어가 제대로 잘 동작하고 빠르게 변경할 수 있는 것인지를 파악하면서 시작한다.

❸ 진행하면서 아이디어를 여러 작업 단계별로 재정의해 문제를 피하거나 빨리 문제를 극복할 수 있도록 한다.

❹ 아이디어를 구현한 것의 퀄리티를 보장해 나중에 버그가 대량 발생하는 사태가 일어나지 않도록 한다.

❺ (원한다면) 다른 사람들과도 일할 수 있어야 한다.

여기서 주목해야 하는 것은 꼭 다른 사람들과 일을 *해야 하는 것*은 아니라는 점이다. 오픈 소스의 등장으로 소프트웨어 개발에 커뮤니티를 너무 많이 강조하는 경향이 있다. 여러분이 작업한 것들을 다른 사람과 공유하지 않으면 커뮤니티를 모욕하는 사람 혹은 비사교적인 사람으로 찍힐 수 있다. 문제는 아주 소수의 창의적인 활동들만 그룹으로 시작한다는 점이다. 보통 그룹으로 시작해서 전혀 창의적인 못한 것으로 끝나는 경우가 허다하다. 창의적인 것들은 한두 명의 아이디어에서 시작하고 무에서 유로 현실화된다. 책, 영화 혹은 음악 앨범 같은 것과 마찬가지로 완성된 제품을 출시하려면 많은 사람들이 필요하다. 하지만 많은 창의적인 활동들은 혼자서도 충분히 할 수 있다. 그림이나 대부분의 비주얼 아트들이 그렇다.

그림을 그리는 데 팀 형식으로만 작업해야 한다는 조건을 요구하는 아트 스쿨은 없을 것이다. 소프트웨어라고 그림이나 글처럼 홀로 창조적인 작업을 하지 말라는 법은 없다. 소프트웨어에는 모듈화라는 원칙이 있다. 즉, 여러분 스스로 뭔가를 만들 수 있고 다른 사람들이 이것을 사용할 수 있다. 심지어 같이 일을 하지 않더라도 사용할 사람들과 의논을 할 수 있다. 여러분의 수준과 상관 없이, 여러분이 만든 소프트웨어를 사람들이 이용할 수 있다. 글이나 그림처럼 말이다.

여러분이 여러분만의 프로세스로 작업하는데, 다른 사람이 공유해 달라고 하거나 여러분을 비사교적 멍청이라고 말을 한다면 그렇게 말하는 사람이 바로 독설가다. 우리에게는 우리의 것을 비밀로 하면서 홀로 작업하고 자신만의 것을 만들 수 있는 권리가 있다. 여러분에게 더 큰 프로젝트에 기여하라고 하는 사람들은 큰 프로젝트를 시작한 사람이고 그것으로 큰 돈을 버는 사람들이다. 이것에 관한 한 나를 믿어라. 나는 소프트웨어 세상에 아주 큰 기여를 했다. 나는 아직도 컨퍼런스에 간다. 그리고 자신들의 프로젝트에 한 줄의 코드도 기여하지 않았다는 이유로 나를 기여자라고 여기지 않는 사람들을 만난다(나에게 어떠한 도움도 주지 않던 사람들이 말이다).

이 책 전반에 걸쳐 내가 프로세스라고 말하는 것은 모두 *개인* 프로세스를 의미한다. 나는 다른 사람들과 일하는 프로세스에 대해서 직접적으로 다루지 않을 것이다. 다른 사람들과 같이 어떻게 일해야 하는지 설명하는 책들은 이미 넘쳐난다. 하지만 진짜 자신의 프로세스로 작업하는 것을 도와주고 여러분의 일과 이유에 대해서 정의하는 책은 드물다. 여러분이 자신에게 집중해서 원하는 일을 하는 것은 절대 잘못된 행동이 아니다. 이기적이거나 욕심이 많아서가 아니며 비사교적이거나 모욕적인 행동도 아니다. 그저 자신이 사랑하는 것을 더 잘하려는 것일 뿐이다.

도전 과제

이제 실제로 연습을 해보자. 여러분만의 프로세스가 무엇인지 적어 보는 것이다. 그리고 여러분이 가지고 있는 문제에 대해서도 적어 본다. 이번 단계에서는 프로젝트 경험이 별로 없어서 어떻게 일하는지 모를 수도 있다. 그렇다면 다음과 같은 질문에 답해 보는 것이 도움이 될 것이다.

- 기간이 긴 프로젝트에서 일할 때 어려움이 있었는가?
- 여러분은 문제가 있는 코드를 아무 생각 없이 작성하는 경향이 있나?
- 여러분은 프로그래밍 언어를 열정적으로 배우지만 실제로는 어떤 것도 구현하지는 않고 있는가?
- API를 기억하려 하지 않나? (물론 나도 그렇기는 하다)
- 자신이 열등하다거나 실력이 없다는 사실이 곧 들통날 것이라고 생각하는가?
- 여러분 자신이 '진정한 프로그래머'가 아닌지 걱정되나?
- 여러분은 아이디어를 내고 그것을 코드로 구현하는 방법을 모르고 있나?
- 뭔가를 시작하는 데 어려움이 있나?
- 여러분은 난장판인 환경에서 작업을 하고 있나?

- 프로젝트를 시작했는데 그것을 더 발전시키는 방법을 모르고 있는가?
- 코드를 계속 쌓아서 거대한 쓰레기 코드가 될 때까지 그대로 두는가?

내 질문에 대해서 생각해 보자. 그리고 프로젝트를 하면서 여러분이 했던 일들을 적어 본다. 뭔가를 작업해 본 경험이 없다면 프로젝트에서 여러분이 해야 할 것에 대해서 *생각하면서* 적어 보자.

❶ 앞서 했던 것과 비슷한 다른 질문들을 적어 보고 그것에 답을 해보자.
❷ 다른 프로그래머들에게도 자신만의 프로세스에 대해서 질문을 해보라. 많은 이들이 프로세스에 대해서 별 생각이 없다는 것을 발견할 것이다.

● 추가 학습 ●

여기서 주목해야 할 것은 사람들이 자신의 프로세스가 무엇이고 실제 어떤 것들을 하는지에 대해서 이야기할 때, 천차만별로 이야기한다는 점이다. 사람들이 어떤 사건을 기억할 때, 실제보다 훨씬 더 긍정적이고 논리적으로 기억하는 경향이 있다. 이 책을 공부하면서 여러분은 이런 습관을 깰 것이다. 여러분이 *실제*로 무엇을 하는지 알기 위해서 기록된 지표(가능하면 화면 기록)를 많이 사용할 것이다. 이런 것을 평생 해야 한다는 뜻은 아니다. 하지만 코딩 기술을 연마할 때는 확실히 도움된다. 성공한 프로그래머들에게 자신만의 프로세스가 무엇이냐고 물어보면 이렇게 기록을 통해서 말하지 않고, 대부분은 자신이 하지도 않은 것을 했다고 한다. 차라리 경험이 많은 프로그래머를 찾아가서 그 사람이 일하고 있는 모습을 기록해서 보는 것이 경험을 물어 보는 것보다 낫다. 다른 프로그래머의 컴퓨터 화면을 기록하고 그들이 문제를 어떻게 극복하는지 보고 기록해 보자.

창의성에 대해서

창의성은 특별한 것이 아니다. 보통의 사람들도, 평균보다 똑똑한 사람들도, 이미 창의성을 갖고 있다. 아이디어를 내고 이것을 현실로 만들 수 있는 것은 인간의 지능과 사고력 덕분이다. 그런데 사회는 창의성을 특별하고 엄청난 사람들의 특징처럼 만들어 버렸다. 예술 분야에는 이런 사람들에 대한 신화 같은 이야기를 기록한 책들이 있다. 놀랍도록 창의적인 솜씨를 가지고 있는 위대한 사람이 뛰어난 아이디어를 가지고 순수한 마음으로 혼심의 힘을 다해서 완벽한 작품을 만들어냈다는 신화 같은 내용들을 담고 있다. 솔직히 말하면 '창의성'이라는 단어는 상투적으로 잘못 사용되고 있다. 아이디어를 구현하는 것이라는 뜻과는 동떨어지게 사용되고 있는 것이다. 그럼에도 불구하고 이 책 역시 이 단어를 사용할 수 밖에 없음을 밝힌다.

내 책에서 '창의성'이라는 단어는 아이디어를 현실로 만들 수 있는 것이라는 뜻만 지닌다. 창의성이라는 단어에 어떤 특별한 것을 내포하거나 생각한 것을 현실화하는 데 특별한 마법 같은 것을 부여하지 않았다. 나(아주 창의적인 사람이라고 여겨지는)와 여러분과의 사이에 단 하나의 차이점만 있다. 나는 내가 가지고 있는 아이디어를 현실화할 수 있는 능력을 연습했다. 나는 아이디어를 노트에 계속 기록하고 이것들을 정기적으로 만들어 보려고 노력한다. 또 생각을 구현하고 현실화하는 방편으로 그림, 음악, 글쓰기, 그리고 프로그래밍을 공부하고 있다. 정기적으로 어떤 것을 만들려고 시도하는 것만으로도 충분한 연습이 되었다. 여기에 어떤 마법 같은 것은 없다. 할 수 있을 때까지 반복했을 뿐이다.

여러분이 마음 속으로 생각하고 있는 것을 현실화하는 방법을 배우는 과정에서 쓰레기 같은 것들을 많이 만들게 된다. 하지만 산처럼 쌓여있는 그 쓰레기산 꼭대기에는 우리가 원했던 것이 있다. 여러분이 뭔가를 창조하려고 한다면 여러분도 엄청난 쓰레기 더미를 만들 수 있어야만 한다. 그렇다고 단순히 마구잡이로 만들고 놀라운 결과를 기대할 수는 없다. 생산적이고 창의적인 사람이 되는 길은 아이디어를 구현함에 있어서 여러분을 배움의 길로 인도할 원칙 혹은 프로세스에 따라서 진행하는 방법을 배우는 것이다. 주의할 것은 엄격한 프로세스에 빠져서 창의성을 죽이지는 말아야한다는 점이다. 창의적인 사람들은 창의성을 더 잘 발휘하도록 돕는 프로세스와 아이디어를 죽이는 프로세스 사이에서 균형을 잘 잡는다. 바로 이것이 이 책에서 여러분이 꼭 찾아야 할 핵심이다.

도전 과제

창의적인 프로세스로 작업하기 위해서 먼저 일을 마구잡이로 해보아야 한다. 내가 가진 강점 중 하나는 관련성이 없는 두 개의 아이디어를 가지고 흥미롭고 유용한 것으로 바꾸는 능력이다. 여러분들도 다음에 제시하는 간단한 연습을 매일 수행함으로써 이런 능력을 키울 수 있다.

❶ 무작위로 조합한 적어도 세 단어로 구성된 문장을 적는다. 예를 들어 다음과 같다. "멍청한 숲에 이구아나가 있다", "상징주의는 크레이프를 낳는다", "파이썬은 외계인을 소환한다" 등.

❷ 이제 10분간 이 세 단어 혹은 이 중 하나에 대한 수필을 작성해 본다. 이때 여러분이 상상할 수는 모든 감각을 사용한다. 시각, 청각, 균형 감각, 미각, 후각 등 사용할 수 있는 모든 것을 이용한다. 여러분이 쓰고 있는 것에 대한 아이디어를 얻기 위해서 사람이 얼마나 많은 감각들을 사용하는지 찾아보아야 한다. 자기 검열은 하지 말자. 글의 흐름대로 따라가라. 아이디어를 묘사하거나, 그림을 그릴 수도 있고 시를 쓸 수도 있다.

❸ 이번 연습을 하면서 소프트웨어나 평소에 흥미를 가지고 있던 것들에 대한 실제 아이디어를 얻을 수 있다. 이런 것들은 나중에 볼 수 있는 곳에 적어 놓고 할 수 있다면 그림으로 그려 두자.

믿거나 말거나 이 간단한 연습이 여러분이 앉아서 소프트웨어를 개발할 때 많은 도움을 줄 것이다.

❶ 생각을 검열하지 않고 아이디어를 발전시키는 방법을 알려준다.
❷ 서로 연결되어 있지 않는 아이디어를 자유롭게 연결해서 가능한 연결점을 찾는 훈련이 된다.
❸ 자기 검열을 하지 않고 가능성에 마음을 열 수 있도록 해준다.
❹ 생각을 글과 그림으로 적을 수 있는 능력을 길러준다. 이런 것들이 생각을 현실화하는 첫걸음이다.
❺ 이 연습을 통해서 여러분의 감각들이 어떻게 작용하고 다른 사람들에게 어떻게 작용되는지 알 수 있다. 여러분의 감각을 개발하는 데 도움이 된다.
❻ 이 연습으로 사람들이 여러분을 아주 훌륭한 예술가로 볼 수도 있다. 이 연습을 하고 나면, 베레모를 사서 파리로 떠날지도 모른다.

엉뚱한 주제에 대해서 글을 쓰고 생각하는 과정은 소프트웨어의 디테일에 신경을 쓰고 퀄리티를 염려하는 사람들에게는 다소 어려운 과제일 수 있다. 나는 그런 것을 충분히 이해할 수 있다. 그리고 여러분이 이미 가지고 있는 퀄리티 감각들도 분명 필요한 것들이다. 퀄리티에 대한 비판 없는 창조는 쓰레기만 만들 뿐이다. 반면 창조에 대한 감각 없이 퀄리티만 신경을 쓰면 문제를 해결하는 데 필요한 상상력이 부족해진다. 우리는 창의력과 퀄리티 모두가 필요하다. 이것들이 소프트웨어를 단단하게 만드는 데 도움을 준다.

만약 "유니테리언들은 오믈렛을 던지는 경향이 있다"처럼 무작위로 나열하는 단어 조합을 좋아하지 않는다면 사전에서 아무 단어나 찾아 사용하는 방법도 있다. 이렇게 찾은 단어에 대해 여러분의 느낌을 적는 것이다. 이 방법은 잘 동작할 것이고, 이상하다고 느껴지지 않을 것이다. 하지만 나는 여러분들이 조금 우스꽝스러운 것을 해보길 바란다. 진주만에 있는 황금 꿀벌에 대해서 시를 쓴다고 해서 회사에서 해고되지는 않는다. 또 다른 방법은 여러분이 각각의 감각에서 느껴지는 것을 표현해 보는 것이다. 이 방법은 창의적인 사람이 되는 데도 도움이 되지만 정신 건강에도 좋다.

연습 03 퀄리티에 대해서

나는 여기서 증명할 수 없는 인지에 대한 과학적인 이론을 제시하려고 한다:

어떤 결과를 만들기 위해서 노력했던 기억이 그 결과를 더 긍정적으로 평가하게 만든다.

이 이론은 내가 했던 거의 모든 창조적인 행위들에서 관찰한 사실이다. 그 과정은 다음과 같이 진행된다.

❶ 오랜 시간 어떤 것을 만든다. 소프트웨어, 그림, 글, 혹은 시간이 들어가는 어떤 것이든 상관 없다.

❷ 작업을 마친다. 그리고 잠시 뒤로 물러나서 자신의 훌륭한 작품을 관찰한다. 그때 친구가 온다.

❸ 그 친구가 어떤 오점 하나를 지적한다. 그러고 나면 갑자기 시각이 완전히 바뀌게 된다.

❹ 이제 여러분은 친구가 지적했던 것만 보게 된다. 그리고 어떻게 그런 것을 놓쳤는지 알지 못해 괴로워한다.

나는 이런 현상이 여러분이 제품을 만드는 과정에 대한 기억이 남아 있기 때문이라고 생각한다. 기억이 여러분이 인지하는 것에 영향을 준 것이다. 창조 행위가 아이디어와 작업에 긍정적인 영향을 주어 여러분이 긍정적인 쪽 혹은 중립적인 쪽으로 기우는 것이다. 그렇게 되면 이런 왜곡된 시각이 작업의 인식을 물들여 실제보다 더 좋게 생각하게 만든다. 그래서 단점이나 디테일은 보이지 않게 된다. 또한 여러분이 만들었던 기억 때문에 작업에 대한 애착도 있다. 이 애착이 작업에 대한 판단을 가린다. 하지만 여러분의 친구는 이런 기억이 없다. 작업을 좀 더 객관적으로 본다. 이 때문에 오류를 더 쉽게 찾을 수 있는 것이다. 교정 편집자가 글쓴이보다 더 많은 오류를 찾을 수 있는 이유가 바로 이 때문이다. 또 보안 전문가가 해당 소프트웨어를 만든 개발자보다 더 많은 소프트웨어 오류를 찾을 수 있는 이유기기도 하다. 외부 검열자는 감정적인 애착과 만드는 과정에 대한 기억이 없기 때문에 문제를 더 분명하게 볼 수 있다.

미술 분야에서 그림 작가들은 이런 문제를 극복하는 다양한 방법들을 사용한다. 레오나르도 다빈치도 그의 노트에 이 부분을 언급했다. 그 방법이란 바로 비판적인 친구의 관점으로 보는 것이다.

- 그림을 뒤집고 좀 떨어진 곳에서 본다. 이렇게 하면 변경해야 하는 반복되는 형태를 봄과 동시에 색상과 색의 대비에 대한 문제를 볼 수 있다. 잘 그려진 그림에서 반복되는 모양은 좋지 않다.
- 그림을 거울에 비추어 본다. 이렇게 하면 좌우가 바뀌어 보이게 돼 뇌가 그림이 어떻게 만들어졌는지 잊는다. 좌우를 바꾸면 전에 본 적이 없는 그림으로 보게 되므로 여러분이 비판적인 그 친구의 시각을 가질 수 있다.
- 빨간 유리를 통해서 그림을 보거나 검은 거울로 그림을 본다. 이렇게 하면 색상이 없어지고 그림이 검정과 흰색으로 보인다. 이 방법으로 그림이 너무 밝거나 어두운 곳 혹은 색상이 이상하게 보이는 곳이 드러난다.
- 이마에 거울을 붙이고 그 거울을 통해서 사물과 그림을 동시에 본다. 거울을 통해서 보면 그림과 사물의 위아래가 뒤집혀 보이게 되므로 이 둘을 비교할 수 있다. 이 방법을 사용하면 그림에 대한 문제를 쉽게 파악할 수 있다. 그리고 풍경과 그림 모두를 뇌가 기억할 수 없는 추상화된 형태로 보이게 해준다.
- 몇 달간 그림을 보지 않고 떨어져 있어라. 그러면 그림을 어떻게 그렸는지 잊어버려 새 시각

으로 그림을 볼 수 있다.

- 비판적인 친구에게 그림을 봐달라고 부탁한다. 그 친구는 자신이 본 것을 모두 이야기해 줄 것이다.

어떤 화가는 그림을 그리는 동안 거울을 뒤에 놓고 작업하는 경우까지 있다고 한다. 그리고 나서 간단히 등을 돌려서 자신의 작업 내용을 확인한다. 나는 그림이 잘되고 있는지 확인하기 위해 검은 거울(혹은 화면이 꺼진 모바일 폰을 사용할 때도 있다)을 이마에 붙여서 보곤 한다.

다른 분야에는 이렇게 스스로를 비판적인 시각으로 보기 위한 기법이 많지 않다. 특히 소프트웨어 분야는 아주 드물다. 코드에 있어서 '프로그래머 입장에서의 완료'라는 것에 대해서 특히 악명 높다. '프로그래머 입장에서의 완료'라는 것은 프로그래머가 이것 저것 작업해서 컴파일이 될 때까지 코드에 뭔가를 채워 넣었다는 것을 말한다. 그 상태를 작업 완료라고 주장하는 것이다. 그리고는 휙 가버린다. 사실 그것 뒤에 해야 할 작업이 많다. 코드를 정리하는 것부터 시작해 품질 보장을 위한 체크를 해야 하고 불변 조건들과 어써트(assert)를 추가해야 한다. 그리고 테스트 코드와 문서를 작성하고 전체 시스템 관점에서 잘 동작하는지 확인하는 작업도 해야 하지만 대체로 하지 않는다. 프로그래머들은 컴파일러가 내는 에러가 없으면 종종 작업이 끝났다고 생각한다.

이 책을 통해서 여러분은 화가들이 사용한 것과 비슷하게 *작업 내용*을 확인하는 방법을 배우게 될 것이다. 여러분이 작업을 했던 기억을 코드와 단절시킨 상태에서 코드를 볼 수 있는 방법들이다. 비밀은 체크 리스트에 있다. 작업했던 기억을 뒤집는 방법은 여러분이 어떤 오류를 만들었다고 가정하고 여러 가지 사항을 확인해 보는 것이다. 내가 알려줄 퀄리티 프로세스를 이용한다고 해도 모든 문제를 다 잡을 수 없다. 하지만 여러분 스스로가 최대한 많은 오류를 찾을 수 있도록 도와줄 것이다. 또 여러분이 하고 있는 오류의 종류를 확인할 수도 있다. 그래서 앞으로 같은 종류의 오류를 만들지 않도록 한다. 그리고 나면 다른 사람들이 여러분을 리뷰할 때도 용기를 얻을 수 있고 여러분도 다른 사람들의 코드를 볼 수 있게 될 것이다. 더불어 다른 오류를 찾을 수 있는 새로운 시각도 얻을 수 있다.

오류를 줄이는 것과 관련해서 나의 철학은 확률이다. 우리는 절대 모든 오류를 제거할 수 없다. 대신 오류가 발생할 확률을 줄이는 데 노력하고 대략적으로 추정해 본다. 이런 식으로 생각하면 코드에 오류가 있는지 없는지 걱정하는 것에서 자유로울 수 있다. 그리고 나쁜 소프트웨어를 만들지 않는 방법을 생각해 볼 수 있다. '프로그래머 관점의 완료' 대신, 작업을 마무리하고 리뷰 받을 시점을 더 정확히 알 수 있다. 모든 불가능한 엣지 케이스를 걱정하는 대신 이런 엣지 케이스에 대한 가능성을 가늠하고 그중에서 가장 높은 확률의 것을 처리할 수 있을 것이다.

◖ 도전 과제 ◗

이번 연습에서는 여러분이 몇 달 전에 썼던 코드를 찾아서 리뷰를 해보도록 하자. 여러분은 아마도 코드를 리뷰하는 방법을 모를 것이다. 하지만 그냥 한번 해보고 코드에 좋지 않다고 생각하는 것을 찾아서 주석을 달아 보자. 중요한 것은 파일 하나하나, 코드 한 줄 한 줄을 꼼꼼히 보는 것이다. 그리고 그 코드에서 문제가 될 만한 것을 찾아서 표시하고 이유를 써두는 것이다. 많은 소프트웨어에 대해서 같은 작업을 하지 않아도 된다. 오래 전에 썼던 코드로 한번 해보는 것이다. 그뿐이다.

코드를 리뷰하면서 발견한 모든 오류들을 모으고 그것들을 분류한다. 공식적인 오류 분류법을 따라도 되지만 기본적인 분류는 로직, 데이터 타입, 호출이 될 것이다. 로직 에러는 if 문이나 반복문을 잘못 쓰는 경우이다. 데이터 타입 오류는 변수를 사용하거나 타입을 추정한 것이 잘못되는 것을 의미한다. 호출 에러는 함수를 호출했는데 그것이 잘못된 경우다. 이런 분류가 흔히 사용되는 방식은 아니지만 여러분이 작업을 시작하기에는 적당하다.

PART 2

빠르게
해킹하기

여 러분에게 멋진 아이디어가 있다고 해보자. 분명 세상을 놀라게 할 수 있다. 또 수조 원의 재산을 소유한 부자가 될 수 있다. 머리 속은 아이디어가 번뜩이고 있고, 귀신에 홀린 듯 꿈 속에서도 아이디어가 떠오른다. 이제 다음 단계로 이 아이디어를 현실로 만들어야 한다. 아이디어를 구현하기 위해서 머리 속에 있는 아이디어를 꺼내서 컴퓨터 속에 넣어야 한다. 그러기 위해서 유령을 죽여야 한다. 영혼 세상에서 유령을 데려와서 파이썬이라는 부적으로 가두고 인터넷의 바다로 던져 넣어야 한다.

여러분은 자신이 창의적이라고 생각하는가?

창의성의 가장 큰 적은 바로 '시작'이다. 뭔가를 시작하려고 하는데 준비 절차가 복잡하고, 먼 길을 가야 하는데 죽은 소가 길을 막고 있으면 꿈을 어떻게 현실로 만들 수 있겠는가? 여러분의 아이디어가 너무나 어렵고 커서 걱정만 하고 있으면 어떻게 하나? 여러분이 그 작업을 실행할 수 있을 만큼 똑똑하고 말할 수 있나? 일을 시작하는 것이 창조적 작업에서 가장 어려운 부분이다. 이 책은 이런 시작 단계의 어려움을 극복할 수 있도록 돕기 위해서 집필되었다.

나는 화가이고 음악가이며 글을 쓰는 작가이면서 프로그래머이다. 따라서 나는 창조적인 작업에 대해서 잘 알고 있다. 일을 시작하고, 일을 진행시키는 것에 특히 더 많이 알고 있다. 일하는 절차(프로세스)는 진행 중인 프로젝트에 흥미가 떨어지고 진도가 잘 나가지 않을 때, 나를 일으켜 세워 준다. 하지만 시작하지 않고는 일이 지루해지는 단계까지 가지도 못한다.

모든 사람들이 생각하는 것처럼 어떤 일을 시작하려면 용기가 필요하다. 그림을 그리는 작업에서는 어떤 것도 시작할 수 없을 때, 나는 아무 그림이나 잡고 캔버스를 휘갈긴다. 성공한 화가는 이런 식으로 작업한다. 그렇지 않은 화가는 연구부터 한다. 공부하고 테스트해보고 스케치하고 마지막으로 그것을 가지고 작업을 시작한다.

작가로서 내가 가장 처음에 하는 것은 아파트 주변을 돌아다니며 나 자신과 미친 듯이 이야기를 하고 다른 사람에게 그것을 설명하는 상상을 한다. 이 과정을 충분히 마친 후, 앉아서 글을 쓴다. 나는 마음 속에 떠오르는 것을 적는다. 글을 쓰면서 문법을 걱정하지 않는다. 나는 "내가 똑똑하게 보이나?"라고 질문하지 않는다. 나는 내가 말하는 것을 적고, 흘러가는 대로 키보드를 친다. 그리고 몇 개의 문단을 적고 나서 그것을 읽어 본다. 말이 되나? 좀 정리를 해야 하지 않나? 이렇게 하면 잘 써지고 흐름에 따라서 계속 써갈 수 있다. 물론 이렇게 해서 완전 쓰레기 같은 것을 썼을 수도 있다. 그럼에도 불구하고 일단 시작은 한 것이다. 이것이 중요하다. 이렇게 일단 시작하면 나만의 프로세스에 따라 글을 완성시켜 나간다.

창조적인 작업을 시작하는 방법을 어떻게 배울 수 있을까? 여러분은 이것을 이해해야 한다. 이 책을 통해서 도와주려는 것이 바로 그 부분이다. 먼저 우리는 뭔가를 시작하는 두려움을 날려버려야 한다. 단순한 두려움이 아닐 수도 있다. 코딩을 시작하기도 전에 해야 할 수많은 쓸데없는 일들이 있을 수 있다. 그리고 커다란 방해물에 막혔을 수도 있다.

창조하는 것 연습하기

이번 Part에서 여러분은 빠르게 일을 시작하는 방법으로 창조성을 연습하게 될 것이다. 나는 작고 간단한 프로젝트를 줄 것이다. 이것들은 아주 지루할 수도 있다. 예를 들어, 파일의 내용을 출력하는 유닉스의 **cat** 명령을 구현하는 프로젝트 같은 것들을 줄 것이다. 아주 간단하게 작성하면 파이썬으로 단 두 줄의 코드로 작성할 수 있다. 이것은 프로젝트의 시작을 위한 미끼일 뿐이다. 일을 지속하도록 계속 밀어붙일 것이다. 일단 컴퓨터 앞에 앉아서 바로 시작한다. 그리고 작업을 완료한다. 지금 당장! 30분 후로 미루지 말고 지금 당장 하는 것이다.

어떤가? 이렇게 할 수 있을까? 여러분에게 필요한 것은 체크리스트와 자동화다. 체크리스트는 일을 시작하기 위해서 필요한 모든 것들을 기록한 것을 말한다. 컴퓨터 켜기, 소셜 미디어 *끄기*, 에디터 실행하기, 행운의 고무 오리 만지기, 신에게 기도하기, 10분간 명상하기, 그리고 프로젝트 기본 파일 복사하고 일을 시작하기. 이들은 한 가지 예에 불과하다. 이 체크리스트가 꼭 필요한데, 항목은 세세하게 적을 수록 좋다.

여러분은 아직 이 체크리스트가 무슨 의미가 있는지 아직 모르고 있다. 아이디어는 있지만 시작하기 전에는 여러분이 해야 하는 모든 것들을 알 수 있을까? 이런 작은 프로젝트를 통해서 여러분이 집중해야 하는 것은 이런 것들이다. 첫 번째 프로젝트로 작업을 해보고 *작업했던 내용을 적는다*. 우리는 우리가 측정할 수 없는 것들은 관리할 수 없다. 이 프로젝트로 여러분은 자신이 어떻게 하고 있는지 측정할 수 있는 첫걸음을 떼는 것이다. 여러분의 컴퓨터 화면을 녹화할 수 있는 소프트웨어가 있다면 더욱 더 좋다. 녹화 소프트웨어를 실행시켜 어려운 소프트웨어 문제를 푸는 과정을 녹화하자. 그리고 그 비디오를 보면서 여러분이 한 것들을 적어보는 것이다.

너무 프로젝트에 집착해서 노예가 되지 않도록 하고 프로젝트마다 시간을 정해서 시작하는 연습을 하도록 하자. 45분 동안 여러분이 할 수 있는 최고의 것을 만들 수 있도록 해야 한다. 더 길게도 더 짧게도 하지 않고 딱 45분으로 시간을 맞추고 시작한다. 노트와 연필이 준비되면 시작하자. 타이머 시간에 맞춰 작업을 끝낸다. 그리고 작업한 것들을 돌아보자. 그 중에 좋은 것을 선택한다.

각 프로젝트를 하고 나서 목록을 만들고 *장애물*을 *제거*하기 위해서 할 수 있는 것을 파악한다. 인터넷으로 찾아야 할 것들이 많은가? 프로젝트의 기본 골격을 만들어 두자. 텍스트 에디터에서 명령을 타이핑하는 데 어려움이 있나? 시간을 투자해서 에디터 명령에 익숙해질 수 있도록 하자. 또는 키보드를 보지 않고 타이핑을 하는 법도 배워 두자. 기본적인 명령이나 API를 알지 못해서 여기저기 찾아보는가? 책을 구해 공부하자.

그리고 코드를 지우고 새롭게 다시 해보자. 새 노트를 준비하고 적어 본다. 화면 레코딩을 다시 한다. 무엇을 했는지 기록하기만 하면 된다. 이번에는 더 많이 할 수 있었나? 혹시 작업을 어렵게 만드는 것이 더 있었나? 목표는 시작을 자연스럽게 할 수 있을 때까지 아이디어와 구현 사이의 시간을 줄이는 것이다. 먹고 숨쉬는 것처럼 자연스러워질 때까지 말이다. 마지막에 가서는 뭔가를 시작하는 것이 아주 자연스럽게 느껴지게 될 것이다. 그러면 다음 프로젝트로 넘어갈 수 있다.

기억하자. 컴퓨터 앞에 앉으면 바로 코딩을 시작하자. 바로 시작하자. 만약 마음속에서 거부하고 있다면 그런 바보 같은 목소리는 멈추라 이야기하자. 지금 하고 있는 것은 해킹 과정이다. 여러분은 괴짜지만 재미있는 사람으로 알고 있는 친구에게 코드를 알려 주는 것처럼 마음을 느긋하게 가지고 알고 있는 것을 마구 쏟아내자. 테스트나 퀄리티와 같은 엄격한 것들은 이 책의 뒤에서 다룰 것이다. 지금은 아니다. 지금은 코드만 작성한다. 지저분한 코드가 작성될 수도 있지만 마구 해보는 거다. 재미있을 것이다. 아이디어를 끄집어 내는 일이 상상의 퀄리티 콘테스트에서 우승하는 것보다 훨씬 중요하다.

초보 코더를 위한 프로세스

약간 엉성한 45분의 해킹을 마치고 나면 잠시 자리에 앉아 했던 일을 떠올려 보자. 이 '창조 후 비평' 과정은 앞으로 여러분을 더욱 발전시키는 데 도움될 것이다.

시작 프로젝트로 준 문제를 시작은 했는데 아직 완성하지 못했다면 여러분들에게 간단한 프로세스를 알려주겠다. 이 Part의 연습들은 45분 동안 하는 해킹 과정이다. 하지만 이제 막 시작한 프로그래머들은 조금 더 시간이 필요하거나 어디부터 시작을 해야 할지 모를 수도 있다. 이런 경우라면, 연습 문제에 60분의 시간을 사용하거나 45분 세션을 두 번씩 해도 좋겠다.

초보 프로그래머라면 각 세션을 시작하기 전에 다음과 같은 것들을 해야 한다(타이머를 시작하기 전에 말이다).

❶ 컴퓨터를 준비하고 작업을 시작할 준비를 마친다.
❷ 해야 할 작업에 대한 상세 내용을 읽고 노트를 한다. 이 과정은 연구 단계이고 최대한 많은 정보를 수집해서 적는다.
❸ 해킹할 대상을 사전에 조사해서 TODO 리스트를 만든다. 생각하고 있는 모든 일들을 적는다. 여러분이 만들어야 한다고 생각하는 모든 파일들도 적는다. 어떤 디렉토리에 저장할지, 어떤 기능을 만들지, 어떤 라이브러리를 사용할지 등 모두 적는다.

TODO 리스트를 완성하고 나면 타이머를 시작할 준비가 된 것이다. 해킹 세션에서는 다음과 같은 일을 한다.

❶ TODO 리스트에서 가장 쉬운 일을 하나 골라 일을 시작한다. 파일이 필요한가? 만들어라.

디렉토리가 필요한가? 만들어라.

❷ 작업한 내용을 확인한다.

❸ 작업한 태스크를 완료로 표시하고 다음 태스크로 이동한다.

이 프로세스가 아주 중요하다. 실제로 내가 사용하는 것을 간략하게 한 것으로 잘 동작한다. 거의 모든 프로세스는 축약하면 "리스트를 만들어라, 수행하라 그리고 체크하라"가 된다. 이 방법은 나에게 잘 동작했으니 여러분도 그럴 것이다. 여러분이 딱히 다른 방법이 없다면 내가 제시한 방법을 해보자.

■ 초보 코더의 코딩 프로세스

이 프로세스는 여러분이 코드를 작성할 때 적용할 수 있다. 『*Learn Python 3 the Hard Way*』라는 전 책에서 설명했었다. 코드를 어떻게 작성해야 하는지 모를 때 이 프로세스를 사용해 보도록 하자.

❶ 코드가 해야 하는 일을 일상의 언어로 적는다. 문단으로 적을 필요가 있으면 그렇게 한다. 간단한 태스크 목록으로 쓸 수 있으면 더 좋다. 문단으로 썼다면 이것을 코드가 해야 하는 목록으로 변경한다.

❷ 이 목록을 각 줄에 #으로 시작하는 주석으로 적는다.

❸ 가장 위에서 시작한다. 각 주석에 있는 내용을 파이썬 코드로 작성해서 동작할 수 있도록 만든다. 주석이 너무 추상적이라고 하면 이것을 더 작은 주석으로 만들고 이 과정을 반복한다.

❹ 코드를 실행해서 문법에 문제가 없는지 확인한다. 그러면 대부분 동작하는 데 문제가 없다.

이것이 해야 할 일의 전부다. 코드를 통해서 하려는 것을 문장(혹은 어떤 언어로든)으로 쓸 수 있다면 이것을 개발하는 것은 쉬운 일이다. 꼭 코드로 생각할 필요가 없다. 나중에는 주석으로 이렇게 먼저 적지 않고 코드로 작성할 수 있을 것이다. 하지만 나는 아직도 잘 풀리지 않는 문제가 있을 때, 이 방법을 사용한다.

연습 04 커맨드 라인 아규먼트 처리하기

이번 Part를 본격적으로 시작하기 전에 파이썬에서 커맨드 라인 아규먼트를 처리하는 것에 대해서 알아보기 위해서 몇 가지 해킹을 해보도록 하자(역주: 이 책에는 해킹이라는 용어를 자주 사용한다. 이 용어는 다른 시스템에 침입하는 행위를 의미하는 것이 아니라 어떤 것에 대해 다양한 시도를 해봄으로써 원하는 작업을 할 수 있는지 알아보는 행위를 의미한다).

전통적으로 우리는 이런 종류의 해킹을 '스파이크(spike)'라고 한다. 이 용어는 더 큰 프로세스나 프로젝트의 모든 구성 요소를 사용하는 작은 테스트 프로젝트를 진행하는 것에서 유래했다. 이 작은 테스트를 통해서 여러분이 사용할 수 있는 것이 무엇인지 확인해 보는 것이다. 스파이크의 목적은 새로운 라이브러리 혹은 툴들을 프로젝트에서 사용하기 위해 이전에 어떻게 사용하는지 알아보고 이해하는 것이다.

이번 연습은 도전 모드로 진행하는 첫 번째 연습이다. 도전 모드는 어떤 것을 하는 방법을 이해할 수 있게 만들어졌다. 그리고 여러분이 작업한 내용과 내가 했던 것을 비교해서 보는 것이다. 나는 처음에 코드를 주고 그 코드를 타이핑하도록 하지 않을 것이다. 그 방법은 초보자들에게나 어울리는 방식이다. 이 책을 읽고 있는 여러분은 더 이상 초보자가 아니다. 이제 도전 과제를 읽어보고, 그것을 스스로 풀어보자.

이 경고를 주의 깊게 읽기 바란다! 45분이라는 시간 동안 잘 동작하는 코드를 완벽하게 만들 것이라고 기대하지 않는다. 45분이란 시간 제약은 여러분이 뭔가 잘못하고 있지 않나 하는 걱정을 멈추게 하기 위한 장치이다. 이것은 여러분이 작업을 빨리 하도록 하는 것이지 테스트를 하려는 것이 아니다. 45분의 프레임만 보고 이 시간 동안 기념비적인 코드를 완성할 수 없다고 생각해서 아무것도 하지 않고 있다면 여러분은 잘못하고 있는 것이다. 45분의 시간을 이렇게 봐야 한다. "자~ 어디 45분 동안 내가 할 수 있는 것이 뭔지 볼까" 정도로 가볍게 보는 것이다. 이 연습은 목표가 열려 있다. 모든 사람들이 주어진 시간에 할 수 있는 양도 다르기 때문이다. 여러분은 이 제약된 시간을 사용해서 어떻게 일을 하는지 파악해야지 여러분 스스로가 나쁜 프로그래머인지 아닌지를 판단해서는 안 된다.

도전 과제

여러분은 이제 두 개의 작은 파이썬 스크립트를 작성하게 될 것이다. 다음 두 가지 방식을 사용해서 커맨드 라인을 처리하는 방식을 테스트한다.

❶ 전통적인 방식인 sys.argv를 사용해서 처리한다.
❷ 파이썬의 argparse 패키지를 사용한다. 좀 더 깔끔하게 아규먼트를 처리할 수 있다.

여러분이 작성한 테스트 스크립트는 다음과 같은 것들을 처리할 수 있어야 한다.

❶ --help 혹은 -h 아규먼트를 이용해서 도움말을 얻는다.
❷ 최소 세 개의 아규먼트를 플래그로 받는다. 플래그는 다른 아규먼트를 추가적으로 필요로 하지 않아서 커맨드 라인에 이 플래그가 보이면 변수를 on 시킨다.
❸ 옵션인 아규먼트를 최소 세 개를 처리한다. 옵션은 별도의 아규먼트를 가진다. 여러분이 작성하는 스크립트에는 옵션에 주어진 값으로 변수를 설정한다.

❹ 추가적으로 포지셔널 아규먼트를 처리한다. 이 아규먼트는 -로 시작하는 아규먼트 뒤에 와서 파일 목록들을 받을 수 있다. 그리고 이때 *.txt처럼 터미널 와일드카드를 처리할 수 있다.

이번 연습은 스파이크이기 때문에 테스트를 해보면서 어려움이 있으면 포기하고 다른 것을 시도하면 된다. 위 요구 사항들을 sys.argv로 풀어보다가 이해되지 않으면 argparse를 대신 사용해 본다.

이 연습은 45분으로 시간이 정해져 있고 시간을 엄수해야 한다는 것만 기억하자. 여러분은 자신이 하는 모든 것들을 기록해야 한다. 이번 연습의 목표는 프로젝트를 시작하는 여러분만의 방식이 어떤 것인지 알아내는 것이다. 시작하기 전에 이것에 대해서 스스로에게 이야기를 해보았는가? 텍스트 에디터가 어디에 있는지 혹은 어떻게 사용하는지 알고 있는가? 그런 것들을 적어보고 이런 장애물들을 어떻게 제거할지를 알아내야 한다.

그러나 엄격한 45분 연습에 실패했다고 혼란스러워 하지 마라. 어쨌든 45분의 시간 동안 뭔가를 시도해 보지 않았는가. 여러분이 ex4.py 파일 같은 것을 만들 수 있든 없든 45분 동안 작업을 했다. 그러므로 작업한 내용과 이유를 검토하고, 다음 작업에 필요한 것들을 찾아내야 한다. 그리고 다시 45분 세션을 시도한다.

▄ 솔루션

정답을 커닝하지 못하도록 모든 솔루션 코드들을 이 책의 프로젝트 사이트(http://bit.ly/lmpthwsolve)에 두었다. 정확히는 github.com에 호스팅하고 있다. 이 책에 코드를 포함시켜서 여러분이 커닝할 수 있도록 하지 않고, 프로젝트를 직접 체크아웃하고 ex4 디렉토리에 가서 내가 어떻게 문제를 해결했는지 확인할 수 있도록 했다. 그리고 그곳에는 내가 프로젝트를 어떻게 시작했고 어떤 것을 개선했는지에 대해 적어 놓은 노트가 있으니 참고해 보도록 하자.

경고

기억하자. 여러분이 작업하다가 막히며 Part 2를 소개했던 곳으로 가서 초보자를 위해 내가 제시했던 프로세스를 사용해 보도록 하자. 해야 할 리스트를 만들고 그 리스트에 적힌 것들을 수행하자. 그리고 완료한 것은 체크한다. 그거면 된다.

훈련

❶ 아규먼트를 분석하는 파이썬 라이브러리가 얼마나 더 있나? 그중에 선호하는 것이 있는가?

❷ sys.argv보다 argparse가 좋은 이유는 무엇인가?

❸ 여러분이 프로젝트를 시작하는 것과 관련해서 개선할 것이 있는가? 지금 당장 제거할 수 있는 것이 있는가?

연습 05
cat

연습 04를 통해서 우리가 일을 하는 데 방해가 되는 것들이 무엇인지 알아보았다. 그리고 사용자로부터 커맨드라인 아규먼트를 받아서 처리하는 좋은 방법이 무엇인지 조사하는 기술도 연습했다. **연습 04**의 진짜 목적은 일을 시작할 때 무엇을 했는지 연구 노트를 적는 것이었다. 여러분들은 지난 연습을 통해서 무엇을 바꿔야 하는지 알게 되었는가? 이상한 습관 혹은 일을 시작하는 데 장애가 되는 것이 있는가?

이번 연습에서는 cat이라고 하는 간단한 커맨드를 만들어보는 일을 할 것이다. 하지만 이번 연습의 진정한 목적은 작업을 시작하는 것과 관련해서 바꿔야 하는 것을 선택한 후 더 빠르게 작업을 시작할 수 있도록 해보는 것이다. 기억해야 한다. 여기서의 핵심은 cat을 구현하는 것이 아니다. 어떻게 하면 더 빠르게 작업을 시작할 수 있는지, 45분의 시간을 더 유용하게 사용할 수 있는지에 관한 것이다.

앞의 연습과 마찬가지로 45분의 데드라인을 엄수해야 한다. 연습을 하는 데 사용하는 시간에 제약을 두는 것은 코딩에 집중할 수 있도록 하는 좋은 방법이다. 사실 45분 해킹을 매일 해서 워밍업을 할 수 있다면 일을 더 잘할 수 있는 이상적인 것이 될 것이다. 45분 세션을 시작하기 전에 시작을 더 잘할 수 있도록 해야 한다. 그러기 위해서 오늘 제거해야 하는 장애물이 무엇인지 파악한다. 자. 오늘의 연습을 시작하자.

한번 더 분명하게 말한다. 이번 연습에는 실패같은 것은 없다. 45분의 시간 제한을 등급 연습으로 접근해서 여러분이 얼마나 잘 하고 못하는지에 대한 어떤 기대를 설정한다면 안 된다. 45분에 대한 올바른 생각은 어떻게 해서든 시작하도록 만들기 위한 수단으로 보아야 한다. 이 세션은 절대 테스트가 아니다. 다시 반복한다. 이것은 절대로 평가를 위한 테스트가 아니다. 자신을 스스로 안심시키고 세션을 시작하자.

도전 과제

cat 커맨드는 'concatenate(이어 붙이다)'의 줄임말이다. 파일 내용을 화면에 출력하는 데 일반적으로 쓰인다. 다음과 같이 사용할 수 있다.

```
cat somefile.txt
```

이 커맨드는 somefile.txt 파일의 내용을 출력한다. 하지만 cat의 원래 목적은 이것이 아니다. 원래 이 커맨드는 하나 이상의 파일들을 연결하는 것이다. cat이라는 이름은 이 때문이다. 이것을 위해서 cat에 여러 파일을 추가한다.

```
cat A.txt B.txt C.txt
```

cat 커맨드는 각각의 파일들을 가져와 내용을 출력한다. 모든 파일들을 처리하고 나면 종료한다. 문제는 어떻게 cat이 파일을 이어 붙일 수 있는지다. 이것을 위해서 터미널에 있는 기능으로 POSIX 파일 리다이렉션 기능을 사용해야 한다.

```
cat A.txt B.txt C.txt > D.txt
```

'>' 심볼은 여러분에게 이미 익숙할 것이다. 혹시 그렇지 않다면 기본적인 유닉스 셸의 기능을 다시 상기시켜 보아야 한다. 이 기능을 이용하면 cat 커맨드의 표준 출력(위 예제의 경우라면, A.txt, B.txt, C.txt 파일 모두가 합쳐진 것이다)을 받아서 오른쪽의 D.txt 파일에 쓸 수 있다. 여러분은 cat 커맨드를 최대한 빠르게 다시 구현해야 한다. 커맨드 라인을 처리하기 위해서 **연습 05**에서 배운 것을 활용한다. 파이썬에서 표준 출력을 하기 위해서 print를 사용하면 된다. cat에 대해서 더 많은 것을 알고 싶으면 다음과 같이 man을 사용하자.

```
man cat
```

이렇게 하면 cat 커맨드에 대한 매뉴얼을 볼 수 있다. 45분 동안 할 수 있는 한 많은 것을 개발하면 보너스 포인트를 얻을 수 있다.

■ 솔루션

이 문제에 대한 내 솔루션은 깃허브에 있는 프로젝트 레포지토리(http://bit.ly/lmpthwsolve)에서 볼 수 있다. **ex5/** 디렉토리에 가보자. 거기에 내가 급하게 만들어서 그다지 깔끔하지 못한 솔루션이 있다. 이번 연습을 하면서 퀄리티에 대해서 걱정하거나 창조적으로 해야 한다고 걱정하기 시작했다면 뭔가 잘못하고 있는 것이다. 작업이 엉성할 것이고 빠르게 작업을 마쳤을 것이다. 시간을 제한한 핵심은 키보드를 두드릴 때마다 존경 받을 만한 최상의 코드를 만들어야 한다는 개념을 버리기 위한 것이다.

할 수 있는 한 잘 하려고 노력하고 나중에 그것을 분석해서 어떤 것을 개선할 수 있는지 보면 된다.

■ 실습

❶ cat에서 예전에는 사용해 보지 않았던 흥미로운 기능을 발견했는가? 혹은 개발하기 어려웠던 기능은 무엇이었나?

❷ 여러분이 일을 시작하는 데 있어서 장애가 된 것들을 제거할 수 있었는가? 이것이 cat을 개발하는 것보다 더 중요하다. 여러분이 장애물을 제거할 수 없으면 이 연습 문제를 다시 해야 한다.

❸ 작업을 진행하면서 더 알아낸 것들이 있었나? 너무 낮게 앉아서 목이 아프다든지, 타이핑하기 불편한 키보드를 갖고 있다든지, 마음은 편한지 등 여러분을 방해할 만한 요소가 있는가? 이런 것들에 대한 생각을 멈출 수 있는가?

● 추가 학습 ●

이 책은 자습서가 아니고 여러분의 심리 문제를 고쳐 주지 않는다. 하지만 새로운 것을 배울 때, 우리를 두렵게 만드는 것은 그 대상이 아니라 우리가 느끼는 두려움이라는 점을 알려주고 싶다. 이번 연습에서 부정적인 생각 혹은 공포가 계속해서 시작하는 데 방해를 한다면, 45분 해킹 세션을 진행하기 전에 어떤 감정들이 느껴지는지 10분간 써보는 것을 추천한다. 여러분이 가지고 있는 두려움, 분노 그리고 그 밖의 감정들을 적어보면 45분이라는 짧은 작업을 하면서 이런 것들을 걱정하는 것이 얼마나 쓸데없는지 아는 데 도움이 된다. 한번 해보자. 10분간 감정에 대해서 적어보는 행위가 감정에 어떤 영향을 주는지 놀라게 될 것이다.

연습 06 find

부디 작업을 시작하기 전에 여러분의 작업을 방해하는 요소들을 찾았기를 바란다. 이런 과정은 한번에 다 되지는 않는다. 하지만 최소한 작업을 시작하는 것을 어렵게 하는 환경에 대해 개선할 수 있는 방법을 찾아야 한다. 어떤 일을 시작하는 것 자체를 분석하기에 우리가 하고 있는 연습들이 도움이 될 것이다. 연습에서 제시하는 프로젝트들이 어렵지 않아 프로젝트를 진행하는 시간 동안 분석할 수 있다. 프로젝트가 몇 시간이나 지속된다면 작업한 내용을 리뷰하거나 수정하는 일들이 지루해 질 것이다. 45분의 짧은 프로젝트는 노트(혹은 레코딩)를 하거나 리뷰를 빠르게 할 수 있을 정도의 분량이다.

이런 방식은 내가 공부를 하면서 사용하던 패턴이다. 나는 어떤 일을 시작하는 방법 혹은 툴을 다루는 방법과 같이 개선해야 하는 것들을 먼저 확인을 했다. 그리고 나서 각각의 문제에 집중할 수 있는 간단한 연습들을 나눠 해결했다. 그림을 배울 때, 나는 나무를 그리기 위해서 밖으로 나가려고 노력했다. 앉아서 문제가 무엇인지 알아냈다. 첫 번째는 내가 너무 많은 장비들을 가지고 다닌다는 것이었다. 그리고 그 장비들을 집 여기 저기에 두었기 때문에 바로 나갈 수가 없었다. 그래서 그림 도구를 보관할 별도의 가방을 구입했다. 그 가방에는 언제나 나갈 수 있도록 만반의 준비를 해두었다. 그림을 그리기 위해서 나가고 싶을 때, 그 가방을 집어서 그때 그때 원하는 장소로 걸어갔다. 가방 챙기기, 두 장소 중 한 곳으로 이동하기, 그림 그릴 준비하기, 그리기 그리고 다시 집으로 돌아오기 등의 작업들이 부드러운 비단처럼 매끄럽게 이어질 때까지 반복 연습했다. 그런 다음 밥 로스(역주: 미국의 유명한 화가로 TV에서 간단한 붓 터치로 멋진 그림을 순식간에 그려냈다)가 나무를 어떻게 그리는지 보았다. 그 사람은 여러 나무를 빠르게 그릴 수 있었다.

이것이 여러분이 해야 할 일이다. 많은 사람들이 시간과 노력을 낭비하는 곳이 바로 일하는 공간이다. 여러분은 절대로 바뀌지 않는 전용 작업 공간을 가지고 있는가? 나는 랩톱을 버리고 지금은 데스크톱 컴퓨터를 사용하고 있다. 그리고 내가 일을 하는 고정된 공간을 마련했다. 또 등이나 목을 보호할 수 있도록 했고, 큰 스크린도 준비하는 등 일을 더 집중할 수 있는 환경을 만들기 위해서 노력했다. 여러분 역시 일을 시작하기 전에 집중할 수 있도록 모든 것을 준비하면 좋겠다.

❶ 전등은 적당히 밝은 상태인가? 조금 어두워야 하지는 않는가?

❷ 의자는 편한가? 더 좋은 키보드가 필요한가?

❸ 일의 능률을 높이는 툴들은 무엇이 있는가? 윈도우 머신에서 유닉스에서 작업하는 방식으로 하려고 노력하고 있는가? 리눅스에서 맥에서 하던 것들을 하려고 하는가? 새로운 컴퓨터를 바로 사지는 말되 이런 것들이 진짜 하고자 하는 일을 방해한다면 나중에 구입할 때 한번 고려해 보도록 하자.

❹ 책상은 있는가? 책상은 어떤 상태인가? 불편한 의자에 하루 종일 앉아 작업하는 동안, 여러 잔의 커피를 마시지는 않는가?

❺ 음악은 어떤가? 가사가 있는 음악을 듣고 있는가? 나는 글을 쓰거나 코드를 작성할 때, 가사가 없는 음악을 듣는 것이 마음의 소리에 더 집중할 수 있었다.

❻ 오픈 오피스 공간에서 일을 하고 있으며, 동료가 여러분의 일을 방해하지는 않는가? 당장 마트로 달려가서 커다란 헤드셋을 구입하자. 헤드셋을 쓰고 있으면 방해받고 싶지 않다는 것을 사람들에게 알릴 수 있어 유용하다. 이렇게 하면 이어폰을 사용할 때보다 방해를 덜 받을 수 있다. 그러면 주변의 방해를 차단할 수 있고 일에 집중할 수 있다.

이번 연습은 위와 같은 것들에 대해서 생각하는 시간을 가지고 여러분의 환경을 단순화하고 개선하는 것이다. 중요한 부분은 그렇다고 불필요한 장비를 사거나 돈을 낭비하지는 말자. 다만, 문제를 확인하고 그 문제를 고칠 수 있도록 노력하자.

도전 과제

이번 연습에서 파일을 찾는 간단한 find 툴을 구현해 보도록 하자. find는 다음과 같이 실행할 수 있다.

```
find . -name "*.txt" -print
```

이 명령은 .txt로 끝나는 모든 파일들을 현재 디렉토리에서 찾아 출력한다. find 에는 정말 어마어마한 수의 커맨드 라인 아규먼트가 있다. 따라서 45분 세션 한번으로 모든 것들을 구현하는 것은 애초에 불가능한 일이다. find의 일반적인 포맷은 다음과 같다.

❶ 검색을 시작한 디렉토리: . 혹은 /usr/local/
❷ -name 혹은 -type d(디렉토리 타입)과 같은 필터 아규먼트
❸ 찾은 파일의 각각에 대해서 실행할 액션: -print

검색된 모든 파일에 대해서 커맨드를 실행할 수 있다. 현재 디렉토리 밑에 Ruby 파일을 모두 찾아서 지우고 싶다면 다음과 같이 할 수 있다.

```
find . -name "*.rb" -exec rm {} \;
```

위 명령이 .rb로 끝나는 모든 파일을 삭제할 것이라는 사실을 모른다면 이 명령을 실행하지 말자. -exec 아규먼트는 명령을 추가적으로 받는다. {}로 지정된 곳을 파

일명으로 교체한다. ;(세미콜론)이 보일 때까지를 아규먼트로 읽는다. 우리는 위 예제에서 \;으로 사용했다. bash와 기타 다른 셸은 ;을 자체 언어의 일부로 사용하고 있기 때문이다. 그래서 이것을 이스케이프시켜 준 것이다.

이번 연습 문제는 argparse 혹은 sys.argv를 사용할 수 있는 능력을 테스트해볼 수 있을 것이다. man find를 실행해서 find에서 지원하는 아규먼트가 얼마나 되는지 보기 바란다. 그 가운데 여러분이 구현하게 될 아규먼트가 무엇인지 정확하게 찾아본다. 여러분에게는 45분이라는 한정된 시간이 있다. 그러니 많은 것들을 한번에 할 수는 없다. 하지만 -name과 -type은 -print, -exec와 더불어 필수적으로 구현되어야 한다. -exec 아규먼트가 어려울 것이다. 그러니 이것을 마지막에 하도록 아껴두자.

이 아규먼트들을 구현할 때 여러분이 사용할 수 있는 라이브러리를 찾아보자. 분명 subprocess 모듈을 찾게 될 것이고 glob 모듈도 보게 될 것이다. os 모듈에 대해서 좀 더 자세히 알아볼 필요가 있다.

훈련

❶ find의 기능 중에 얼마나 많은 기능을 구현할 수 있었나?

❷ find를 구현하는 데 도움이 될 수 있는 라이브러리는 어떤 것들이 있나?

❸ 45분 세션의 일부로 라이브러리를 찾는 작업을 했는가? 해킹을 하기 전에 조사하는 작업을 세션의 시간에 포함하지 않도록 할 수도 있다. 나도 거기에 대해서는 괜찮다고 생각한다. 하지만 여러분이 좀 더 도전적으로 하고 싶다면 45분에 조사하는 시간도 포함하자.

● 추가 학습 ●

45분의 시간을 더 준다면 얼마나 많은 find의 기능을 구현할 수 있을까? 아마도 이것이 여러분이 할 수 있는 작업량을 알아보는 다음 도전 과제의 준비 운동이 될 것이다. 기억할 것을 최대한 만들고 싶은 대로 만들어 보는 것이다. 걱정하지 마라. 애자일(Agile) 담당자 그 누구도 놀고 있다고 생각하지 않을 것이다.

grep

Find 커맨드는 45분에 걸쳐 개발하기에는 도전적이기는 하지만 충분히 개발할 수 있었다. 이런 관점에 비추어 프로젝트 시작을 방해하는 요소들을 찾아서 제거할 수 있어야 한다. 그런데 예상과 달리, 어떤 것을 제거했는데 더 좋지 않은 결과를 얻을 수도 있다. 예를 들어, 나는 일을 하기 전에 커피를 마시기 위해서 산책을 하곤 했다. 대략 30분 정도의 산책은 적당하다고 생각했다. 하지만 이 30분이 여러 번 반복되다 보니 곧 몇 시간이 되었다. 나는 커피를 마시지 않기로 했다. 그랬더니 일이 엉망으로 변해 버렸다. 실제로 나는 커피가 필요했던 것이다. 그래서 좋은 에스프레소 머신을 사서 라떼를 만드는 방법을 익혔다. 지금은 일어나서 라떼를 만들어 먹고 그림을 그린다. 이렇게 하는 것이 내가 창조적인 일에 집중하는 데 도움이 되었다.

여러분이 하는 모든 것들이 비효율적이지는 않다. 따라서 시간이 많이 소모된다고 해서 간단히 없애는 것이 정답은 아니다. 여러분의 뇌가 일을 하게 만드는 작은 의례들과 개인적인 습관들이 있다. 핵심은 이런 것들을 제거하는 것이 아니다. 일을 시작하기 전에 이런 일들을 더 간편하게 할 수 있도록 만드는 것이다.

이 책의 첫 부분에서 시간을 관리하는 방법에 대해서 언급했다. 45분이라는 제한적인 시간을 두면 어떤 일을 하는 데 얼마의 시간이 소요되는지 분명하게 알 수 있다. 45분이라는 짧은 시간만 주어기기 때문에 vim 윈도우를 화면 오른쪽에 두고 디렉토리 구조를 완벽하게 만드는 일에 30분을 사용하고, 남는 시간에 정렬에 대한 알고리즘을 개발하는 일을 할 수는 없는 일이다. 일의 종류 그리고 일을 하는 순서에 대해서도 고민해야 한다.

프로젝트를 시작하는 가장 좋은 방법은 가장 작은 것부터 시작하는 것이다. find 예제에서 여러분은 아마도 **glob** 패턴으로 파일 목록을 가져왔을 것이다. 시간 관리를 잘 하지 못하는 이들은 자신들이 훌륭한 코더임을 보이기 위해서 -exec 아규먼트를 구현해서 보여주려고 노력했을 것이다. 하지만 -exec는 -name이 없으면 동작하지 않고 구현하는 것도 어렵다. 일하는 순서를 결정하기 위해서 작업을 마치고 나서 사용하고 싶은 기능이 뭔지를 스스로 질문해 보아야 한다. 45분이 지나고 나서 -exec 를 사용할 수 있지만 파일 목록을 가지고 오지 못한다면 이 기능을 어떻게 사용할 수 있겠는가? 동일한 시간 동안 주어진 이름과 매칭되는 파일 목록을 가져올 수 있는 기능을 개발하는 것은 충분히 가능하다. 45분의 시간을 이용해서 바로 사용할 수 있는 기능을 가질 수 있다.

일을 방해하는 요소들을 제거하고 시작을 얼마나 매끄럽게 하는지 평가를 지속해야 한다. 하지만 이번에는 시간 관리 방법을 살펴보자. 무엇을 개발할지 전략을 만들어서 시간이 부족할 때 사용할 수 있는 것을 만들어야 한다. 기능을 완벽하게 구현하지 않아도 된다. 필요한 간단한 기능이 없어서 동작시키지 못하는 10개의 기능보다 사용할 수 있는 2개의 기능이 더 유용하다. 이보다 안 좋은 것은 절반만 개발되어서 기능을 아예 사용할 수 없는 것이다.

도전 과제

여러분은 이제 grep 커맨드를 개발하게 될 것이다. 먼저 **man grep**에 있는 내용을 읽고 나서 개발을 시작하자. grep의 목적은 정규 표현식을 사용해서 파일에서 특정 문자열 패턴을 찾는 일이다. **glob** 모듈을 사용해서 **find**를 개발한다. 기능은 **find**와 비슷하다. 디렉토리에서 하던 것을 파일의 내용으로 하는 것뿐이다. 예를 들어 내 책에 있는 '**help**'라는 단어를 검색하고 싶으면 다음과 같이 한다.

```
grep help *.rst
```

    grep의 커맨드 라인 아큐먼트도 비슷하다. 어려운 부분은 정규 표현식을 다루는 부분이다. 따라서 re 모듈을 사용하게 된다. 이 모듈은 파일의 내용을 로드해서 커맨드 라인으로 주어진 패턴을 내용에서 찾을 수 있도록 해줄 것이다. 또 다른 힌트로 read 함수보다는 readlines 함수를 이용해서 전체 파일을 검색하는 것이 좋다는 것이다. grep의 옵션들은 대부분 다소 비효율적이더라도 잘 동작한다.

    이 부분에 대한 것은 정규 표현식에 대해서 소개하게 될 **연습 31**까지 무시하고 넘어가는 것도 상관없다.

훈련

❶ re 모듈에 grep처럼 동작할 수 있는 특별한 옵션들이 있는가?
❷ grep으로 했던 것을 모듈로 만들어서 find 툴에 이 grep 기능을 추가할 수 있는가?

● 추가 학습 ●

    re 모듈은 아주 중요하다. 그러므로 시간을 투자해 이 모듈을 공부하고, 알아야 할 모든 것을 익혀 두자. 이 책의 다른 부분에서 이 모듈과 정규 표현식에 대해 배우게 될 것이다.

연습 08 · cut

연습
08

여러분이 파이썬의 많은 것들을 배웠기를 바라지만 그보다 더 큰 바람은 여러분 자신과 여러분이 일하는 방식에 대해서 더 많이 배웠으면 한다. 여러분은 이번 Part를 통해 일하는 방식을 어떻게 정의해야 하는지에 대해 알아봄으로써 창의성과 프로세스에 대한 것들을 배울 수 있다. 개인 프로세스를 증진시키는 가장 쉬운 방식은 스스로 어떻게 일을 하고 있는 관찰하는 것이다. 간단한 연습만으로는 충분하지 못하다. 일하는 자신만의 방식을 살펴보고 그것을 개선하려는 노력을 계속 해야 한다.

일을 시작하는 프로세스를 개선하는 것과 마찬가지로 프로젝트의 종류에 따라서 다르게 시작하는 방법도 알아야 한다. 앞서 본 간단한 커맨드 라인 툴과 비슷한 소프트웨어에서 작업을 할 때, 나는 코드에 대해서 여러 가지 시도를 먼저 해본다. GUI에 대한 일을 해야 한다면 내가 필요로 하는 UI를 그리고 나서 그것에 대한 임시 버전을 먼저 개발한 다음 본격적인 일을 시작한다. 이 책을 계속 보다 보면, 이런 작업 방식을 익히고, 프로세스를 사용하게 될 것이다.

이번 연습을 통해 몸의 건강과 그와 관련된 행동들에 집중하면 좋겠다. 너무나 많은 사람들이 일을 하면서 몸을 웅크리는 자세를 취한다. 이런 동작들이 해롭다고 생각하지 않는 것 같다. 현대의 도시 생활은 온종일 책상에 앉아 있는 경우가 많다. 야외로 나가는 일이 별로 없다. 스트레스를 받으면서 오랜 시간 앉아 있으면 건강을 해치게 된다. 이런 일을 미연에 방지하기 위해 일을 하는 동안 다음과 같은 것들을 계속해서 살펴야 한다.

❶ 올바른 자세로 앉아 있는가? 똑바로 서 있는 자세는 좋지 못한 자세다. 등을 구부리는 자세 역시 좋지 않다. 몸을 세우고 긴장을 풀자. 그리고 고개를 든다.

❷ 어깨를 귀에 붙이고 있는가? 어깨를 편히 내리자.

❸ 손목을 긴장한 상태로 책상에 두고 있는가? 손목을 키보드 위로 올리고 너무 느슨하게 두거나 긴장한 상태로 두지 않도록 노력하자.

❹ 고개를 앞으로 내밀고 있거나 다른 쪽 모니터를 보기 위해서 몸을 비틀고 있는가?

❺ 의자는 편한가?

❻ 휴식은 잘 취하고 있는가? 일하는 시간은 최대 45분을 넘기지 말아야 한다.

❼ 화장실에 가고 싶은가? 아주 진지하게 묻는 것이다. 만약 화장실에 가야 한다면 지금 당장 일어나서 가라. 참고 있는 것은 정말 좋지 않다.

더 많은 내용이 있겠지만 위에서 말한 것들은 무엇보다 중요하다. 내가 생각하기에 많은 프로그래머들이 컴퓨터를 벗어나면, 컴퓨터가 즉시 폭발할 것처럼 생각하는 경향이 있다. 컴퓨터는 여러분이 돌아올 때까지 참을성 있게 기다려 줄 것이다. 잠시 쉬면서 뇌가 지금 하고 있는 작업의 문제를 다른 식으로 접근할 수 있는 기회를 주자.

여러분의 컴퓨터에 웹캠이 있다면 그것을 켜서 일하는 것을 녹화해 보는 것도 고려해 볼 만하다. 여러분은 자신이 꾸부정하게 앉아 있다고 생각하지 않을 것이다. 하지만 한창 일에 집중을 하고 있으면 알지 못하는 사이에 자세가 흐트러진다. 이번 세션에서는 자신의 작업 모습을 녹화하여 몸을 긴장시키는 것, 등이나 어깨를 결리게 하는 것 등 문제를 일으키는 원인을 찾아보자.

이번 연습에서는 cut이라는 툴을 개발하게 될 것이다. 나는 cut이라는 툴을 진짜 좋아한다. 텍스트 스트림을 자를 때, 이 툴을 사용하면 내가 마치 유닉스 도사처럼 보이기 때문이다. 이 툴은 아주 간단한 텍스트 프로세싱 툴로 충분히 만들 수 있을 뿐 아니라 유용하기까지 하다. cut으로 작업하기 위해서 이 툴에 자를 수 있는 텍스트를 공급해 주는 다른 툴이 필요하다. 다음과 같이 말이다.

```
ls -l | cut -d ' ' -f 5-7
```

위 명령이 무슨 뜻인지 아리송할 수 있다. 대부분의 시스템에서 이 명령을 수행하면 모든 파일들의 소유자명과 그룹을 리스트로 출력하게 된다. cut 커맨드는 구분자를 옵션(-d ' '는 공백은 구분자로 사용하겠다는 의미다)으로 받는다. 그리고 나서 추출한 필드(예제에서는 5-7을 사용했다)를 지정한다. ls -l 커맨드의 출력이 cut에서 처리할 데이터를 공급한다.

cut에 대해서는 이것이 전부다. 그러니 man cut 페이지를 읽어 보고 그중에 얼마나 많은 기능을 개발할 수 있는지 찾아보자. 이때 작업을 하면서 몸에 어떤 변화가 있는지도 확인한다.

훈련

여러분이 구현하는 것에 유니코드를 넣으면 어떤 영향을 줄까?

　기억하자. 여러분의 몸은 여러분의 일부이다. 마음이 전부라고 생각하는 것은 완전히 틀린 생각이다. 몸을 마치 필요 없는 것처럼 마구 대하면 뇌를 비효율적으로 만들게 되고 긴 시간 동안 작업하는 데도 방해가 된다. 그러니 시간을 들여서 가능한 자주 건강에 좋은 것들을 해야 한다. 그것이 요가가 될 수 있고 춤, 걷기, 하이킹 혹은 체육관에 가는 것이 될 수도 있다. 몸을 건강하게 유지할 수 있는 어떤 것이라도 하면 정신도 맑아진다.

　건강을 이렇게 생각해보자. 몸이 아프고 지속적으로 불편하거나 과로로 인해서 약해진다면 여러분의 뇌는 이런 것들에 계속 신경을 쓰면서 시간을 낭비해야만 한다. 기름칠이 잘 된 기계처럼 건강을 잘 관리하면, 우리의 뇌는 효율적으로 움직일 것이다.

　마지막으로 불편한 몸을 가지고 있다면 할 수 있는 만큼 최선을 다하면 된다. 프로그래머가 되기 위한 특별한 신체 조건은 없다. 코딩의 최대 장점 중 하나는 누구나 할 수 있다는 것이다. 육체적인 것들이 크게 작용하지 않는다. 요점은 프로그래밍으로 인해서 몸을 망치지 않도록 하는 것이다. 건강을 유지해라.

sed

공부를 위해서 작은 프로젝트를 진행하는 것은 유용한 방법이지만 좀 더 떨어져 우리가 집중해야 하는 큰 목표를 보도록 하자.

❶ 일을 시작하는 프로세스. 예를 들어 텍스트 에디터, 타이핑하는 기술, 그리고 컴퓨터 작업을 하면서 생기는 모든 일들.

❷ 일을 시작할 때와 본격적으로 일이 진행될 때의 마음 가짐. 마음을 다잡는 방법을 기록해 보자.

❸ 일하는 환경. 즉, 책상, 조명, 의자, 컴퓨터 등을 모두 포함한다.

❹ 일을 하면서 몸에 무리가 없는 물리적인 자세와 건강.

이번 연습에서 위에서 이야기한 것들에 대한 개선 계획을 만들어 보고 메트릭스 (metrics, 평가 지표)를 기록함으로써 한 단계 더 나아가 보자. 우리는 작은 커맨드 툴을 가지고 연습하고 있다. 그러면서 툴에 대해서 자료를 읽고 어떤 기능을 개발할지 결정했다. 그리고 45분 동안, 빠르게 목표한 작업들을 처리했다. 이번에는 기능들을 나열하고 그것들의 우선 순위를 결정하고 나서 45분 동안 얼마나 개발할 수 있는지를 알아보자. 사실 우리가 했던 프로젝트를 다시 할 수 있다. 여러분이 했던 것들을 기록해서 얼마나 발전하고 있는지 확인해 보는 메트릭스를 만들어 보자.

자~ 이제 시간을 가지고 그동안 작성한 노트를 보고 45분 간의 해킹을 하면서 완료했던 기능의 완성 비율(퍼센트)을 대략적으로 측정해 보자. 그리고 그 데이터를 종이에 그림으로 그리고 일하는 방식을 바꿀 때마다 눈에 띄는 변화가 있는지, 좋은지 나쁜지를 살펴보자. 또 이번 연습을 통해서 여러분이 할 수 있는 일의 양이 얼마나 되는지 예측을 해보자. 앞에서 제거했던 일을 방해하는 요인들을 다시 살펴보고 그것이 생산성에 얼마나 영향을 주는지 알아보는 것도 좋다.

> **경고** 여기서 우리가 작성하는 것은 개인적인 평가 지표라는 점을 명심한다. 다른 사람들과 공유해야 하는 종류의 것이 아니다. 이런 것들은 엄격한 과학이라고 할 수 없다. 여러분이 어떻게 일을 하는지 분석하려고 할 때 어느 정도의 객관성을 얻기 위한 것일 뿐이다. 이 것은 모든 프로그래머를 재단할 수 있는 지표가 아니다. 또 공유해야 하는 것도 아니다. 만약, 매니저가 여러분의 노트를 보고, 다른 팀원에게 같은 것을 요구한다면, 이것을 이 용해 문제를 발견한 다음 여러분과 팀원의 작업에 불필요한 압력을 준다면, 득보다는 실이 많을 것이다. 따라서 여러분의 연구 노트는 개인적인 일기장이라고 생각하고 다른 사람에게 보이지 않도록 해야 한다.

도전 과제

이번 연습은 다른 연습들에 비해서 조금 더 복잡할 것이다. 이번에 할 작업은 정규 표현식에 대한 작업을 좀 더 추가해서 sed라고 하는 툴을 개발해야 하기 때문이다. sed 유틸리티를 사용하면 정규 표현식으로 변환 패턴을 받아서 각 라인 별로 들어오는 라인의 문자열을 변경할 수 있다. sed의 정규 표현식 포맷을 개발하기가 어려울 수 있다. 그러므로 다음 세 가지 방법으로 접근해 볼 수 있다.

❶ 레벨 1은 문자를 다른 것으로 교체하는 가장 기본적인 sed 사용 시나리오를 위한 커맨드 옵션을 처리하는 것이다.

❷ 레벨 2는 정규 표현식을 이 옵션에 추가해 본다.

❸ 레벨 3는 sed 표현 포맷을 개발한다.

sed를 사용하는 예제로 스트림으로 들어오는 텍스트의 단어를 다른 것으로 교체하는 것이 있다. ls의 출력물을 변경해 보고 싶다고 하면 다음처럼 할 수 있다. 내 이름을 author로 변경한다.

```
ls -l | sed -e "s/zedshaw/author/g"
```

하지만, sed의 강점은 정규 표현식을 사용해서 패턴 매칭을 하고 그것을 변경하는 것에 있다. vim 에디터를 사용하고 있다면 다음과 같은 문법에 익숙할 것이다.

```
ls -l | sed -e "s/Jul [0-9][0-9]/DATE/g"
```

꼭 man sed 페이지를 읽어보기 바란다. sed를 개발하기 위해서는 좀 더 많은 조사를 해야 한다. 내가 추천하는 방식은 sed에 대한 리서치를 개발 전날 밤에 하고 그 조사 결과를 바탕으로 실제 개발에 들어가는 것은 다음날 45분 세션으로 하는 것이다. 이런 식으로 하면 여러분이 기록하고 있는 평가 지표에 올바른 결과를 기록할 수도 있고 일에도 집중할 수 있다.

훈련

❶ 평가 지표를 만들고 나서 뭔가 특별하거나 놀라운 점을 발견할 수 있었는가?
❷ 세션을 시작하기 전에 예상했던 것들은 무엇이었나?
❸ 예측했던 것과 실제로 한 일과 어느 정도 일치하는가?

sort

여러분은 지금 천천히 개인 프로세스 사례(Personal Process Practice, 3P)라고 하는 것을 만들어 가고 있다. 이 개념은 전혀 새로운 것이 아니다. 3P의 목적은 창의성과 생산성을 유지하면서 어떻게 일하고 있는지 객관적으로 알기 위함이다. 작은 평가 지표를 계속 만들고 런차트를 계속 그려나감으로써 일을 잘할 수 있는 방향으로 우리를 바꿔 나갈 수 있다. 3P의 위험 요소는 여러 가지 것들을 진행해야 하니 해킹을 빠르게 하는 데 방해가 되거나 일의 마무리가 늦어질 수 있다는 것이다. 또 3P를 위해서 하는 것들이 실제로 일을 하는 것보다 더 많은 노력이 들어갈 수 있다는 점이다.

나는 이것(3P)을 내 프로그래밍 경력 중에 거의 4년 동안 했었다. 이것을 통해서 내 자신에 대한 것과 내가 일하는 방식에 대해서 많은 것들을 알 수 있었다. 그리고 프로세스들이 주장하는 많은 거짓된 것들을 거를 수도 있었다. 프로그래밍에 대한 전문가들의 조언이 나의 생산성을 높이는지 확인할 수 있는 나만의 방법을 가질 수 있었다. 반면 내가 했던 단 하나의 실수가 있다면 이것을 너무 진지하게 많이 하면서 창의력을 죽였다는 점이다.

바로 이런 이유 때문에 여러분들이 프로젝트를 시작하는 방법과 빠르게 작업을 할 수 있는 업무 환경에 대해서 생각을 해야 한다. 여러분에게는 복잡한 메트릭스를 수집하고, 정확히 어떻게 하고 있는지 알기 위한 시간이 없다. 여러분에게는 허용된 시간은 단 45분이다. 이것부터 하고 나서 나중에 필요한 부분에 더 집중하고 정확한 평가 지표를 얻기 위한 시간을 쓸 수 있다. 어떤 지표를 수집하는 것을 좋아하지 않으면 그렇게 하지 않아도 된다. 그런 것들을 자동화할 수 있는 방법을 찾거나 다른 평가 지표를 사용할 수도 있다.

이번 연습에는 여러분의 기능 완성률에 대한 런차트를 만들게 될 것이다. 즉 일을 시작하기 전에 sort에 대한 man 페이지에서 찾을 수 있는 모든 기능들을 나열해야 한다는 뜻이다. 그리고 그중에 얼마나 완성했는지 표시한다. 기능을 재정렬해야 한다는 것을 기억하자. 그래서 어떤 식으로든 실제로 동작할 수 있는 작업을 해야 한다. 텍스트를 정렬하지 못하는 툴을 90%를 완성했다 하더라도 결과적으로는 0%를 완성한 것이다.

작업을 마치고 나면 각 프로젝트에 대한 기능 완성률 런차트를 만들 수 있어야 한다. 다음 연습에 여기서 만든 런차트를 분석한다.

도전 과제

이번 연습에서 sort 커맨드를 개발해 본다. 이 툴은 아주 간단한 커맨드다. 이 커맨드는 여러 줄의 텍스트를 받아서 그것들을 순서대로 정렬시켜 준다. sort에는 흥미로운 옵션이 많다. man sort 페이지를 읽어서 sort가 할 수 있는 것이 무엇인지 알아보자. 사람들은 대부분 sort를 이용해서 이름을 순서대로 정렬하는 일을 한다.

```
ls | sort
```

반대로 정렬하고 싶으면 다음과 같이 할 수 있다.

```
ls | sort -r
```

그리고 sort를 하는 방식을 제어할 수 있다. 가령 대소문자를 구별하지 않도록 할 수 있다.

```
ls | sort -f
```

또는 숫자를 정렬시킬 수도 있다.

```
ls | sort -g
```

이 명령은 ls 결과에는 정렬이 잘 되지 않을 수 있다. 모든 것들이 숫자여야 한다.

여러분의 일은 이런 기능들을 최대한 많이 개발하고 완성한 기능들을 기록하는 것이다. 이렇게 해서 여러분의 연구 노트에 적어두면 나중에 이것을 분석할 수 있다.

훈련

❶ 여러분이 개선할 부족한 점을 발견했는가? 주변을 살펴보고 사람들이 하고 있는 프로세스들에 대해서도 찾아보자.

❷ 우리는 프로그래머 즉, 코딩하는 사람들이다. 여러분이 좀 더 효율적으로 만들어줄 코드를 찾아본 적이 있는가? 내 친구 오드리(Audrey)와 대니(Danny)는 cookie-cutter라고 불리는 프로젝트를 했다. 다음 링크를 확인해 보자.
https://cookiecutter.readthedocs.io/en/latest/

❸ 숫자들의 중간값 계산 방법을 알고 있어야 한다. 이 방법을 사용해서 파이썬으로 런차트의 중간 라인을 계산해 보자.

● 추가 학습 ●

여러분이 런차트를 정확히 그리려면 숫자들에 대한 표준 편차를 계산해야 한다. 지금 당장은 필요 없지만 기술적으로 정확한 값을 얻고 싶을 때 유용하다.

연습
11

uniq

마지막 남은 두 개의 연습에는 특별히 더 말할 것이 많지 않다. 여러분은 작업 환경, 일을 시작하는 방식, 업무 자세 등 자신의 능력에 영향을 주는 모든 것들에 대해서 어떻게 생각하는지 알고 있어야 한다. 45분의 작은 프로젝트를 통해서 처음 일을 시작하는 단계를 돌파해야 한다. 아직도 이것을 이해하지 못했다면 그냥 시계를 45분으로 맞추고 나서 일단 시작해 보자. 이것은 일을 시작하는 확실한 방법이다. 이때 달성해야 하는 목표는 엄청난 작품을 만드는 게 아니다. 그냥 뭔가를 시작하는 것일 뿐이다.

여러분이 얼마나 발전하고 있는지 알기 위해서 런차트를 작성할 수 있는 괜찮은 연구 노트가 있어야 한다. 이 런차트는 아주 과학적이라고 할 수는 없다. 하지만 어떤 방식이 나에게 맞고 혹은 그렇지 않은지 이해하는 데 분명 도움이 될 것이다. 여러분이 런차트를 볼 때, 양쪽 방향에서 갑자기 큰 변화가 보이는 지점(스파이크)을 찾아야 한다. 그리고 그 변화를 가져온 '특정한 이유'를 찾으려고 노력해야 한다. 그 변화가 긍정적이라고 하면, 그 이유를 찾아서 다시 적용해 보자. 만약 부정적인 결과를 발견했다면, 나쁜 결과를 가져온 원인을 찾아서 같은 실수를 반복하지 않도록 노력해야 한다.

앞에서 이야기한 변화(스파이크)는 결정적인 변화를 의미한다. 런차트에서 알아두어야 할 것은 런차트의 값들이 출렁거린다는 점이다. 사실 몇 번의 45분 세션을 진행했는데 그 값들에 변동이 없다면 뭔가 잘못된 것이기 때문에 왜 그런 일이 벌어졌는지 그 이유를 찾아야 한다. 일반적으로 평균값을 중심으로 해서 값들이 출렁이게 된다. 여러분은 이중에서 어떤 방향으로든 변화가 있는 부분을 찾아서 그 원인을 찾기만 하면 된다. 여러분이 앞의 연습들을 꾸준하게 했다면 다음과 같은 방식으로 문제를 찾을 수 있다. 변동이 큰 지점을 찾기 위한 기준으로 평균값의 위아래에 2*std.dev(표준 편차를 2배한 것)의 한 값을 기준점으로 삼아 변동이 큰 지점을 찾는 것이다.

경고
런차트에 대한 다양한 내용을 알고 싶으면 이번 연습에 대한 비디오를 찾아본다. 화면을 통해 훨씬 쉽고 자세한 설명을 하고 있다.

도전 과제

uniq 커맨드는 sort로 정렬된 텍스트 목록을 받아 중복된 것들을 제거한다. 문자열 목록에서 중복된 문자열을 제거하고 싶을 때 유용한 툴이다. 이 커맨드를 만들었다면 다음과 같이 사용할 수 있다.

```
history | sed -e "s/^[ 0-9]*//g" | cut -d ' ' -f 1 | sort | uniq
```

history 커맨드는 여러분이 실행했던 각각의 커맨드 목록을 출력한다. 여러분의 sed 커맨드는 정규 표현식을 받아서 매칭되는 것들을 공백으로 만든다. 그리고 나서 cut 커맨드를 이용해 첫 번째 단어인 커맨드 이름만 남긴다. 이제 이것을 정렬시키고 uniq를 통해서 중복된 것들을 제거한다. 이렇게 하고 나면 여러분이 실행했던 모든 커맨드들을 얻을 수 있다.

uniq와 앞서 설명한 커맨드들이 동작할 수 있도록 필요한 커맨드들을 개발한다. 만약 여러분의 sed 커맨드가 아직 정규 표현식을 다루지 못하고 있다면 포맷을 변경할 수 있다. 하지만 이번 연습을 마쳤을 때, 여러분이 사용했던 명령들의 목록을 얻을 수 있어야 한다.

훈련

❶ 이번 연습을 통해 추가로 학습하고 작업을 시작할 수 있는 커맨드 목록이 생겼다.
❷ 이번 연습 문제는 처음으로 여러 개의 프로젝트들이 연관된 것이었다. 이전 단계에서 했던 연습들을 하나로 합쳐야 한다. 이런 통합 연습을 통해서 새로운 프로세스를 발견할 수 있었나?
❸ 런차트에서 발견한 것이 있었나? 그리고 그 발견이 도움이 되는가?

● **추가 학습** ●

　파이썬의 차트 라이브러리를 조사하고, 파이썬으로 런차트를 생성할 수 있는지 알아보자. 또 일을 시작하는 시간이 얼마나 걸리는지 측정을 하고, 런차트를 통해서 그 시간을 줄일 수 있는지 알아보아야 한다.

리뷰

내가 병적으로 집착하고 있는 첫 번째 단계가 마무리되었다. 물론, 여러분들에게 아닐지 몰라도 말이다. 이제 우리는 이번 Part에서 살펴본 전략들을 리뷰해 볼 것이다. 이 과정을 통해서 여러분 스스로 우리가 배웠던 것들을 할 수 있도록 해야 한다. 다음은 내가 지금까지 알려준 것들이다.

❶ 모든 프로젝트는 초기 시작 단계에 집중한다.

❷ 이 문제를 독립시키기 위해서 45분간 할 수 있는 작은 프로젝트들을 준비해서 자리를 잡는다. 이렇게 하면 프로젝트를 시작할 때 발생하는 문제에 집중할 수 있다. 그리고 프로세스를 반복적으로 연습해 볼 수 있다.

❸ 이런 프로젝트를 가지고 작업을 하면, 프로젝트를 시작할 때 문제가 되는 원인들을 확인할 수 있다. 컴퓨터 설정에 대한 것, 일하는 환경, 정서적인 면, 혹은 물리적인 건강까지 관련 있다. 더 많은 것들이 있겠지만 이런 것일 가능성이 높다.

❹ 가능성 있는 원인들을 발견하면, 45분의 짧은 세션을 이용해 그것들을 제거하거나 바꿀 수 있다.

❺ 마지막으로, 여러분들이 바꾼 것들이 실제로 도움이 되는 것이고 생산성을 해치지 않는다는 사실을 확인하기 위해서 메트릭스를 계속 기록하고 그것을 그래프로 만든다.

위와 같은 과정이 꼭 과학적인 프로세스로 진행해야 하는 것은 아니다. 여러분에게 필요한 것은 이것을 기록해서 여러분이 일하는 방식을 객관적으로 볼 수 있으면 된다. 이것을 제대로만 하면 전에는 생각하지도 못했던 놀라운 것을 경험하게 될 것이다. 데이터를 수집함으로써 새로운 가능성을 볼 수 있고 생각을 넓힐 수 있다.

여기서 부탁할 것이 있다. 지금 만들고 있는 개인적인 평가 기록을 다른 사람에게 보여 주지 않도록 해야 한다. 특히 관리자들에게 절대 보여주지 말아야 한다. 매니저들은 이 평가 지표를 이용해서 여러분들을 판단하려고 할 것이다. 매니저가 그렇게 하겠다고 하면 강력하게 거부해야 한다. 이 자료들은 개인적인 노트로 그 어느 누구도 그것을 읽을 권리가 없다. 마치 일기장이나 이메일처럼 말이다.

도전 과제

마지막 연습은 여러분들이 좋아하는 툴을 하나 골라서 한 주 혹은 그 이상의 기간 동안 45분 세션을 진지하게 진행하면서 정리하는 것이다. 배운 것들을 모두 사용해 이번 프로젝트를 시작하는데 아예 바닥부터 다시 잘 만들어 보자. 하지만 45분이라는 시간은 정확히 지켜야 한다. 이런 마지막 프로젝트를 간단한 해킹이라고 생각하지 말자. 대신 이번 해킹을 하고 나면 다음 단계로 넘어갈 수 있다고 생각하자.

나는 어떤 것에 대한 아이디어를 확인할 목적으로 빠르게 해킹을 하고 나서, 내가 했던 작업을 삭제하거나 정리한다. 해킹한 것이 완전히 엉망이라서 다시 보지 않을 것이라면 그것을 지우고 깨끗한 상태에서 다시 시작한다. 여러분이 했던 작업이나 풀어야 했던 문제는 잊지 않으면서 퀄리티에 집중하게 되면 더 깨끗하게 일처리 하는 데 도움이 된다. 물론 해킹하는 과정의 결과가 나쁘지 않으면 그 내용을 더 확장하기 전에 정리한다.

우리가 해킹 과정을 통해서 만든 내용을 정리하는 효율적인 방법은 해킹한 내용의 핵심을 테스트 코드가 있는 라이브러리로 만들어 두는 것이다. 이런 식으로 만들려고 하면 코드를 작성할 때 다른 곳에서 사용할 코드를 전제로 생각하게 된다.

❶ 해킹했던 파일로 가서 '생각의 흐름으로 작성했던 코드'를 함수로 만든다.

❷ DRY(반복하지 않는다, Don't Repeat Yourself) 원칙을 코드에 적용해 반복되는 것들을 제거한다. 하지만 너무 과하지 않도록 해야 한다. 반복이 전혀 없는 코드는 암호화된 코드와 다를 것이 없다.

❸ 코드 정리를 하고 함수로 변경하는 것 외에는 동일해야 한다. 나는 이 함수들을 모듈로 만들고 원래 코드는 이전과 같이 정상적으로 동작하도록 만든다. 기억하자. 코드 정리만 하고 내용을 변경하지 않도록 한다. 정리하는 것에만 집중하자.

❹ 코드의 위치를 바꾸고 이전과 동일하게 동작할 수 있도록 만들고 나면, 앉아서 테스트 코드를 작성한다. 그래서 앞으로 뭔가를 변경해도 잘 동작하는지 확인할 수 있도록 한다.

이번 연습에서 여러분은 좋아하는 프로젝트를 하나 선택해서 그 프로젝트를 공식화하는 프로세스를 해본다. 45분이라는 시간을 정확히 지켜서 프로젝트를 진행한다. 그러고 나서 코드 정리는 위에 설명한 프로세스를 따라서 진행해 보자. 코드를 정리하는 작업을 할 때는 45분을 넘겨도 상관없다. 단 세션마다 15~30분씩 쉬는 시간을 반드시 갖는다. 이것은 세션 간의 간섭을 막기 위해서다.

훈련

❶ 해킹할 때의 코드와 정식 코드를 비교해 본다. 정리 작업을 하면서 발견한 버그가 있는가? 다른 개선 사항들이 있는가?

❷ 해킹한 코드와 정리한 코드가 비슷하게 동작한다면, 해킹한 코드를 정리할 필요가 있을까? 동작을 잘하는 간단한 것들에 대해서도 코드를 정리해야 할 이유가 있을까?

❸ 여러분이 자주 수행하는 커맨드 리스트(연습 11 참조)에서 가져온 새로운 커맨드를 만들어 보고, 그것에 대해 전체 프로세스를 적용해 보자. 빠르게 해킹해 보고 코드를 정리해 정식 코드로 만들어 본다.

연습
12

Learn MORE PYTHON 3 the HARD WAY

PART **3**

데이터
구조

여러분은 일을 시작하는 데 방해가 되는 장애물들을 제거하고 작업을 빠르게 시작할 수 있는 개인 프로세스를 구축하고 있는 중이다. 좋은 시작 프로세스를 가지고 가볍게 시작해서 여러 가지 작업을 하는 능력을 키우는 것은 창조적인 일을 하는 기반이다. 창조적인 정신은 유연성과 평온한 마음에서 나온다. 일을 시작할 때 장애물이 있으면 흐름을 이어갈 수 없다. 여러분의 머리를 창조적인 해킹 모드로 바꾸는 방법을 알게 되면 문제를 창조적으로 풀고 더 생산적으로 일할 수 있다.

하지만 여러분이 지금 만들고 있는 것이 쓰레기라면 창조적이라는 게 무슨 소용 있겠는가? 초기에는 분명히 그럴 수 있다. 여러분이 만드는 대부분이 사실 쓰레기다. 그러나 여러분의 남은 일생을 끔찍한 소프트웨어를 만들며 살고 싶지 않을 것이다. 여러분은 창조적인 해킹 정신과 철저한 품질 정신 간의 균형을 유지해야 한다. 나는 사람들이 창조 표현 모드와 중요한 비평 모드 사이를 오간다고 생각한다. 여러분의 머리 속에 있는 아이디어를 꺼내서 느슨하고 창조적인 방법으로 현실화한다. 그러고 나면 스스로의 작업을 비평해서 자신의 창조물을 더 완전하게 만들고 좋은 품질로 만들도록 해야 한다.

Part 2에서 했던 작업들을 살펴보자. 프로젝트를 진행하면서 45분 동안 완성할 수 있는 기능들의 개수를 셌다. 그리고 시작 프로세스를 개선할 수 있는 지점을 찾으려고 노력했다. 하지만 해킹하는 것과 프로세스를 분석하는 것을 동시에 하지 않았다. 비판적인 사고 모드는 창조성을 억누르기 때문이다. 그래서 창조적 훈련 사이에 충분한 시간적 간격을 둔 것이다. 이런 식으로 작업을 하도록 해서 스트레스를 받지 않도록 했다.

Part 3에서 관점을 바꿔 퀄리티를 높이는 프로세스를 만들어 볼 것이다. 일을 명료하게 하기 위해서 퀄리티를 이렇게 정의하고자 한다:

낮은 오류율과 이해할 수 있는 코드

대부분의 프로그래머들은 이 두 가지에 대해서 끔찍한 수준이다. 대부분의 개발자들은 컴파일이 끝나면 일이 끝난 것이라고 생각한다. 그 뿐이다. 개발자들은 테스트 코드를 실행하고 일을 끝낸다. 나는 이것을 '프로그래머 단계의 끝'이라고 부른다. 이 시점이 되면 개발자들은 컴퓨터가 모든 문제를 다 찾아냈다고 믿고 작업에 대한 스스로의 비평을 하지 않는다. 그리고 프로그래머들은 최소한의 조건을 만족시킬 만큼 충분히 동작하는지에 집중하기 때문에 다른 사람이 코드를 이해할 수 있는지는 전혀 고려하지 않는다. 여러분이 프로그래머들에게 일일이 오류율이 어떻게 되는지 물어본다면 그들은 여러분을 쳐다보면서 "그런 건 중요하지 않아요"라고 말할 것이다. 코드 커버리지? 흥. 그들의 테스트 코드는 100라인의 코드로 이루어졌을 뿐이다. 이 테스트 코드로 모든 것을 테스트해야 한다.

좋은 프로그래머가 되기 위해 여러분은 자신의 퀄리티 지표와 사례를 찾기 위한 피나는 노력을 해야 한다. 노력을 해야만 여러분의 실력이 나쁜지 명확하고 분명히 그리고 정확히 드러난다. 따라서 이 노력은 스스로를 항상 대단하다고 생각하는 사람들에게는 재앙이 될 수도 있다. 가면증후군(impostor syndrome)을 가진 이들은 퀄리티 분석을 통해서 돌파구를 찾을 수도 있다. 퀄리티 분석으로 자신의 현재 상태를 파악하고, 개선 계획을 세울 수 있기 때문이다.

데이터 구조로 품질 배우기

데이터 구조는 간단한 개념이다. 컴퓨터는 메모리와 그 메모리에 들어갈 데이터를 가지고 있다. 여러분은 이것들을 임의의 장소에 보관하거나 데이터 처리를 쉽게 할 수 있는 구조를 사용할 수도 있다. 컴퓨터 과학의 초기부터 사람들은 다양한 목적으로 데이터를 구조화하는 방법을 연구해 왔다. 그리고 이런 구조들이 얼마나 잘 동작하는지도 분석했다. 데이터 구조가 잘 정의되어 있기 때문에 이것을 이용해서 품질에 대한 사례를 공부하는 데 이용할 수 있다. 이 Part에서 여러 가지 데이터 구조를 개발할 것이다. 그리고 그것들을 테스트함으로써 개발한 결과물에 대한 퀄리티를 판단하게 된다. 이때 두 단계를 거친다.

매 데이터 구조 연습에서 따라야 할 프로세스는 다음과 같다.

❶ 각 연습은 데이터 구조를 설명한다. 그리고 여러분이 할 수 있는 것을 설명한다. 설명은 일상의 언어, 다이어그램, 샘플 코드로 이루어진다. 데이터 구조를 개발해야 하기 때문에 코드만 보여주지 않을 뿐, 모든 필요한 설명을 다 해줄 것이다.

❷ 반드시 통과해야 하는 테스트들이 주어질 수 있다. 하지만 이 테스트들도 일상 언어를 사용해서 쓰여져 있다. 그러니 여러분이 이것을 자동화한 테스트로 작성해야 한다.

❸ 45분 단위로 작업을 해가면서 중간에 휴식 시간을 갖는다. 하지만 데이터 구조를 구현할 때는 조금 더 시간을 쓸 수 있다. 나는 처음에는 빠른 해킹 세션을 하고 나서 진지하게 작업하는 시간을 나중에 가졌다. 그리고 몇 번의 세션을 하고 나서 구현한 내용을 정리하는 시간도 가졌다.

❹ 프로젝트가 완료됐다고 생각되면 비판 모드로 전환하고 여러분이 했던 작업들을 확인하자. 이때 오딧(Audit) 프로세스를 진행한다. 비판적인 시각을 가지고 코드를 살펴보면서 버그를 찾는다. 얼마나 많은 오류를 여러분이 만들고 있는지도 노트에 계속 기록한다.

❺ 마지막으로 오딧(Audit) 단계에서 발견한 오류를 수정한다. 그리고 모든 작업을 마칠 때까지 연습을 계속한다.

이 프로세스는 여러 가지가 복합적으로 연결돼 있어 복잡하다. 그래서 이번 Part의 처음 두 연습(연습 13, 14)은 내가 만든 오류들과 내가 가진 코드를 사용할 것이다. 여러분은 비디오에서 이 프로세스가 동작하는 방식을 보고 연습에서 내 코드를 읽을 수 있다. 이를 통해서 해야 할 작업이 무엇인지 이해할 수 있다. 나는 내가 대략적으로 설명한 이 엄격한 프로세스에 따라서 작업할 것이다. 여러분은 비디오를 통해서 이런 과정을 주의 깊게 보도록 하자.

데이터 구조를 배우는 방법

알고리즘과 데이터 구조를 수학적으로 공부하는 정식 방법이 있다. 하지만 나는 데이터 구조에 숨어 있는 이론까지 상세히 들여다 보지는 않을 것이다. 여기서 가볍게 설명하는 내용이 흥미롭다면 여러분이 관련 주제에 대한 여러 책을 읽을 수 있다. 그리고 수년에 걸쳐 컴퓨터 과학의 이 분야를 공부할 수 있다. 나는 연습 문제를 주고 여러분이 데이터 구조가 어떻게 구현되고 동작하는지 배울 수 있도록 할 것이다. 데이터 구조를 정식으로 증명하지 않아도 된다. 간단한 파이썬 코드와 여러 번의 시도만 하면 된다.

이번 Part의 연습에서 여러분들이 내가 설명한 프로세스를 따라주었으면 한다. 그래서 머리에 기억하고 있는 내용만으로 데이터 구조를 구현할 수 있는 능력을 가질 수 있었으면 좋겠다. 내가 음악을 공부할 때 이 프로세스를 사용했고, 본 것을 그림으로 그릴 때도 이 방법을 썼다. 이 방법은 개념을 기억해야 하는 일이면 어떤 것이건 잘 동작한다. 물론 이 방법을 다양한 상황에 적용할 수 있다. 데이터 구조를 기억하는 것은 기계적인 암기로는 힘들다. 대신 '기억-시도-확인'이라고 부르는 프로세스를 따르는 것이다.

여러분이 기억하고 싶은 모든 정보를 모아라. 그리고 이것을 기억하고 떠올릴 수 있는 모든 방법을 사용한다. 정보의 일부라도 기억하려고 해보자.

❶ 이제 모든 정보를 멀리 떼어내서 볼 수 없도록 한다. 나는 자료들을 다른 방에 남겨둬서 자료를 보고 싶으면 자리에 일어나 먼 길을 가야 하는 환경을 만든다.

❷ 필요한 것을 떠올려서 다시 자료를 만들어 본다. 모든 것들을 적어 본다. 맞건 틀리건, 모두 적는다.

❸ 이제 여러분이 적었던 자료와 원래의 정보를 비교한다. 틀린 것들을 표시하고 다시 해본다.

❹ 오류로 표시된 목록을 다시 기억하기 위해서 집중한다. 다음 번에 오류를 수정할 수 있도록 한다. 그리고 모든 것들을 다시 한다.

❺ 에러 목록을 사용하여 다음 시도에서 에러를 수정하고 다시 시도하도록 암기에 중점을 둔다.

나는 기억하는 데 2~15분을 사용한다. 그리고 10~45분 동안 기억하고 있는 것을 떠올려 작업한다. 그동안 더 이상 떠오른 것이 없다면, 좀 더 공부해야 한다는 것을 알게 된다. 한 가지 예를 들어보겠다. 내가 기억하고 있는 것을 그림으로 그리는 과정이다.

❶ 나는 꽃을 그리려고 한다. 내 집에 있는 꽃을 방에 꽂아 둔다. 그리고 그림 도구를 다른 방에 둔다.

❷ 꽃이 있는 방에 앉아서 꽃을 쳐다본다. 그 다음 스케치한다. 손가락으로 외각을 따라가 보고 마음의 눈으로 그려 본다. 꽃잎 하나 하나, 줄기, 모든 것들을 시각화한다. 부분들을

기억하려고 노력한다. 나는 꽃 방에서 종이에 노트하고 색들을 조합해 본다.

❸ 이제 꽃 방에 모든 자료들을 남겨둔다. 빨리 그림 방으로 걸어가서 그림을 그린다. 꽃에 대해 아무것이나 떠올리려고 노력한다. 꽃잎들은 선명하게 기억할 수 있다. 그럼 그것을 그린다. 꽃병도 분명하게 떠올릴 수 있다. 그것도 그림으로 그린다. 눈을 감고 이미지를 기억하려고 한다. 그리고 떠오르는 것을 모두 그린다.

❹ 더 이상 떠오르는 것이 없거나 정진 시간이 지났으면, 일어나서 작은 캔버스를 가지고 꽃 방으로 가서 내가 그린 꽃과 실제 꽃을 비교한다. 틀린 부분에 대해서 노트한다. 꽃잎이 너무 긴가? 꽃병의 각도가 다른가? 흙이 너무 어두운가? 나는 노트에 스케치를 하면서 내가 무엇을 잘못하고 있는지 파악한다.

❺ 그 다음 그림을 그림 방에 가져다 둔다. 그리고 다시 꽃 방으로 와서 실수한 목록을 보고 다음 연습을 위해서 기억을 계속한다.

이 프로세스를 통해 그린 내 그림은 대체로 원본과는 비슷하지만 이상하다. 물론 얼마나 많이 이 과정을 반복하느냐에 따라 결과가 달라진다. 결국 이 연습은 내가 더 잘 그리고 내가 본 것을 더 빨리 기억할 수 있도록 해준다. 긴 시간 동안 내 기억의 시각 정보를 더 오래 유지할 수 있도록 해준다.

여러분이 알고리즘 연습을 할 때, 위에서 설명한 프로세스를 이용하면 나중에 인터뷰를 볼 때 필요한 기억 능력을 키울 수 있다. 여러분은 먼저 필요한 모든 정보를 이용해서 알고리즘을 개발하고 이것들이 어떻게 동작하는지 배워야 한다. 이해하지 못하는 것을 기억하는 것은 정말 어렵다. 개발하고 나면 이것을 가지고 기억 연습을 할 수 있다.

❶ 한쪽 방에 알고리즘에 대한 모든 책, 노트, 다이어그램, 정보들을 몰아 넣는다. 노트북은 다른 방에 둔다. 필요하면 코드를 출력한다.

❷ 15분간 알고리즘 방에서 공부한다. 노트하고 다이어그램도 그린다. 데이터가 어떻게 흘러

가는지 시각화도 해본다. 그리고 알고리즘을 배울 수 있는 모든 것을 한다.

❸ 이제 알고리즘 방에 모두 남겨두고 랩톱이 있는 방으로 걸어가 기억만으로 개발을 시작한다. 작업을 확인하기 전까지 개발에 45분 이상 사용하지 않는다.

❹ 랩톱을 가지고 알고리즘 방으로 들어가 무엇을 잘못했는지 노트한다(알고리즘 방에 머물면서 한다).

❺ 랩톱을 다시 원래 방에 두고 알고리즘 방으로 돌아온다. 다시 같은 방식을 진행하기 전에 공부하는 시간을 갖는다. 이때 여러분이 틀렸던 것들에 집중한다. 이렇게 하면 더 쉽게 기억할 수 있다.

처음에는 이런 과정을 몇 번 반복하면 좌절할 수도 있다. 하지만 곧 이런 과정이 쉬워지는 것을 느낄 수 있을 것이다.

싱글 링크드 리스트

여 러분이 구현하게 될 첫 번째 데이터 구조는 싱글 링크드 리스트이다. 나는 데 이터 구조 설명과 구현해야 하는 모든 오퍼레이션들의 목록을 나열해 주고 여 러분이 만들 구현체가 꼭 통과해야 하는 테스트 코드도 줄 것이다. 여러분들은 이 데 이터 구조를 처음에는 스스로 만들어 보고 나중에는 내가 구현한 것들을 비디오로 보 면서 코드를 확인하도록 하자.

> **경고**
>
> 여기서 구현된 데이터 구조들은 효과적으로 구현된 것이 전혀 아니다. 이것들은 일부러 엉성하게 작성되었고 성능도 나쁘다. **연습 18**에서 이들의 성능을 측정하면서 데이터 코 드를 최적화하게 될 것이다. 여기서 구현한 데이터 구조를 여러분의 실제 작업에 사용하 려고 한다면 분명 성능 문제가 발생할 것이다.

설명

우리가 많은 데이터 구조를 파이썬과 같은 객체 지향형 언어(OOP)에서 다룰 때, 세 가지 개념을 이해해야 한다.

❶ '노드'. 이것은 데이터 구조를 위한 컨테이너 혹은 메모리를 말한다. 여러분이 저장하는 값 은 이곳으로 간다.

❷ '엣지'. 우리는 이것을 '포인터(pointer)'나 '링크(link)'라고 한다. 이것은 다른 노드를 가리킨다. 각 노드에 위치하고 보통 인스턴스 변수 형태를 띤다.

❸ '컨트롤러'. 이것은 클래스로 데이터를 올바르게 구축할 수 있도록 하기 위해 노드에 있는 포인터를 어떻게 다루어야 하는지 알고 있다.

파이썬의 이런 개념들은 다음과 같이 맵핑한다.

❶ 노드는 클래스로 정의되는 객체이다.

❷ 포인터(엣지)는 노드 객체에 있는 인스턴스 변수이다.

❸ 컨트롤러는 또 다른 클래스로 노드를 사용해서 모든 데이터를 저장하고 구조화한다. 이 컨트롤러에 구현할 오퍼레이션(push, pop, list 등)이 위치하게 되고 컨트롤러를 사용하는 사용자는 노드나 포인터를 절대 직접 제어하지 않도록 한다.

일부 알고리즘을 다루는 책에서 노드와 컨트롤러를 통합해서 하나의 클래스 혹은 구조체로 구현하는 것을 볼 수 있다. 하지만 이것은 개념들을 혼란스럽게 만들고, 위에서 설명한 분리된 개념들에 반하는 내용들이다. 노드를 컨트롤러 클래스에서 분리해서 하나의 클래스에 하나의 기능만을 구현하도록 하는 것이 더 좋다. 이렇게 하면 버그도 더 쉽게 알 수 있다.

우리가 수많은 차들의 목록을 순서대로 저장하려고 한다고 해보자. 첫 번째 차가 다음 차를 가리키는 방식으로 마지막 차까지 연결할 수 있다. 이 구조를 상상하면서 노드/포인터/컨트롤러 개념을 생각해 보자.

❶ 노드는 각 차에 대한 정보를 기술한다. 아마도 이 값은 Car 클래스의 node.value 변수에 저장될 것이다. 우리는 이것을 SingleLinkedListNode 혹은 짧게 SLLNode라고 부른다.

❷ 각 SLLNode에는 체인 방식으로 다음 노드를 가리키는 next 링크가 있다. node.next를

이용하면 순서대로 다음 차에 대한 정보를 얻을 수 있다.

❸ 컨트롤러는 SingleLinkedList라고 하고 push, pop, first 혹은 count 등의 오퍼레이션들을 가지고 있다. 컨트롤러는 Car를 받아서 노드를 이용해서 이 정보를 내부적으로 저장한다. 여러분이 Car를 SingleLinkedList 컨트롤러에 저장하면 컨트롤러는 링크로 연결된 내부 리스트의 마지막 노드에 값을 저장한다.

경고

파이썬에는 이미 아주 훌륭하고 빠른 리스트가 있는데, 왜 우리가 이것을 개발해야 할까? 바로 데이터 구조를 배우기 위한 것뿐이다. 실제로 개발할 때는 파이썬의 list를 사용한다.

SingleLinkedListNode를 개발하기 위해서 다음과 같은 간단한 클래스를 정의해야 한다.

```
sllist.py
1    class SingleLinkedListNode(object):
2
3        def __init__(self, value, nxt):
4            self.value = value
5            self.next = nxt
6
7        def __repr__(self):
8            nval = self.next and self.next.value or None
9            return f"[{self.value}:{repr(nval)}]"
```

파이썬에는 next라는 단어가 예약어이기 때문에 nxt라는 단어를 사용해야 한다. 그것을 제외하고는 아주 간단한 클래스이다. 가장 복잡한 부분은 __repr__ 함수 부분이다. 이 함수는 "%r" 포맷을 사용할 때 혹은 노드에 대해서 repr() 함수를 호출할 때,

디버깅 정보를 출력하는 역할을 한다. 이 함수는 문자열을 반환한다.

컨트롤러

SingleLinkedListNode 클래스에 노드를 정의하고 나면 우리는 컨트롤러에서 해야 하는 것들이 무엇인지 확실히 이해할 수 있다. 모든 데이터 구조는 그것을 유용하게 사용할 수 있는 일반적인 오퍼레이션들이 있다. 각각의 오퍼레이션들은 필요한 메모리와 처리 시간이 다르다. 어떤 것은 많은 비용이 들고, 어떤 것은 빠르게 동작한다. SingleLinkedListNode에 있는 어떤 오퍼레이션들은 아주 빠르게 동작하지만 다른 것들은 매우 느리다. 여러분들은 구현을 통해서 이렇게 되는 이유를 이해하게 될 것이다. 오퍼레이션을 이해하는 가장 쉬운 방법은 SingleLinkedList 클래스에 서 코드를 보는 것이다.

sllist.py

```
1    class SingleLinkedList(object):
2
3        def __init__(self):
4            self.begin = None
5            self.end = None
6
```

```
7          def push(self, obj):
8              """리스트의 끝에 아이템을 추가한다."""
9
10         def pop(self):
11             """마지막 아이템을 제거하고 그것을 반환한다."""
12
13         def shift(self, obj):
14             """push의 다른 이름"""
15
16         def unshift(self):
17             """리스트의 첫 번째 아이템을 제거하고 반환"""
18
19         def remove(self, obj):
20             """주어진 아이템과 일치하는 것을 리스트에서 제거한다."""
21
22         def first(self):
23             """리스트의 첫 번째 아이템 반환."""
24
25         def last(self):
26             """리스트의 마지막 아이템 반환."""
27
28         def count(self):
29             """리스트의 아이템 개수."""
30
31         def get(self, index):
32             """주어진 인덱스에 있는 아이템 반환."""
33
34         def dump(self, mark):
35             """리스트의 모든 내용 출력."""
```

연습
13

    다음에 이어지는 연습에서 오퍼레이션들을 자세히 설명해서 여러분들이 각 오퍼
레이션들을 이해할 수 있도록 할 것이다. 하지만 이번 연습에서는 구현을 위한 가이

드라인만 제시한다. SingleLinkedList에 있는 파일 목록을 통해서 각 오퍼레이션과 그 오퍼레이션들이 동작하는 방식에 대한 주석만 보도록 하자.

■ 테스트

클래스를 구현할 때, 동작해야 하는 테스트 코드가 주어질 것이다. 테스트 코드를 보면 내가 모든 오퍼레이션들을 사용하려고 했고 대부분의 엣지 케이스를 커버하기 위해서 노력했다는 것을 알 수 있을 것이다. 그리고 여러분은 코드를 리뷰하면서 내가 놓친 것이 있다는 것을 확인할 수 있을 것이다. 사람들은 보통 '엘리먼트가 없는 상황'과 '엘리먼트가 하나만 있는 상황' 같은 케이스들에 대해서는 테스트하지 않는다.

```
test_sllist.py
1    from sllist import *
2
3    def test_push():
4        colors = SingleLinkedList()
5        colors.push("Pthalo Blue")
6        assert colors.count() == 1
7        colors.push("Ultramarine Blue")
8        assert colors.count() == 2
9
10   def test_pop():
11       colors = SingleLinkedList()
12       colors.push("Magenta")
13       colors.push("Alizarin")
14       assert colors.pop() == "Alizarin"
15       assert colors.pop() == "Magenta"
16       assert colors.pop() == None
```

```
17
18    def test_unshift():
19        colors = SingleLinkedList()
20        colors.push("Viridian")
21        colors.push("Sap Green")
22        colors.push("Van Dyke")
23        assert colors.unshift() == "Viridian"
24        assert colors.unshift() == "Sap Green"
25        assert colors.unshift() == "Van Dyke"
26        assert colors.unshift() == None
27
28    def test_shift():
29        colors = SingleLinkedList()
30        colors.shift("Cadmium Orange")
31        assert colors.count() == 1
32
33        colors.shift("Carbazole Violet")
34        assert colors.count() == 2
35
36        assert colors.pop() == "Cadmium Orange"
37        assert colors.count() == 1
38        assert colors.pop() == "Carbazole Violet"
39        assert colors.count() == 0
40
41    def test_remove():
42        colors = SingleLinkedList()
43        colors.push("Cobalt")
44        colors.push("Zinc White")
45        colors.push("Nickle Yellow")
46        colors.push("Perinone")
47        assert colors.remove("Cobalt") == 0
48        colors.dump("before perinone")
49        assert colors.remove("Perinone") == 2
50        colors.dump("after perinone")
```

```
51      assert colors.remove("Nickle Yellow") == 1
52      assert colors.remove("Zinc White") == 0
53
54  def test_first():
55      colors = SingleLinkedList()
56      colors.push("Cadmium Red Light")
57      assert colors.first() == "Cadmium Red Light"
58      colors.push("Hansa Yellow")
59      assert colors.first() == "Cadmium Red Light"
60      colors.shift("Pthalo Green")
61      assert colors.first() == "Pthalo Green"
62
63  def test_last():
64      colors = SingleLinkedList()
65      colors.push("Cadmium Red Light")
66      assert colors.last() == "Cadmium Red Light"
67      colors.push("Hansa Yellow")
68      assert colors.last() == "Hansa Yellow"
69      colors.shift("Pthalo Green")
70      assert colors.last() == "Hansa Yellow"
71
72  def test_get():
73      colors = SingleLinkedList()
74      colors.push("Vermillion")
75      assert colors.get(0) == "Vermillion"
76      colors.push("Sap Green")
77      assert colors.get(0) == "Vermillion"
78      assert colors.get(1) == "Sap Green"
79      colors.push("Cadmium Yellow Light")
80      assert colors.get(0) == "Vermillion"
81      assert colors.get(1) == "Sap Green"
82      assert colors.get(2) == "Cadmium Yellow Light"
83      assert colors.pop() == "Cadmium Yellow Light"
```

```
84         assert colors.get(0) == "Vermillion"
85         assert colors.get(1) == "Sap Green"
86         assert colors.get(2) == None
87         colors.pop()
88         assert colors.get(0) == "Vermillion"
89         colors.pop()
90         assert colors.get(0) == None
```

테스트 코드를 자세히 공부해야 한다. 그래서 구현을 하기 전에 각 오퍼레이션들이 어떻게 동작을 해야 하는지에 대한 아이디어를 얻을 수 있어야 한다. 나는 이 코드 전체를 한번에 파일 하나에 전부 구현하지 않는다. 대신 한번에 하나의 테스트만 구현하도록 해서 테스트를 작은 단위로 동작하게 만드는 것이 더 좋은 방법이다.

> **경고**
> 여기서 여러분들이 자동화된 테스트에 익숙하지 않다면 내가 어떻게 하는지 비디오를 통해서 확인하자.

■ 오딧(Audit)에 대해서

각 테스트를 실행하면서 여러분들은 오류를 찾기 위해서 자신의 코드에 대한 오딧을 하게 된다. 최종적으로 여러분들은 오딧으로 찾은 오류의 숫자들을 기록한다. 하지만 지금은 코드를 작성하고 나서 오딧을 하는 연습만 해보도록 하자. '오딧'은 정부가 여러분들이 탈세를 하고 있다고 생각할 때, 세무사가 하는 일과 비슷한 것이다. 세무사들은 자금의 흐름 즉, 돈이 얼마나 들어오고 나가는지 또한 돈을 어떻게 사용했는지에 대해서 살펴본다. 코드 오딧은 여러분들이 각 함수를 돌아보면서 함수의 매개변수에 들어오고 나가는 값들을 분석한다.

기본적인 오딧 절차는 다음과 같다.

❶ 테스트 케이스에서 가장 위쪽 코드부터 시작한다. 예제에서는 test_push 부분이다.

❷ 첫 번째 코드 라인을 보고 어떤 함수를 불러오고, 어떤 객체들이 만들어지는지 확인한다. 예제에서 colors=SingleLinkedList()를 보면, color 변수가 만들어지고 SingleLinkedList.__init__ 함수를 불러온다.

❸ 여기서 __init__ 함수의 처음으로 가보자. 이때, 테스트 케이스와 타겟 함수(__init__)를 나란히 놓고 본다. 그리고 나서 함수의 아큐먼트 개수와 함수가 올바른지 확인한다. 예제의 __init__ 함수는 self 하나만 받고 있고 이것은 올바른 타입이다.

❹ 그 후 __init__으로 이동해 한 줄씩 이동하면서 각 함수 호출과 변수들을 같은 방식으로 일일이 확인한다. 아규먼트의 개수가 맞는지? 타입은 적당한지?

❺ 각각의 분기문(if 구문, for 반복문, while 반복문)에서 로직이 정확하고 로직상 가능한 조건들을 처리하는지 확인한다. if 구문의 else 문에 에러는 없는지? while 반복문이 끝나는지? 각 분기문에 들어가서 같은 방식으로 함수를 확인한다. 변수를 확인하고 돌아와서 반환 값을 확인한다.

❻ 함수의 끝 혹은 return을 만나게 되면 다시 test_push를 호출한 곳으로 돌아가 함수에서 리턴한 값이 예상한 값인지 확인한다. __init__에서 호출하는 것도 이런 식의 조사를 해야 하는 것을 기억하도록 하자.

❼ test_push 함수의 마지막까지 진행하고 내부의 각 함수들이 들어가고 나가는 것을 모두 끝냈으면 모든 작업이 끝난 것이다.

이런 과정이 처음에는 지루해 보일 것이다. 실제로 그렇기도 하다. 하지만 작업을 하면 할수록 점점 더 빨리 할 수 있다. 비디오에서 내가 테스트를 실행하기 전에 이런 과정을 하는 것을 볼 것이다(혹은 최소한 내가 하려고 노력하는 모습이라도). 내가 하는 과정은 다음과 같다.

❶ 테스트 코드를 작성한다.
❷ 테스트가 동작할 수 있도록 코드를 작성한다.
❸ 코드와 테스트 코드를 모두 확인(오딧)한다.
❹ 테스트를 실행해서 내가 했던 것들이 맞는지 확인한다.

도전 과제

이제 여러분이 위에서 설명한 것들을 해볼 수 있는 곳까지 왔다. 처음에는 테스트 코드를 쭉 읽어 보고 무엇을 하는지 공부를 해보자. 그리고 **sillist.py**에 있는 코드를 공부해 여러분이 해야 하는 작업이 무엇인지 확인하다. 내가 추천하는 방식은 이렇다. **SingleLinkedList**에서 개발해야 하는 함수가 있으면 처음에 주석에다 함수에서 하는 작업을 적어 넣는다. 그리고 나서 주석에서 설명하는 대로 작업할 수 있는 파이썬 코드를 채워 넣는 것이다.

한두 번의 45분 세션으로 이것에 대한 해킹 작업을 하면서 이것들 동작시킬 수 있도록 해보자. 그리고 비디오를 본다. 여러분이 먼저 이 작업을 하고 나면 내가 하려고 하는 것이 무엇인지 더 잘 이해할 수 있을 것이다. 이렇게 하면 내 비디오를 더 쉽게 이해할 수 있다. 비디오에서 내가 나와서 따로 설명하지 않고 내가 코딩하는 화면만 보일 것이다. 물론 목소리로 지금 하고 있는 것에 대해서 알려줄 것이다. 비디오를 보면, 시간을 낭비하지 않고 시간을 절약할 수 있다. 자칫 지루한 실수나 시간을 낭비하는 부분들은 편집해서 보여줄 것이다.

여러분은 내가 하는 과정을 보면서 노트를 했을 것이다(그렇지 않은가?). 자, 그럼 다시 가보자. 조금 더 진지하게 시도를 해보고 할 수 있는 한 최대한 신중하게 코딩한 부분의 오딧 프로세스를 진행하자.

오딧

코드를 다 작성하고 나서 Part 3에서 설명했던 오딧 프로세싱을 반드시 진행해야 한다. 오딧을 어떻게 진행하는지 모르겠으면 이번 연습에 대한 비디오를 통해서 내가 하는 것을 보기 바란다.

● 추가 학습 ●

이번 연습에서 해야 할 훈련은 알고리즘을 다시 구현해 보는 것이다. Part 3에서 소개한 방식으로 순전히 기억만 의존해서 구현한다. 이 데이터 구조에는 어떤 오퍼레이션이 느린지 생각을 해봐야 한다. 구현을 마치고 나면 만든 코드에 대해서 오딧을 해보자.

연습 14

더블 링크드 리스트

앞에서 싱글 링크드 리스트가 어떻게 동작하는지 이해하기 위해서 많은 시간이 걸렸을 것이다. 부디, 비디오를 통해서 연습을 하는 데 필요한 충분한 정보를 얻었기를 바란다. 또, 코드 오딧 방법에 대해서도 정확히 배웠으면 한다. 이번 연습에서는 DoubleLinkedList라고 하는 좀 더 개선된 버전의 링크드 리스트를 구현해볼 것이다.

연습
14

SingleLinkedList에서는 모든 오퍼레이션들이 리스트의 끝에 다다를 때까지 모든 노드를 거쳐가야 한다는 사실을 깨달아야 한다. SingleLinkedList는 next 포인트를 쉽게 변경할 수 있어서 리스트의 앞 부분과 관련된 오퍼레이션만 효과적으로 처리할 수 있다. shift와 unshift 오퍼레이션은 아주 빠르지만 pop과 push에 대한 코드는 리스트가 커질수록 비싼 비용을 지불해야 한다. 여러분이 마지막 엘리먼트를 가리키는 참조를 저장해서 이 부분의 성능을 높일 수도 있다. 하지만 마지막 엘리먼트를 변경하려고 하면 어떻게 될까? 다시 모든 엘리먼트들을 다 처리해야 한다. 앞에서 설명한 것처럼 약간의 변형으로 성능 개선을 할 수 있다. 하지만 더 좋은 솔루션은 어떤 위치에서든지 작업을 쉽게 할 수 있도록 구조 자제를 바꾸는 것이다.

DoubleLinkedList는 SingleLinkedList와 거의 비슷하다. 차이가 있다면 DoubleLinkedListNode에 prev(이전 노드를 가리키는)가 있다는 것뿐이다. 노드에 하나의 포인터를 추가했을 뿐인데 갑자기 많은 오퍼레이션들의 작업이 훨씬 쉬워졌다. DoubleLinkedList에 end 포인터를 추가해 리스트의 처음과 마지막을 쉽게 접근하도록 할 수도 있다. 이런 식으로 바꾸면 리스트의 마지막 노드에 바로 접근할 수 있고, node.prev 포인터로 한 노드의 이전 노드로 쉽게 접근할 수 있어서 push와 pop을 효과적으로 할 수 있다.

변경 내용을 반영한 노드 클래스는 다음과 같다.

```python
class DoubleLinkedListNode(object):

    def __init__(self, value, nxt, prev):
        self.value = value
        self.next = nxt
        self.prev = prev

    def __repr__(self):
        nval = self.next and self.next.value or None
        pval = self.prev and self.prev.value or None
        return f"[{self.value}, {repr(nval)}, {repr(pval)}]"
```

바뀐 것이라곤 self.prev=prev 라인과 __repr__ 함수에서 그것을 처리하는 방식이 변경된 것 뿐이다. DoubleLinkedList 클래스를 구현하려면 SingleLinkedList 클래스와 동일한 오퍼레이션을 구현하고 리스트의 마지막에 노드를 위한 변수 하나를 추가한다.

```python
class DoubleLinkedList(object):

    def __init__(self):
        self.begin = None
        self.end = None
```

불변 조건이란?

구현해야 하는 모든 오퍼레이션들은 동일하다. 하지만 여기에 몇 가지 추가적인 고려가 필요하다.

```
1    def push(self, obj):
2        """리스트의 마지막에 새로운 값을 추가한다."""
3
4    def pop(self):
5        """마지막 아이템을 제거하고 그것을 반환한다."""
6
7    def shift(self, obj):
8        """push와 동일하다."""
9
10   def unshift(self):
11       """앞에서 첫 번째 아이템을 리스트에서 제거하고 그것을 반환한다."""
12
13   def detach_node(self, node):
14       """가끔 이 오퍼레이션을 사용하겠지만 대부분은 remove()에서 사용된다.
15       이 오퍼레이션은 노드를 받아 그것을 리스트에서 제거한다. 그 노드는
16       가장 앞 노드나 끝 노드, 아니면 중간 노드일 수도 있다."""
17
18   def remove(self, obj):
19       """동일한 아이템을 찾아서 그것을 리스트에서 제거한다."""
20
21   def first(self):
22       """첫 번째 아이템에 대한 참조를 반환하지만 제거하지는 않는다."""
23
24   def last(self):
25       """마지막에 대한 참조를 반환하지만 제거하지는 않는다."""
```

`dllist.py`

```
26
27    def count(self):
28        """리스트에 있는 엘리먼트 개수를 센다."""
29
30    def get(self, index):
31        """주어진 인덱스에 해당하는 값을 반환한다."""
32
33    def dump(self, mark):
34        """리스트의 내용을 출력하는 디버깅 함수."""
```

이제 여러분은 **prev** 포인터로 인해서 각 오퍼레이션에 더 많은 조건들을 처리해야 한다.

❶ 리스트에 엘리먼트가 하나도 없으면 self.begin과 self.end에 None을 설정해야 한다.
❷ 엘리먼트가 하나 존재하면 self.begin과 self.end가 동일해야 한다(즉, 같은 노드를 참조 하고 있어야 한다).
❸ 첫 번째 엘리먼트의 prev는 None이어야 한다.
❹ 마지막 엘리먼트의 next는 항상 None이어야 한다.

이런 조건들이 **DoubleLinkedList**를 사용하는 내내 유지되어야 한다. 이런 것들이 '불변 조건' 혹은 '불변항'이라고 한다. 불변 조건이라고 하면 그 무엇이 되었건 데이터 구조가 잘 동작하고 있다는 것을 보여주기 위해 기존적으로 체크하는 항목이다. 불변 조건들을 확인하는 한 가지 방법은 반복적으로 실행할 것 같은 모든 테스트와 어써트 호출들을 특별 함수로 옮겨 처리하는 것이다. 즉, 불변 조건들을 체크하는 **_invariant** 같은 함수를 만들어 호출한다. 이제 여러분은 테스트 혹은 각 함수를 시작하거나 종료할 때 이 함수를 호출하기만 하면 된다. 이렇게 하면 오류를 줄일 수 있다. "내가 무슨 짓을 하건 불변 조건들은 항상 유지된다"라고 말할 수 있기 때문이다.

불변 조건을 확인하는 것의 문제는 그 비용이 너무 비싸다는 점이다. 만약 모든 함수 콜이 다른 함수를 두 번씩 호출한다고 해보자. 그러면 모든 함수에 큰 부담이다. 만약 불변 조건을 확인하는 데 비용이 크다고 하면 상황은 더 안 좋아진다. 다음과 같은 불변 조건은 추가한다고 해보자. "첫번째 노드와 마지막 노드를 제외하고 모든 노드들은 next와 prev를 가져야 한다". 이 말은 모든 함수들이 전체 노드를 두 번씩 조회한다는 말이다. 클래스가 항상 올바르게 동작하고 확인을 꼭 해야 한다면 의미 있는 것이겠지만 그렇지 않다고 하면 문제가 될 것이다.

이 책에서는 _invariant 함수를 사용하게 될 것이다. 하지만 이 함수 같은 것이 항상 필요하지는 않다. 테스트할 때만 조건을 확인하는 기능을 넣거나 초기 개발을 진행할 때만 이 함수를 사용하는 것이 효과적이다. 나는 이 함수를 주요 함수가 시작할 때나 테스트 코드에서만 호출할 것을 추천한다. 이렇게 하는 것이 적당한 합의점이다.

◁ 도전 과제 ▷

이번 연습에서 여러분은 DoubleLinkedList를 위한 오퍼레이션들을 구현하게 될 것이다. 하지만 이번에는 _invariant 함수를 사용해서 함수가 동작하기 전과 후에 호출해서 오퍼레이션이 정상적으로 동작하는지도 확인할 것이다. 이렇게 하는 가장 좋은 방법은 각 함수가 시작되는 지점과 테스트 코드의 중요한 부분에서 불변 조건을 확인하는 함수를 호출하는 방식이다. DoubleLinkedList에 대한 테스트 코드는 SingleLinkedList의 테스트 코드를 거의 복사&붙여넣기 하는 식이다. 여기서 핵심은 _invariant 함수 호출을 추가하는 것이다.

SingleLinkedList에서 했던 것처럼 데이터 구조에 대한 공부를 스스로 해보고 싶을 것이다. 그럼 종이에 노드의 구조를 그리고 각 오퍼레이션이 어떻게 동작하는지 손으로 따라가 보기 바란다. 그러고 나서 **dllist.py** 파일에 있는 **DoubleLinked
ListNode**의 동작을 하나하나 따져보자. 한두 번의 45분 세션으로 공부를 하고 나서
몇 가지 오퍼레이션들을 이해해 보자. push와 pop을 해보는 것이 좋다. 이런 식으로
공부를 하고 나서 비디오를 통해 내가 하는 것을 보고 코드 오딧과 _invariant 함수를
어떻게 조합해서 사용하는지도 확인해 보자.

이전 연습처럼 이 데이터 구조를 기억에 의존해서 다시 해보자. 한쪽 방에 이 알고리
즘에 대한 자료를 두고 다른 방에 컴퓨터를 둔다. 아무런 참고 자료 없이 기억만으로
DoubleLinkedList를 구현할 수 있을 때까지 연습을 반복한다.

스택과 큐

데이터 구조에 대해 공부하다 보면 종종 비슷한 구조를 갖는 것들을 보게 된다. 스택은 **연습 13**에서 보았던 SingleLinkedList와 비슷하다. 큐는 **연습 14**의 DoubleLinkedList와 유사한 면이 많다. 차이점이 있다면 스택과 큐에 사용되는 오퍼레이션들을 간단하게 사용하도록 제한되어 있다는 정도다. 이렇게 오퍼레이션들을 간략하게 만들면 실수로 스택을 큐와 같이 사용해서 생기는 문제를 방지할 수 있어서 오류를 줄이는 데 효과적이다. 스택에서 노드를 최상위(top)에 푸시(push)하고 반대로 최상위에 있는 노드를 꺼내는 일을 할 수 있다. 큐는 노드를 리스트의 마지막 부분(tail)에 추가(shift)할 수 있고, 데이터 구조의 '헤드(head)'에 있는 노드를 언시프트(unshift)해서 가져올 수 있다. 이런 오퍼레이션들은 SingleLinkedList와 DoubleLinkedList의 오퍼레이션들을 간결하게 만들어 스택에서는 push, pop만 사용하고 큐에서는 shift와 unshift만 허용한다.

스택을 우리가 알고 있는 것으로 시각화를 해보면 스택은 마치 바닥에 쌓아놓은 책이라고 생각할 수 있다. 내가 책장에 아주 무거운 미술 책을 소장하고 있다고 생각을 해보자. 20권만 쌓는다고 해도 45킬로그램은 족히 나갈 것이다. 여러분이 이 무거운 책 더미를 만들고 나면 이 책 전체를 들어 올릴 수 없고, 바닥에 있는 책만 꺼낼 수도 없다. 이 책 더미(스택)의 가장 위에 책을 놓는다. 이것을 책을 놓는다고 할 수 있지만 우리는 이것을 '푸시(push)'라고 한다. 스택에서 책을 하나 꺼내고 싶다면, 책 몇 권을 들어올리고 나서 원하는 책을 집어야 한다. 이때 반드시 위쪽에서 책을 꺼내고 나서야 바닥에 있는 책을 꺼낼 수 있다. 탑(top, 가장 윗부분)에서 책을 꺼낼 수 있다. 이것을 우리는 탑(top) 대신 팝(pop)이라 한다. 이것이 스택이 동작하는 방식이다. 이 데이터 구조를 생각할 때 책들을 중력 방향으로 쭉 연결했다고 생각하면 된다.

큐를 시각화하기 좋은 예는 은행의 긴 대기 줄을 생각하면 된다. 그 줄에는 가장 앞부분인 헤더와 마지막 부분인 테일이 있다. 보통 은행원이 위치하고 있는 출구와 입구 부분에 로프로 미로가 만들어져 있다. 여러분은 이 미로 같은 곳에 꼬리로 들어가게 된다. 우리는 이것을 시프트(shift)되었다고 한다. 큐 데이터 구조에서 흔히 쓰는 용어다. 우리가 긴 은행 줄(큐)에 들어가면 줄을 벗어나거나 떠날 수가 없다. 그렇게 하면 주변 사람들이 화낼 것이다. 그러니 기다려야 한다. 가장 앞쪽부터 나가면 점점 헤더 쪽에 있는 출구에 가까워진다. 여러분이 끝에 다다르면 줄을 벗어날 수 있다. 이 것을 언시프트(unshift)라고 한다. 이것을 보면 큐가 DoubleLinkedList와 비슷하다는 것을 알 수 있다. 우리가 DoubleLinkedList에서도 양끝 단에 대한 작업을 했었다.

데이터 구조가 어떻게 동작하는지 시각화하는 데 도움이 되는 많은 예제들을 현실에서 찾을 수 있다. 지금 시간을 내서 이런 시나리오, 혹은 책을 쌓아 놓고 앞에서 설명한 오퍼레이션들을 해보기 바란다. 실제로 주변에서 스택이나 큐와 비슷한 실제 상황들이 얼마나 많은지 찾아보자.

도전 과제

이제 코드를 일부 주고 시작하는 코드 기반 도전 과제를 하지 않고 설명을 기반으로 한 데이터 구조를 만들도록 할 것이다. 이번 도전 과제에서는 여러분이 먼저 여기서 제공하는 초기 코드와 **연습 13**에서 구현했던 SingleLinkedList에 대한 지식을 이용해 스택 데이터 구조를 구현해야 한다. 구현을 완료하면 이제 아무것도 없는 상태에서 큐를 구현해 보자.

StackNode 클래스는 거의 SingleLinkedListNode와 동일하다. 사실 Single
LinkedListNode 노드를 복사해서 이름을 바꿔 놓은 것에 불과하다.

```python
1    class StackNode(object):
2
3        def __init__(self, value, nxt):
4            self.value = value
5            self.next = nxt
6
7        def __repr__(self):
8            nval = self.next and self.next.value or None
9            return f"[{self.value}:{repr(nval)}]"
```

Stack 제어 클래스 역시 SingleLinkedList와 흡사하다. first라는 메소드 대
신 top을 사용했을 뿐이다. 이것은 스택의 개념을 쓴 것이다.

```python
1    class Stack(object):
2
3        def __init__(self):
4            self.top = None
5
6        def push(self, obj):
7            """스택의 탑에 새로운 값을 추가한다."""
8
9        def pop(self):
10           """스택의 탑에 있는 값을 팝한다."""
11
12       def top(self):
13           """첫 번째 아이템에 대한 참조를 반환하지만 제거하지는 않는다."""
```

```
14
15        def count(self):
16            """스택에 있는 엘리먼트의 수를 센다."""
17
18        def dump(self, mark="----"):
19            """스택에 있는 내용을 출력하는 디버깅 함수."""
```

여러분이 할 것은 스택을 구현하고 **연습 13**에서 했던 것처럼 테스트를 위한 코드를 작성하는 것이다. 테스트 코드는 모든 오퍼레이션들을 커버해야 한다. 한 가지 명심할 것은 스택에 푸시를 하게 되면 탑으로 이동하게 된다는 점이다. 따라서 탑을 가리키는 링크가 있어야 한다.

제대로 동작하는 스택이 만들어지면 큐를 구현한다. 큐는 DoubleLinkedList를 기본으로 한다. 스택을 구현하면서 이미 배운 SingleLinkedList와 같은 동일한 기본 데이터 구조를 사용하면서 허용된 함수만을 바꾸면 된다는 사실이다. 큐에 대한 작업도 동일하다. 시간을 내서 큐가 동작하는 다이어그램과 시각화를 해보자. 그리고 나서 이것이 DoubleLinkedList를 어떤 식으로 사용하는지 이해해 보자. 그 다음 큐를 구현한다.

코드 깨부수기

이렇게 데이터 구조를 깨보는 작업은 간단히 정해진 규칙을 유지하지 못하도록 만드는 것이다. 그럼 어떤 오퍼레이션이든 올바른 방식으로 end를 사용하지 않을 때, 어떻게 되는지 보자.

여러분도 오프-바이-원(off by one) 에러가 항상 있을 수 있다는 것을 인지했을지도 모르겠다. 우리의 디자인에서 나는 데이터 구조가 비어 있을 때를 나타내기 위해서 `self.top=None`이라고 설정을 했다. 엘리먼트가 0일 때, `self.top`에 뭔가를 해주어야 한다는 뜻이다. 다른 방법으로 self.top이 항상 **StackNode**(혹은 다른 노드)를 가리키도록 하고 특정 노드를 가지고 있을 때는 데이터 구조가 비어 있는 것으로 할 수 있다. 이 방법을 써보고 여러분이 구현을 얼마나 변경해야 하는지 보자. 에러를 더 만드는가? 아니면 줄일 수 있는지 알아보자.

우리가 만든 데이터 구조들에 대한 오퍼레이션 중에 비효율적인 것들이 많다. 여러분이 데이터 구조를 구현하면서 썼던 코드를 돌아보고 어떤 함수들이 가장 느린지 예측해 보자. 그것을 찾으면 왜 그 오퍼레이션이 느린지 설명해 보자. 주변의 사람들에게 우리가 구현한 데이터 구조에 대해서 물어보고 어떻게 이야기하는지도 조사하자. **연습 18, 19**에서 데이터 구조의 성능을 분석하는 방법과 튜닝하는 방법을 배우게 될 것이다.

마지막으로, 완전히 새로운 데이터 구조를 구현해야 할 필요가 있었는지 혹은 간단히 **SingleLinkedList**와 **DoubleLinkedList** 데이터 구조를 감싸서 만들 수 있는지 알아보자. 그리고 이런 결정들이 여러분의 디자인에 어떤 영향을 주었는지도 알아보자.

연습
15

버블, 퀵 그리고 합병 정렬

이제 `DoubleLinkedList` 데이터 구조를 이용해서 정렬 알고리즘을 구현하자. 정렬 알고리즘의 설명을 위해서 무작위로 구성된 리스트를 의미하는 숫자 리스트를 사용하도록 하겠다. 여기서는 숫자로 된 리스트를 사용하겠지만 정렬을 적용할 수 있는 리스트로 포커 카드의 덱, 숫자가 적혀 있는 종이들, 이름 목록 등 정렬할 수 있는 것이면 어떤 것이든 적용할 수 있다. 숫자 목록을 정렬시키려고 할 때 세 알고리즘을 고려해 볼 수 있다.

●버블 정렬

이 알고리즘은 여러분이 정렬에 대해서 아무것도 모르는 상황에서 숫자를 정렬할 때 사용하는 방법이다. 이 알고리즘을 간단히 설명하면 리스트를 쭉 지나가면서 여러분이 원하는 순서에서 벗어나는 숫자 쌍의 자리를 바꾸는 것이다. 리스트를 반복해서 지나가서 숫자들의 자리를 변경한다. 이런 교환이 없을 때까지 반복한다. 이 알고리즘은 이해하기는 쉽지만 엄청나게 느리다.

●합병 정렬

이런 종류의 정렬 알고리즘은 리스트를 반으로 나누고 4개로 나누고 그리고 더 이상 나눌 수 없을 때까지 반복해서 나눈다. 그리고 나서 이것을 다시 합친다. 합치면서 각 파티션들의 순서를 확인해서 올바른 순서로 맞춘다. 이것은 링크드 리스트에서 잘 동작하는 훌륭한 알고리즘이다. 하지만 고정된 크기의 배열에는 성능이 그렇게 좋다고 할 수 없다. 이 알고리즘을 적용하기 위해서 파티션 정보를 담고 있는 큐 같은 별도의 자료 구조가 또 필요하기 때문이다.

● 퀵 정렬

이 알고리즘은 합병 정렬과 아주 유사한다. 즉, '나누어 정복하기'라는 방식을 쓰는 알고리즘이다. 이 알고리즘은 리스트를 나누고 합치는 방법을 사용하지 않고 파티션 포인트 주변의 엘리먼트들을 바꾸는 방식을 사용한다. 간단히 설명하면 가장 높은 수와 낮은 수 사이 영역에 파티션 포인트를 선택한다. 그리고 나서 파티션 포인트보다 큰 수를 낮은 수의 엘리먼트와 교환하는 것이다. 그리고 나누어진 영역에는 다시 낮은 값, 높은 값 그리고 그 사이에 파티션을 선택하고 앞에서 본 과정을 반복한다. 리스트를 더 작은 덩어리로 나누는 방식은 동일하지만 합병 정렬에서 하는 것처럼 나누지 않는다.

도전 과제

이번 연습의 목적은 '의사 코드' 혹은 'P-코드'라고 하는 것을 바탕으로 알고리즘을 구현하는 방법을 배우는 것이다. 추천한 참고 자료(대부분 위키피디아의 자료)에 있는 알고리즘을 공부하고 P-코드를 이용해서 알고리즘을 구현한다. 이번 연습에서 먼저 두 가지 알고리즘을 빠르게 보고 좀 더 상세한 내용은 비디오로 확인하자. 여러분이 해야 할 일은 스스로 퀵 정렬을 구현해 보는 것이다. 먼저 위키피디아에서 버블 정렬에 대한 설명을 보자(https://en.wikipedia.org/wiki/Bubble_sort).

```
procedure bubbleSort( A : list of sortable items )
    n = length(A)
    repeat
        swapped = false
        for i = 1 to n-1 inclusive do
            /* 이 짝이 순서에 맞지 않으면 */
```

```
        if A[i-1] > A[i] then
            /* 두 수를 바꾸고 변경이 있었다는 것을 기록한다.*/
            swap( A[i-1], A[i] )
            swapped = true
        end if
    end for
    until not swapped
end procedure
```

P-코드는 알고리즘에 대해서 대략적으로 설명한다. 따라서 책, 저자 그리고 위키피디아의 페이지에 따라서도 표현 방식들이 다르다. P-코드는 '프로그램 언어'처럼 읽을 수 있고 P-코드를 원하는 것으로 바꿀 수 있다고 가정한다. 가끔 이 언어가 알골(Algol)이라고 하는 오래된 언어와 유사하다고 하는 사람도 있고 정의 없는 자바스크립트 혹은 파이썬 코드와 비슷하다고도 한다. 여러분은 이 코드가 이야기하는 것을 추측해 보고 그 내용을 원하는 것으로 변환해야 한다. 다음은 특정 P-코드에 대한 초기 구현이다.

sorting.py

```
1     def bubble_sort(numbers):
2         """버블 정렬를 사용해서 숫자들을 정렬한다."""
3         while True:
4             # 모든 것을 정렬된 상태라고 가정하고 시작한다.
5             is_sorted = True
6             # 첫 번째 것은 건너뛰고 바로 두 번째 아이템으로 간다.
7             node = numbers.begin.next
8             while node:
9                 # 노드와 다음 노드를 반복해서 비교한다.
10                if node.prev.value > node.value:
11                    # next가 더 크면 두 수를 교환해야 한다.
```

```
12              node.prev.value, node.value = node.value,
                node.prev.value
13              # 이런, 다시 스캔을 해야 한다.
14              is_sorted = False
15         node = node.next
16
17     # 숫자 교환이 일어나지 않았다면 정렬이 된 것이다.
18     if is_sorted: break
```

나는 위 예제에 주석을 추가해서 내가 한 것과 P-코드를 비교하면서 코드를 공부하고 따라갈 수 있도록 했다. 여러분들도 위키피디아 페이지를 보고 앞서 구현했던 **DoubleLinkedList**와 전혀 다른 데이터 구조를 사용해서 설명하고 있다는 것을 알아야 한다. 위키피디아의 코드는 배열 혹은 리스트 구조를 가정하고 있다. 여러분은 이것들을 상황에 맞게 해석해야 한다.

연습
16

```
if A[i-1] > A[i] then
```

이것을 **DoubleLinkedList**를 사용한 파이썬 코드로 고치면 다음과 같다.

```
if node.prev.value > node.value:
```

우리의 **DoubleLinkedList**는 랜덤 액세스가 쉽지 않다. 그러니 이런 배열 인덱스 오퍼레이션을 `.next`와 `.prev`로 바꿔야 한다. 또 우리가 반복문을 처리하면서 **next**와 **prev** 속성에 **None**이 설정되어 있는지 확인하는 작업도 해야 한다. 이런 것들은 우리가 읽고 있는 P-코드를 변환, 공부 그리고 추측을 하면서 해야 한다.

버블 정렬 공부하기

이제 시간을 갖고 bubble_sort 파이썬 코드를 공부해서 내가 어떻게 코드로 만들었는지 연구를 해보자. 비디오와 내가 실제로 하는 것을 보고 많은 것을 얻을 수 있을 것이다. 이 알고리즘이 여러 종류의 리스트(이미 정렬된 경우, 무작위 수, 중복 수가 있는 경우 등)에 대해 어떻게 동작하는지 다이어그램을 그려 보자. 내가 했던 방식을 이해했다면 이 알고리즘에 대한 테스트 코드와 merge_sort 알고리즘을 공부하자.

```python
                                                    test_sorting.py
1    import sorting
2    from dllist import DoubleLinkedList
3    from random import randint
4
5    max_numbers = 30
6
7    def random_list(count):
8        numbers = DoubleLinkedList()
9        for i in range(count, 0, -1):
10           numbers.shift(randint(0, 10000))
11       return numbers
12
13
14   def is_sorted(numbers):
15       node = numbers.begin
16       while node and node.next:
17           if node.value > node.next.value:
18               return False
19           else:
20               node = node.next
21
22       return True
23
```

```
24
25    def test_bubble_sort():
26        numbers = random_list(max_numbers)
27
28        sorting.bubble_sort(numbers)
29
30        assert is_sorted(numbers)
31
32
33    def test_merge_sort():
34        numbers = random_list(max_numbers)
35
36        sorting.merge_sort(numbers)
37
38        assert is_sorted(numbers)
```

연습
16

위 테스트 코드에서 중요한 부분은 random.randint 함수를 사용해서 테스트를 위한 무작위 데이터를 생성한 부분이다. 이 테스트는 많은 엣지 케이스를 다루지 못한다. 하지만 이것은 시작일 뿐이고 우리가 나중에 더 보강하게 될 것이다. 기억할 것은 sorting.merge_sort를 아직 구현하지 않았다는 것이다. 그러므로 테스트 함수를 지금 당장은 사용하지 않거나 주석 처리를 해주어야 한다.

테스트와 코드를 작성하고 나면 위키피디아 페이지를 다시 보고 merge_sort로 넘어가기 전에 다른 bubble_sort 버전을 확인하고 구현해 보자.

합병 정렬

아직 여러분 스스로 해내기 어렵다고 생각해서 merge_sort에 대한 것도 앞에서와 동일한 과정으로 설명할 것이다. 먼저 내가 한 것을 보기 이전에 위키피디아의 합병 정렬은 위키피디아 페이지(https://en.wikipedia.org/wiki/Merge_sort)에 있는 P-코드를 이용해서 알고리즘을 만들어 보자. 여러 가지 구현들이 있지만 나는 탑-다운 버전을 사용할 것이다.

합병 정렬 P-코드

```
function merge_sort(list m)
    if length of m ≤ 1 then
        return m

    var left := empty list
    var right := empty list
    for each x with index i in m do
        if i < (length of m)/2 then
            add x to left
        else
            add x to right

    left := merge_sort(left)
    right := merge_sort(right)

    return merge(left, right)

function merge(left, right)
    var result := empty list

    while left is not empty and right is not empty do
        if first(left) ≤ first(right) then
            append first(left) to result
            left := rest(left)
        else
            append first(right) to result
            right := rest(right)
```

```
while left is not empty do
    append first(left) to result
    left := rest(left)
while right is not empty do
    append first(right) to result
    right := rest(right)
return result
```

test_merge_sort에 남아 있는 테스트 케이스를 작성해 보고 나서, 합병 정렬을 직접 구현해 보자. 한 가지 실마리를 주자면 이 알고리즘은 DoubleLinkedList에서 최고의 성능을 낼 수 있다. 이 알고리즘을 구현하기 위해서 주어진 노드에서 노드의 숫자를 세는 방법이 필요할 것이다. DoubleLinkedList에는 아이템 개수를 구하는 기능이 없다.

연습 16

합병 정렬의 Cheat 모드

알고리즘 구현을 위해서 노력을 했을 것이다. 이제 잠시 내가 했던 내용을 살펴보자.

sorting.py

```
1    def count(node):
2        count = 0
3
4        while node:
5            node = node.next
6            count += 1
7
8        return count
9
10
```

```python
11    def merge_sort(numbers):
12        numbers.begin = merge_node(numbers.begin)
13
14        # 마지막 노드를 구하는 비효율적인 방법
15        node = numbers.begin
16        while node.next:
17            node = node.next
18        numbers.end = node
19
20
21    def merge_node(start):
22        """합병 정렬을 이용해서 숫자를 정렬한다."""
23        if start.next == None:
24            return start
25
26        mid = count(start) // 2
27
28        # 중간까지 스캔한다.
29        scanner = start
30        for i in range(0, mid-1):
31            scanner = scanner.next
32
33        # 스캔 지점 바로 다음을 중간 노드로 설정한다.
34        mid_node = scanner.next
35        # 중간 지점을 기준으로 리스트를 나눈다.
36        scanner.next = None
37        mid_node.prev = None
38
39        merged_left = merge_node(start)
40        merged_right = merge_node(mid_node)
41
42        return merge(merged_left, merged_right)
43
44
```

```
45
46      def merge(left, right):
47          """두 개의 리스트를 합친다."""
48          result = None
49
50          if left == None: return right
51          if right == None: return left
52
53          if left.value > right.value:
54              result = right
55              result.next = merge(left, right.next)
56          else:
57              result = left
58              result.next = merge(left.next, right)
59
60          result.next.prev = result
61          return result
```

연습
16

여러분이 합병 정렬 알고리즘을 구현하면서 어려울 때, 내가 작성한 코드에서 힌트를 찾을 수 있을 것이다. 비디오에서는 이 코드를 처음부터 작성하는 모습을 볼 수 있다. 비디오를 통해서 여러분이 겪고 있는 문제를 내가 어떻게 해결했는지 확인할 수 있을 것이다.

퀵 정렬(Quick Sort)

마지막으로, quick_sort 구현과 test_quicksort 테스트 케이스를 개발하는 것은 여러분이 해보자. 퀵 정렬을 구현할 때 먼저 간단한 퀵 정렬을 파이썬의 일반 리스트 타입을 사용해서 개발해 보는 것을 추천한다. 이렇게 하면서 퀵 정렬에 대해서 더 쉽게 이해할 수 있을 것이다. 그 다음 DoubleLinkedList를 사용한 파이썬 코드를 작성하자. 여기서 알아 두어야 할 것은 이렇게 구현해서 정상적으로 동작하도록 만드는 데 시간이 필요할 것이라는 점이다. test_quicksort를 사용해서 수많은 디버깅과 테스트를 하자.

훈련

❶ 앞에서 구현한 것들은 성능 관점에서 최고라고 할 수 없다. 성능 문제를 일으킬 수 있는 테스트를 작성해 보도록 하자. 알고리즘에 엄청난 양의 데이터가 있는 리스트를 넘겨줘 보자. 연구를 통해서 최악의 케이스로 어떤 것들이 있을 수 있는지 알아보자. 예를 들어, quick_sort에 이미 정렬이 끝난 것을 주면 어떻게 되는지도 확인해 보자.

❷ 코드를 개선하는 작업은 지금은 하지 않는다. 단, 알고리즘을 개선할 수 있는 방법에 대해 조사해 보자.

❸ 다른 정렬 알고리즘을 찾아서 구현해 보자.

❹ SingleLinkedList를 사용해도 동일하게 동작하도록 만들 수 있을까? 큐와 스택을 사용하면 어떨까? 괜찮은 방법일까?

❺ 이런 알고리즘의 이론적인 속도에 대한 것을 읽어보자. O(n²) 혹은 O(n log n)에 대한 내용을 보게 될 것이다. 이 알고리즘 분석 방식은 알고리즘이 느리게 동작하는 최악의 케이스를 표시하는 방식이다. 알고리즘의 빅-O 값을 결정하는 방법은 이 책의 범위를 벗어나는 것이다. 하지만 **연습 18**에서 대략적인 의미를 알아볼 것이다.

❻ 나는 이 알고리즘을 별도의 모듈로 구현했는데 이렇게 모듈로 만드는 방법이 Double-LinkedList에 함수로 제공하는 것보다 더 간단한가? 만약 그렇다면, 이 코드를 각 데이터 구조에도 복사를 하는 것이 좋은가? 아직까지 우리는 링크드 리스트에서 동작하는 정렬 알고리즘을 어떻게 만들 것인가에 대한 디자인을 하지 않고 있다.

❼ 절대로 버블 정렬을 사용하지 않아야 한다. 여기에 버블 정렬 알고리즘을 포함시킨 이유는 종종 좋지 않은 코드에 이 방식이 사용되기 때문이다. **연습 19**에서는 성능을 개선하는 방법을 설명하기 위한 용도로 사용할 것이다.

딕셔너리

여러분은 이미 파이썬의 **dict** 클래스에 익숙할 것이다. **dict**를 사용하는 코드는 다음과 같다.

```
cars = {'Toyota': 4, 'BMW': 20, 'Audi': 10}
```

dict를 사용해서 자동차 모델('Toyota', 'BMW', 'Audi')을 (4, 20, 10)이라는 데이터 집합에 연관시킬 수 있다. **dict**와 같은 데이터 구조를 사용하는 것을 지금까지는 너무나 자연스러운 일이었을 것이다. 그리고 그것이 어떻게 내부적으로 동작하는지 관심조차도 두지 않았을 것이다. 이번 연습에는 **dict**와 같은 기능을 이미 여러분이 만들었던 것을 이용해서 여러분만의 **Dictionary**를 만들어 볼 것이다. 이번 연습의 목표는 내가 작성한 코드를 바탕으로 **Dictionary**를 만들어 보는 것이다.

도전 과제

이번 연습은 내가 작성한 코드의 문서를 읽어서 이해한 후, 다른 자료를 보지 않고 기억만으로 최선을 다해 코드를 작성해 보자. 이 방식은 **Dictionary** 같은 간단한 데이터 구조에 대한 지식을 내재화하고 기억하는 데 좋다. 코드를 샅샅이 이해하는 방법으로 내가 찾는 최고의 방법은 스스로 학습해서 기억하고 있는 내용을 바탕으로 같은 것을 다시 만들어 보는 것이다.

이런 식의 공부 방법을 '마스터 카피(복제본 만들기)' 방식이라고 한다. 마스터 카피는 미술 분야에서 가져온 것으로 뛰어난 사람의 그림을 똑같이 베끼는 공부 방식이다. 이렇게 해보면 그 사람이 어떻게 그림을 그렸는지 알 수 있고 자신의 기술을 개선할 수 있다. 코드와 그림은 복사하고자 하는 대상에 모든 정보들이 있다는 점에서 비슷하다. 여러분은 다른 사람들의 작품을 다시 만들어 봄으로써 많은 것을 공부할 수 있을 것이다.

마스터 카피 해보기

'코드 마스터 카피'를 하기 위해서 다음과 같은 순서로 진행한다. 나는 이것을 CASMIR 프로세스라고 부른다(CASMIR, Copy-Annotate-Summarize-Memorize-Implement-Repeat, 복사하기-주석달기-요약하기-기억하기-구현하기-반복하기).

❶ *복사하기(C):* 코드를 복사해서 코드가 정상적으로 동작할 수 있도록 한다. 최대한 동일한 것이 되도록 한다. 이렇게 하면 대상을 이해하는 데 도움이 된다. 그리고 가까이서 코드를 공부할 수 있도록 해준다.

❷ *주석달기(A):* 코드에 주석을 달고 코드에 대한 모든 분석 내용을 적는다. 그래서 모든 줄에서 어떤 일을 하는지 이해할 수 있도록 한다. 이 과정은 코드의 전체 콘셉트에 부합하는 코드를 작성할 수 있도록 해준다.

❸ *요약하기(S):* 코드가 동작하는 일반적인 구조를 간략한 노트로 요약한다. 요약에는 함수 리스트와 함수가 하는 일들이 포함될 것이다.

❹ *기억하기(M):* 이런 알고리즘의 간략한 요약 내용과 코드를 기억한다.

❺ *구현하기(I):* 기억하고 있는 것을 다시 구현해 본다. 그리고 부족한 내용이 있을 때 다시 노트나 코드를 보고 기억한다.

❻ *반복하기(R):* 기억만으로 복사본을 만들 수 있을 때까지 이 과정을 최대한 많이 반복한 다. 여러분이 기억만으로 만든 코드가 원래의 것과 정확하게 똑같을 필요는 없지만 최대 한 비슷해야 한다. 그리고 여러분이 작성한 테스트도 반드시 통과해야 한다.

위에서 설명한 학습 방법을 통해서 데이터 구조가 동작하는 방식을 더 깊이 이해 할 수 있다. 하지만 그것보다 더 중요한 것은 이 방법을 통해서 여러분이 데이터 구조 가 하는 일을 내재화하고 기억할 수 있다는 점이다. 개념을 이해할 수 있고 필요할 때 데이터 구조를 개발할 수도 있다. 그리고 이런 훈련으로 다른 데이터 구조나 알고리 즘을 더 잘 기억할 수 있다.

> **경고**
>
> 우리가 이번에 구현할 것은 아주 엉성하고 미련하고 느린 Dictionary의 구현체라는 *사 실만을* 기억하자. 여러분이 카피하게 될 것은 아주 *기본적인 요소만* 가지고 있는 간단한 Dictionary 데이터 구조로 실제로 제품에 쓰기 위해서는 많은 개선이 필요하다. 개선 방법에 대해서는 **연습 19**에서 성능 튜닝을 공부할 때 하게 될 것이다. 지금까지는 아주 간단한 버전을 개발해서 기본적인 데이터 구조를 이해할 수 있도록 했다.

코드 복사하기

먼저, 여러분이 복사하게 될 Dictionary 코드를 살펴보자.

```python
1    from dllist import DoubleLinkedList
2
3    class Dictionary(object):
4        def __init__(self, num_buckets=256):
5            """주어진 버킷 사이즈로 맵을 초기화한다."""
6            self.map = DoubleLinkedList()
7            for i in range(0, num_buckets):
8                self.map.push(DoubleLinkedList())
9
10       def hash_key(self, key):
11           """주어진 키로 어떤 숫자를 만들어 맵의 버킷에 대한
12           인덱스를 만든다."""
13           return hash(key) % self.map.count()
14
15       def get_bucket(self, key):
16           """주어진 키로 키가 가야할 버킷을 찾는다."""
17           bucket_id = self.hash_key(key)
18           return self.map.get(bucket_id)
19
20       def get_slot(self, key, default=None):
21           """
22           슬롯에 대한 버킷과 노드를 반환하거나 None, None을 반환한다
23           """
24           bucket = self.get_bucket(key)
25
26           if bucket:
27               node = bucket.begin
28               i = 0
29
30               while node:
31                   if key == node.value[0]:
32                       return bucket, node
33                   else:
```

```
34                        node = node.next
35                        i += 1
36
37        # if와 while에서 처리되지 않는 것 처리
38        return bucket, None
39
40    def get(self, key, default=None):
41        """버킷에서 주어진 키에 대한 값을 반환하거나 기본값을 반환한다."""
42        bucket, node = self.get_slot(key, default=default)
43        return node and node.value[1] or node
44
45    def set(self, key, value):
46        """키에 대한 값을 설정한다. 기존에 값이 있으면 교체한다."""
47        bucket, slot = self.get_slot(key)
48
49        if slot:
50            # 키가 존재하면 대체한다.
51            slot.value = (key, value)
52        else:
53            # 키가 없으면 생성해서 추가한다.
54            bucket.push((key, value))
55
56    def delete(self, key):
57        """맵에서 주어진 키를 제거한다."""
58        bucket = self.get_bucket(key)
59        node = bucket.begin
60
61        while node:
62            k, v = node.value
63            if key == k:
64                bucket.detach_node(node)
65                break
66
```

```
67      def list(self):
68          """맵에 있는 것들을 출력한다."""
69          bucket_node = self.map.begin
70          while bucket_node:
71              slot_node = bucket_node.value.begin
72              while slot_node:
73                  print(slot_node.value)
74                  slot_node = slot_node.next
75              bucket_node = bucket_node.next
```

이 코드는 dict 데이터 구조를 기존의 DoubleLinkedList 코드를 이용해서 만들었다. 여러분이 DoubleLinkedList를 완전히 이해하고 있지 않다면 내가 앞에서 설명한 코드 마스터 카피 방법을 사용해서 DoubleLinkedList를 이해하고 진행해야한다. DoubleLinkedList를 이해했다면 쉽게 이 코드를 작성하고 잘 동작할 수 있도록 할 수 있을 것이다. 기억할 것은 코드에 주석을 달기 전에 완벽한 코드를 가지고 시작해야 한다는 점이다. 최악의 경우는 동작하지 않거나 불완전한 코드를 가지고 주석을 다는 것이다.

코드가 완전한지 알아보기 위해서 간단한 테스트 스크립트를 작성했다.

test_dictionary.py

```
1       from dictionary import Dictionary
2
3       # 주(state)에 대한 약자를 작성한다.
4       states = Dictionary()
5       states.set('Oregon', 'OR')
6       states.set('Florida', 'FL')
7       states.set('California', 'CA')
8       states.set('New York', 'NY')
```

```
 9    states.set('Michigan', 'MI')
10
11    # 주(state)와 그 주에 속한 도시를 생성한다.
12    cities = Dictionary()
13    cities.set('CA', 'San Francisco')
14    cities.set('MI', 'Detroit')
15    cities.set('FL', 'Jacksonville')
16
17    # 도시를 더 추가한다.
18    cities.set('NY', 'New York')
19    cities.set('OR', 'Portland')
20
21
22    # 도시를 출력한다.
23    print('-' * 10)
24    print("NY State has: %s" % cities.get('NY'))
25    print("OR State has: %s" % cities.get('OR'))
26
27    # 주를 출력한다.
28    print('-' * 10)
29    print("Michigan's abbreviation is: %s" % states.get('Michigan'))
30    print("Florida's abbreviation is: %s" % states.get('Florida'))
31
32    # 주와 도시가 있는 dict를 이용해서 출력한다.
33    print('-' * 10)
34    print("Michigan has: %s" % cities.get(states.get('Michigan')))
35    print("Florida has: %s" % cities.get(states.get('Florida')))
36
37    # 모든 주에 대한 약자를 출력한다.
38    print('-' * 10)
39    states.list()
40
41    # 주에 있는 모든 도시를 출력한다.
```

```
42    print('-' * 10)
43    cities.list()
44
45    print('-' * 10)
46    state = states.get('Texas')
47
48    if not state:
49       print("Sorry, no Texas.")
50
51    # "||=" 연산자를 이용해서 값이 없는 경우에 기본값을 설정할 수 있다.
52    # 이것을 한 줄로 할 수 있나?
53    city = cities.get('TX', 'Does Not Exist')
54    print("The city for the state 'TX' is: %s" % city)
```

여러분은 위 코드를 정확하게 입력해서 테스트 코드를 만들어야 한다. 나중에 이 테스트 코드를 pytest로 실행되는 자동화된 테스트로 바꿀 것이다. 지금은 이 테스트 스크립트를 실행시켜서는 Dictionary 클래스가 정상적으로 동작하는지 확인하자. 이 코드는 다음 단계에서 정리할 수 있을 것이다.

코드에 주석 달기

이번 단계를 하기 전에 여러분이 작성한 코드가 내 것과 동일해야 하고 테스트 스크립트도 통과해야 한다. 코드가 확실하다면 코드에 주석을 달아서 코드 한 줄 한 줄 어떤 일을 하는지 공부해 보도록 하자. 이번 작업을 하는 방법은 정식 자동화 테스트를 작성하고 여러분이 작업한 코드에 주석을 추가하는 것이다. dictionary_test. py 스크립트를 작성하고 각 섹션을 작은 테스트 함수로 만들어 보자. 그러고 나서

Dictionary 클래스에 주석을 추가하자.

예를 들어, **test_dictionary.py**에서 테스트의 첫 번째 섹션은 딕셔너리를 생성하고 Dictionary.set을 호출한다. 나는 그것을 **test_set** 함수라 정하고 **dictionary. py** 파일에 Dictionary.set 함수로 주석을 달았다. 여러분은 Dictionary.set 함수에 주석을 달면서 Dictionary.get_slot 함수를 봐야 한다. Dictionary.get_bucket 함수도 보고 마지막으로 Dictionary.hash_key를 본다. 이렇게 하면 테스트 하나로 Dictionary 클래스의 많은 부분에 체계적으로 주석을 달면서 이해할 수 있다.

데이터 구조 요약하기

이제 **dictionary.py**의 코드에 대한 주석을 달고 **dictionary_test.py** 파일을 pytest 자동화 테스트 코드로 변경하는 과정을 통해서 배운 것들을 요약할 수 있을 것이다. 이때, 데이터 구조를 분명하고 짧게 설명할 수 있어야 한다. 종이 한 장으로 요약할 수 있다면 가장 좋다. 모든 데이터 구조들이 간결하게 정리될 수 있는 것은 아니다. 하지만 짧게 요약할수록 기억하기 쉬워진다. 요약에는 다이어그램, 그림, 글 등 기억에 도움이 되는 어떤 형식이든지 사용할 수 있다.

요약하는 이유는 다음 단계에서 상세 내용을 상기시켜 줄 수 있는 노트를 제공하려는 것이다. 요약할 때는 모든 정보들을 담아서는 안 된다. '주석' 단계에서 기억한 코드를 떠올릴 수 있는 부분만 포함시킨다. 즉 '카피' 단계에서 기억한 내용을 상기할 수 있어야 한다. 이것을 '청킹'이라고 한다. 상세한 기억과 정보를 더 작은 정보 조각에 연결시키는 것이다. 여러분이 요약을 할 때, 작은 정보가 큰 정보를 떠올리는 데 필요하다는 점을 인식해야 한다. 하지만 너무 작은 정보는 소용없다.

요약한 것 기억하기

다양한 방법을 이용해서 요약한 내용과 주석을 붙인 코드를 기억한다. 먼저 여러분에게 기억할 수 있는 프로세스를 설명하도록 하겠다. 솔직히 복잡한 것을 기억하려면 시행착오를 거쳐야 한다. 하지만 이 프로세스도 도움이 될 것이다.

❶ 종이와 요약본 그리고 코드를 준비한다.

❷ 3분간 요약본을 읽고 내용을 기억한다. 조용히 눈으로 보고 소리 내어 읽고 또 읽는다. 그리고 눈을 감고 읽은 것을 반복해 본다. 종이에 있는 단어들의 전체 모양을 기억하려고 노력한다. 바보 같은 소리처럼 들리겠지만 나를 믿고 해보자. 진짜 기억할 수 있다. 우리 두뇌는 여러분이 생각하고 있는 것 이상으로 어떤 형태를 잘 기억한다.

❸ 요약본을 뒤집어 기억하고 있는 것을 다시 써본다. 기억하는 데 막히면 요약본을 다시 뒤집어서 빠르게 본다. 전체적으로 빠르게 훑어 보고 덮은 후 요약본을 완성시킨다.

❹ (거의) 기억만으로 요약본을 작성했다면 요약본을 사용해서 주석을 달았던 코드를 3분 동안 기억해 보자. 요약본의 내용을 읽어 보고 코드에서 관련된 부분을 보고 기억한다. 작은 함수 하나마다 3분씩 같은 작업을 한다.

❺ 주석을 달았던 코드를 기억하는 데 시간을 다 쓰고 나면 코드를 덮고 요약본을 참고해서 노트에 코드를 적어본다. 하다가 막히면 다시 코드를 빠르게 훑어본 후 다시 반복한다.

❻ 종이에 코드를 올바르게 적을 수 있을 때까지 이 과정을 반복한다. 여러분이 종이에 적은 코드가 완벽한 파이썬 코드일 필요는 없지만 원래의 코드에 근접해야 한다.

앞에서 설명한 프로세스가 거의 불가능한 것처럼 느껴지겠지만 이 프로세스대로 했을 때 여러분이 얼마나 많은 것을 기억할 수 있는지 놀랄 것이다. 또 이렇게 하고 나서 Dictionary에 대한 개념을 얼마나 잘 이해하게 되는지도 놀랄 것이다. 이것은 Dictionary 데이터 구조를 개발할 때 실제로 사용할 수 있는 개념 지도를 만드는 것이다.

> **경고**
>
> 여러분이 어떤 것을 기억하는 데 어려움이 있는 있다면 이번 연습이 큰 도움이 될 것이다. 기억을 할 때 이번에 소개한 프로세스를 이용하면 어떤 주제이든 기억하는 데 한결 수월하기 때문에 기억에 대한 두려움을 극복할 수 있다. 기억하지 못해 허둥대지 않아도 된다. 연습을 천천히 꾸준히 해야 한다. 특히 이 프로세스를 연습하다 보면 기억을 떠올리거나 기억을 잘 할 수 있는 자신만의 방법도 찾을 수 있다. 뭔가를 배울 때 이 방법이 느려 보일 수도 있지만 결국에는 더 빠른 방법이다.

기억만으로 구현하기

이제 컴퓨터로 작성을 해볼 차례다. 지금까지 기록한 노트를 다른 방이나 거실에 두고 컴퓨터 앞에 앉아서 지금 기억하고 있는 내용만으로 구현을 해보자. 첫 번째 시도는 악몽처럼 느껴질 것이다. 하지만 이것은 지극히 정상이다. 여러분들은 아직 기억에 의지해서 어떤 것을 구현하는 것이 어색할 것이다. 머리 속에 있는 내용들을 최대한 끄집어낸다. 더 이상 아무것도 기억나는 것이 없을 때, 다시 노트가 있는 방으로 돌아가서 노트를 보고 그 내용을 기억해 보자. 기억의 방(노트가 있는 방)으로 몇 번 왔다 갔다를 반복하고 나면 내용에 익숙해지고 기억 흐름도 자연스럽게 될 것이다. 노트를 여러 번 봐야 하는 것은 정상이다. 이 방법이 코드에 대한 기억을 떠올리고, 여러분들의 기술을 증진시키는 방법의 전부이다.

머리 속에 떠오른 생각을 먼저 써야 한다. 그것이 테스트 코드이건 원래 코드이건 상관없다. 기억해 낼 수 있는 것을 이용해서 개발하면 코드의 다른 부분을 떠올릴 수 있다. test_set 함수에서 몇 줄의 코드를 기억해 냈다면 그것을 적는다. 머리 속에 떠오르는 것을 이용하자. 이것을 이용하면 Dictionary.set 함수를 기억해 내거나 구현하는 데 도움이 된다. 여러분이 해야 할 것은 하나의 정보를 이용해서 다른 정보들을 만들고 구현하는 것이다.

코드를 구현하기 위해서 Dictionary에 대한 *이해*가 있어야 한다. 절대로 코드 한 줄 한 줄을 그대로 사진처럼 기억하려고 해서는 안 된다. 그런 것은 실제로는 거의 불가능하다. 그렇게 사진을 찍듯 기억을 할 수 있는 사람은 거의 없다(주변 사람을 보면 알 수 있다. 사진 기억 능력을 가지고 있는 사람을 찾기 어려울 것이다). 대부분의 사람들이 가지고 있는 능력은 개념적인 이해를 떠올릴 수 있는 작은 단서를 기억하는 것이다. 여러분도 Dictionary가 동작하는 방식에 대한 지식을 이용해서 자신만의 구현체를 만들어야 한다. 앞 예제에서 여러분은 Dictionary.set 함수가 어떻게 동작하는지 알고 있다. 이 함수는 슬롯과 버킷을 얻을 수 있어야 한다. 그러므로 get_slot과 get_bucket이 필요하다. 사진 기억을 통해서 글자 하나하나를 모두 기억하지 않아도 된다. 주요 개념들을 기억하고 그것을 이용할 수 있으면 충분하다.

▬ 반복하기

이번 연습에서 가장 중요한 것은 이번 프로세스를 잘하게 될 때까지 여러 번 반복하는 것이다. 책에 있는 데이터 구조의 나머지 부분들도 같은 프로세스로 수많은 연습을 하게 될 것이다. 지금 당장은 100번을 해도 나중에는 50번, 10번만 하면 된다. 결국에는 기억만으로 Dictionary를 구현할 수 있다. 명상이라고 생각하고 일단 한번 해보자. 점점 편해지는 것을 느낄 것이다.

훈련

❶ 내가 작성한 테스트는 아주 제한적이다. 조금 더 완벽한 테스트 코드를 작성해 보자.

❷ **연습 16**에서 본 정렬 알고리즘을 이번 데이터 구조에 적용하면 어떤 부분에 도움이 될 수 있을까?

❸ 이 데이터 구조에 키와 값을 무작위로 주면 어떤 일이 일어날까? 정렬 알고리즘을 적용하면 좋을까?

❹ num_buckets가 데이터 구조에 어떤 영향을 줄까?

코드 깨부수기

　머리가 지끈지끈거릴 것이다. 그럼 잠깐 쉬었다가 앞 코드를 파헤쳐 보는 연습을 해보자. 이 구현은 데이터에 따라서 데이터 구조가 *쉽게* 엉망이 될 수 있다. 데이터 구조를 엉망으로 만들 엣지 케이스에는 어떤 것이 있을까? 데이터 구조의 키로 *어떤 것이든* 사용할 수 있는가, 아니면 문자열만 가능한가? 키에 따라 어떤 문제가 발생할 수 있을까? 마지막으로 코드가 정상적으로 동작하는 것처럼 보이지만 실제로 잘못되게 할 수 있는 방법이 있을까?

성능 측정하기

이번에는 여러분이 만든 데이터 구조와 알고리즘의 성능을 분석하는 다양한 툴을 알아보자. 이번 연습은 툴에 집중하기 위해서 **연습 16**에서 만든 sorting.py 알고리즘의 성능을 분석할 것이다. 그리고 비디오를 통해 우리가 지금까지 했던 모든 데이터 구조의 성능 역시 분석해 볼 것이다.

성능 분석과 튜닝은 컴퓨터 프로그래밍 분야에서 내가 가장 흥미롭게 하는 활동 중의 하나다. 나는 심하게 엉킨 털실을 TV를 보면서 모두 풀어 정리하는, 꼼꼼하면서도 집착이 강한 사람이다. 또 복잡한 미스터리를 하나하나 뜯어보는 것을 좋아한다. 코드의 성능이 그 중에서 가장 복잡한 미스터리라고 할 수 있다. 코드를 분석하는 데 좋고 유용한 툴들이 많다. 이 툴들은 디버깅보다는 성능을 비교하는 데 더 적합하다.

코딩 단계에서 모든 것들이 분명해지기 전까지 성능 개선 작업을 하면 안 된다. 나는 아주 간단한 초기 형태의 코드를 좋아한다. 그래서 모든 것들이 잘 작동한다고 확신할 수 있다. 잘 동작하지만 느린 경우도 있다. 나는 프로파일링 툴을 꺼내 *안정성을 해치지 않으면서* 더 빠르게 만들 수 있는 방법을 찾는다. 여기서 핵심은 안정성을 해치지 않아야 한다는 것이다. 많은 프로그래머들은 코드를 더 빠르게 만들기 위해서 코드의 안전성을 해쳐도 된다고 생각한다. 이것은 잘못된 생각이다.

분석 툴

이번 연습에서는 파이썬에 유용한 툴과 코드의 성능을 개선할 수 있는 일반적인 전략을 언급한다. 우리가 사용할 도구는 다음과 같다.

- **timeit** (https://docs.python.org/3/library/timeit.html)
- **cProfile과 profile** (https://docs.python.org/2/library/profile.html)

내용을 더 나가기 전에 툴들이 설치되어 있는지 확인해 보자. 그리고 **sorting. py**와 **test_sorting.py** 파일을 복사한다. 우리는 툴을 이용해서 이 알고리즘을 분석해 볼 것이다.

timeit

timeit 모듈은 아주 유용한 툴은 아니다. 이 툴은 *문자*열로 되어 있는 파이썬 코드를 가져와서 실행하고 실행 시간을 기록하는 일을 한다. 이 툴에 함수 참조나 **.py** 파일 혹은 문자열 이외의 것을 넘길 수 없다. 우리는 **test_sorting.py** 파일의 마지막에 다음과 같이 써서 **test_bubble_sort** 함수가 얼마나 오래 실행되는지 테스트해 볼 수 있다.

```python
if __name__ == '__main__':
    import timeit
    print(timeit.timeit("test_bubble_sort()",
        setup = "from __main__ import test_bubble_sort"))
```

timeit 모듈은 어떤 부분이 왜 그렇게 느린지에 대한 정보나 유용하게 쓸 수 있는 측정 정보를 주지는 않는다. 다만 코드 실행 시간을 측정할 때, 사용하면 좋다.

cProfile과 profile

이 두 툴은 코드의 성능을 측정하는 데 **timeit**보다 훨씬 좋은 툴이다. 코드의 실행 시간을 분석할 때는 **cProfile**을 사용하는 것이 좋다. 반면 더 유연한 분석이 필요할 때, **profile**이 도움이 된다. 테스트에 **cProfile**을 실행하기 위해서 *test_sorting.py* 파일의 마지막 부분을 변경한다.

```
if __name__ == '__main__':
    test_bubble_sort()
    test_merge_sort()
```

그리고 효과를 측정할 수 있을 정도로 **max_numbers**를 800 혹은 그 이상으로 설정한다.

```
$ python -m cProfile -s cumtime test_sorting.py | grep sorting.py
```

나는 '| grep sorting.py'를 사용해서 내가 관심 있는 부분을 추려냈다. 이 부분을 제거하면 모든 출력 결과를 보여준다. 800개의 숫자를 빠르게 정렬시켜 본 결과는 다음과 같다.

```
ncalls tottime percall cumtime percall filename:lineno(function)
    1   0.000   0.000   0.145   0.145 test_sorting.py:1(<module>)
    1   0.000   0.000   0.128   0.128 test_sorting.py:25 \
                                          (test_bubble_sort)
    1   0.125   0.125   0.125   0.125 sorting.py:6(bubble_sort)
```

```
     1   0.000   0.000   0.009   0.009 sorting.py:1(<module>)
     1   0.000   0.000   0.008   0.008 test_sorting.py:33 \
                                              (test_merge_sort)
     2   0.001   0.000   0.006   0.003 test_sorting.py:7(random_list)
     1   0.000   0.000   0.005   0.005 sorting.py:37(merge_sort)
  1599/1   0.001   0.000   0.005   0.005 sorting.py:47(merge_node)
7500/799   0.004   0.000   0.004   0.000 sorting.py:72(merge)
   799   0.001   0.000   0.001   0.000 sorting.py:27(count)
     2   0.000   0.000   0.000   0.000 test_sorting.py:14(is_sorted)
```

위 결과에서 여러분이 출력한 결과의 의미를 더 잘 알 수 있도록 헤더 부분을 추가했다. 각 헤더가 의미하는 바는 다음과 같다.

ncalls	이 함수를 호출한 수(역주: 함수가 호출된 수. X/Y 형태라면 X는 내부 호출을 포함 모든 호출수를 의미하고 Y는 외부에서 호출한 수를 의미)
tottime	총 실행 시간(역주: 함수 자체의 총 실행 시간으로 초단위로 표시)
percall	함수 호출당 평균 실행 시간
cumtime	자체 함수 실행 시간 및 외부 실행 시간을 포함한 실행 누적 시간
percall	호출별 누적 시간(역주: 모든 외부 지연 시간을 포함한 시간)
filename:lineno(function)	파일명, 라인 그리고 관련된 함수

이 헤더의 이름들은 -S 매개변수에서 옵션으로 지정할 수 있다. 이제 앞 결과를 빠르게 분석해 보자.

❶ bubble_sort는 한번 호출된다. 하지만 merge_node는 1,599번, merge는 7,500번으로

훨씬 많이 호출되었다. 이것은 merge_node와 merge가 내부 호출(recursive call)로 구성되었기 때문이다. 결과적으로 이 함수들이 800개의 엘리먼트들을 하기 위해 이렇게 많이 호출된 것이다.

❷ bubble_sort가 merge 혹은 merge_node만큼 호출되지 않았어도 이 함수가 느리다. 이것은 두 알고리즘에서 기대한 성능에 부합한다. 합병 정렬에서 최악의 경우 O(n log n)의 성능을 갖는다. 하지만 버블 정렬은 O(n²)의 성능을 낸다. 800개의 엘리먼트라고 하면 800 log 800은 5347이 된다. 반면 800²는 640,000이다. 이런 숫자들이 알고리즘이 실행된 실제 시간으로 직접적으로 변환되는 것은 아니지만 상대적인 비교를 하는 데 쓰일 수 있다.

❸ count 함수는 799번 호출되었다. 이 부분은 큰 낭비가 아닐 수 없다. 우리의 Double-LinkedList의 구현은 엘리먼트의 수를 따로 저장하지 않고 필요할 때 모든 엘리먼트들의 수를 세는 방식을 취하고 있다. 이 함수도 같은 방식을 사용한다. 결과적으로 800개 엘리먼트의 전체 리스트를 검색하기 때문에 799라는 호출 횟수가 나왔다. max_numbers를 600 혹은 500으로 바꿔서 같은 패턴이 반복되는지 확인해 보자. 우리의 구현에 count는 어떻게 n-1번 실행되는지 알아보자. count 함수의 호출이 799가 되었다는 것은 800개 엘리먼트에 거의 모두 접근했다는 의미다.

다음은 **dllist.py**에서 엘리먼트 숫자가 성능에 어떤 영향을 주는지 알아보자.

```
$ python -m cProfile -s cumtime test_sorting.py | grep dllist.py
ncalls tottime percall cumtime percall     filename:lineno(function)
1200  0.000   0.000   0.001   0.000    dllist.py:66(shift)
1200  0.001   0.000   0.001   0.000    dllist.py:19(push)
1200  0.000   0.000   0.000   0.000    dllist.py:3(__init__)
   1  0.000   0.000   0.000   0.000    dllist.py:1(<module>)
   1  0.000   0.000   0.000   0.000    dllist.py:1(DoubleLinkedListNode)
   2  0.000   0.000   0.000   0.000    dllist.py:15(__init__)
   1  0.000   0.000   0.000   0.000    dllist.py:13(DoubleLinkedList)
```

내용을 쉽게 알 수 있도록 헤더 부분은 별도로 추가했다. 여기서 **dllist.py**가 merge,

merge_node 그리고 count 함수 등과 비교할 때 큰 성능의 차이가 없음을 알 수 있다. 이것은 아주 중요한데 결과를 보면 대부분의 프로그래머는 merge_sort 구현을 변경해서 더 큰 이득을 얻을 수 있는 DoubleLinkedList로 최적화시키고, bubble_sort를 완전히 버릴 것이기 때문이다. 우리는 항상 최소한의 노력으로 최대의 성과를 얻을 수 있는 것부터 해야 한다.

성능 분석

성능을 분석하는 일은 간단히 말하면 어떤 부분이 느린지, 또 그 이유는 무엇인지를 알아내려는 노력이다. 이것은 디버깅 과정과 비슷하다. 차이점이 있다면 코드 동작을 변경하지 않고 최대 성능을 올리려 한다는 점이다.

모든 작업을 마치고 나면 동작에 변경 없고 속도만 더 빨라져야 한다. 성능을 높이려 노력하는 과정에서 버그를 찾는 경우가 종종 있다. 하지만 속도 개선 작업을 할 때는 디자인을 변경해서는 안 된다. 한번에 한 가지씩만 해야 한다.

성능 분석을 시작하기 전에 꼭 해야 할 중요한 것은 소프트웨어에 필요한 평가 지표를 구하는 것이다. 빠르게 동작한다는 것은 기본적으로 좋은 것이다. 하지만 목표를 설정하지 않고 무작정 빠른 솔루션을 찾는 것은 소용 없는 일이다. 시스템이 초당 50개의 요청을 처리하고, 100개의 요청을 처리해야 한다고 하면, 200개의 요청을 처리할 수 있도록 하스켈(Haskell)로 완전히 다시 작성하는 결정을 하지 않을 것이다. 최소한의 노력으로 목표를 달성하는 것이 비용을 줄이는 가장 좋은 방법이다.

평가를 위해서 다양한 자료를 활용할 수 있다. CPU 사용률, 초당 요청 처리 건

수, 프레임 주기, 혹은 고객이 중요하게 생각하는 것 등. 여러분은 이 데이터를 바탕으로 목표한 성능을 테스트해서 필요한 만큼의 성능을 낼 수 있도록 코드를 개선해야 한다. 시스템의 성능을 쥐어짜서 비용을 절약하는 방법이 있을 수 있다. 혹은 성능을 개선하려고 했는데 알고 보니 많은 CPU 리소스가 필요하다는 결론에 도달할 수도 있다. 타깃에 대한 평가 지표를 사용하면 지금 하고 있는 노력을 포기할지 아니면 이미 충분히 달성했는지를 알 수 있다.

성능 분석을 위한 간단한 프로세스는 다음과 같다.

❶ 테스트 코드를 사용해서 코드에 대한 성능 분석툴을 실행한다. 얻을 수 있는 정보가 많을수록 좋은 툴이다. 덧붙여 무료로 사용할 수 있는 도구에 대해서는 '추가 학습' 섹션에서 알아보자. 주변 사람들에게 시스템 속도를 분석하는 데 사용하는 다른 툴이 있는지 물어보고 툴에 대한 정보를 얻자.

❷ *가장 느리고 가장 작은* 코드가 있는지 확인하다. 큰 함수를 분석하는 것을 웬만하면 하지 않는 것이 좋다. 큰 함수들은 내부에서 사용하는 다른 느림 함수들 때문에 느린 경우가 많다. 느리면서 작은 코드를 먼저 찾아서 분석하는 것이 최소한의 노력으로 최대의 성과를 얻는 방법이다.

❸ 느린 코드에 대해서 코드 리뷰를 해본다. 코드가 느릴 만한 이유가 있는지 찾아본다. 복잡한 기술을 시도하기 전에 반복문 안에 또 다른 반복문이 있는지, 혹은 함수를 너무 자주 호출하는 것은 아닌지 등 캐시같이 쉽게 변경할 수 있는 작은 것들을 먼저 시도하는 것이 좋다.

❹ 느린 함수들의 모든 목록과 그 함수들에 적용했던 것들에서 어떤 패턴이 있는지 찾아본다. 같은 실수를 다른 곳에도 하지 않았는지 찾아보는 것이다.

❺ 마지막으로, 작은 함수에서 바꿀 수 있는 부분이 없다면 좀 더 큰 함수 중에 개선할 수 있는 부분을 찾아본다. 문제가 되는 부분을 완전히 다시 작성해야 할까? 결론을 말하자면 최소한의 노력을 먼저 해야 한다.

❻ 여러분이 시도했던 노력과 개선 사항들을 기록해 둔다. 그렇게 하지 않으면 이미 작업했던 노력들을 다시 하게 된다.

여기서 소개한 프로세스에서 '느리면서 작은 부분'에 대한 것은 유동적이다. 10줄의 함수 10여 개를 수정해서 속도를 개선하는 것은 가장 느린 100줄의 함수를 개선하는 것과 같다고 할 수 있다. 100줄의 함수를 다 개선했다면 더 큰 함수들을 시도해 볼 수 있다.

마지막으로, 어떤 것의 속도를 올리는 가장 좋은 방법은 일을 하지 않아도 되게 만드는 것이다. 만약 같은 조건들을 여러 번 체크하는 부분이 있다면 그 부분을 막을 수 있는 방법을 찾아야 한다. 데이터베이스에서 같은 칼럼(column, 열)을 계산하고 있다면 한번만 해야 한다. 반복문에서 함수 콜을 자주하고 있는 데이터의 변경이 거의 없다면, 메모라이제이션 기법을 사용하거나 테이블을 미리 계산하는 방법을 찾아본다. 많은 경우, 미리 필요한 것을 계산해서 저장해 놓는 방식으로 성능을 높일 수 있다.

다음 연습에서는 앞서 소개한 프로세스를 사용해 알고리즘의 성능을 개선하는 방법을 알아볼 것이다.

연습
18

도전 과제

여러분의 도전 과제는 **bubble_sort**와 **merge_sort**에서 내가 했던 과정을 여러분이 지금까지 만들었던 모든 데이터 구조와 알고리즘에 적용해 보는 것이다. 아직은 성능 개선이 아니라 성능 문제를 재현할 수 있는 테스트 코드를 작성하고, 코드의 성능을 분석해서 기록하는 일만 하면 된다. 지금 당장은 어떤 것도 고치려고 해서는 안 된다. **연습 19**에서 성능 *개선* 방법을 따로 다룰 것이다.

❶ 프로파일링 툴을 여러분의 모든 코드에 실행해서 성능을 분석해 본다.

❷ 여러분의 결과를 알고리즘의 이론적인 결과와 비교해 본다.

▬ 코드 깨부수기

데이터 구조를 망치는 이상한 테스트 코드를 작성해 보자. 아마도 데이터 구조에 아주 큰 데이터를 넣어야 할 수도 있다. 프로파일링 정보를 보면 코드가 잘 되어 있는지 알 수 있다.

● 추가 학습 ●

❶ line_profiler(https://github.com/rkern/line_profiler)도 성능 측정 툴이다. 이 툴의 장점은 관심 있는 특정 함수들만 측정할 수 있다는 점이다. 단점은 소스를 변경해야 한다.

❷ pyprof2calltree(https://pypi.python.org/pypi/pyprof2calltree)와 KCacheGrind(https://kcachegrind.github.io/html/Home.html)는 아주 진보된 툴이지만 리눅스에서만 동작한다. 비디오로 리눅스에서 이 툴을 사용하는 방법을 알아보자.

성능 개선하기

○┃번 연습은 여러분이 지금까지 작성했던 코드 성능을 *개선*하는 방법을 보여줄 목
 ┃적으로 비디오를 통해서 대부분 진행된다. 하지만 먼저 여러분이 성능 개선 노
력을 해보자. 여러분은 이미 **연습 18**에서 어떤 코드가 얼마나 느리고 빠른지 분석한 바
있다. 그러므로 이제 스스로 개선 아이디어를 내서 적용해 보는 시간을 갖자. 간단한
성능 문제를 개선할 때 찾아보거나 고쳐야 할 내용들에는 다음과 같은 것들이 있다.

❶ 반복문 속에 반복문이 있는 로직은 피하는 것이 좋다. 버블 정렬이 이 경우에 해당하는
  좋은 예라고 할 수 있다. 이런 문제가 있다는 것을 알려주기 위해 버블 정렬 알고리즘을
  미리 소개했다. 버블 정렬의 성능이 다른 방법들에 비해서 얼마나 나쁜지를 알고 있다면
  이 방식은 하지 말아야 할 패턴임을 알 수 있을 것이다.

❷ 변경되지 않는 것을 반복적으로 다시 계산하거나 변경이 일어났을 때만 계산하면 되는
  부분을 개선한다. sorting.py 혹은 다른 데이터 구조에 있는 count() 함수가 여기서
  말하는 경우에 해당하는 좋은 예다. 데이터 구조에 있는 함수에서 count 값을 계속 저장
  할 수 있다. 혹은 추가될 때 증가시키고, 제거할 때 감소시킬 수 있다. 매번 전체 리스트를
  뒤질 필요가 없다. 또는 미리 계산된 count 값을 이용해서 count==0을 체크하는 방식
  으로 함수들의 로직을 개선하는 것도 좋다.

❸ 작업하고 있는 내용에 적합하지 않은 데이터 구조를 피한다. Dictionary를 구현하면서
  이런 문제를 보여주기 위해 일부러 DoubleLinkedList를 사용했었다. Dictionary는
  엘리먼트에 대해서 랜덤 액세스를 해야 한다. 최소한 버킷 리스트까지는 랜덤 액세스가
  필요하다. DoubleLinkedList를 사용하고 있으면 n 번째 엘리먼트에 접근하려고 할 때
  마다 모든 엘리먼트를 n번째까지 지나가야 한다. 파이썬 리스트로 데이터 구조를 교체하

면 성능이 크게 개선된다. 우리는 기존에 있던 데이터 구조를 이용해서 다른 것을 만들어 보는 연습을 하고 있으니 최고로 좋은 파이썬 `Dictionary` 데이터 구조를 만들 필요는 없다(파이썬에는 이미 그런 것들이 있다).

❹ 데이터 구조를 만드는 데 있어, 버블 정렬은 확실히 잘못된 알고리즘이다(이 알고리즘은 절대 사용하지 말자). 합병 정렬과 퀵 정렬에 대해서도 알아야 할 게 있다. 이런 알고리즘들이 데이터 구조에 따라서 성능이 다르다. 합병 정렬은 링크드 데이터 구조 방식에 좋은 알고리즘이지만 파이썬 리스트처럼 배열 같은 것에는 좋지 않다. 퀵 정렬의 경우, `list`에는 성능이 좋지만 링크드 데이터 구조에는 좋은 성능을 내지 못한다.

❺ 공통 오퍼레이션에서 최적화되지 않는 부분. `DoubleLinkedList`를 사용하면 버킷의 앞부분에서 시작해서 원하는 값이 있는 슬롯을 찾아야 한다. 현재 코드는 슬롯들을 추가하는 것이 쉽다. 슬롯을 추가할 때 데이터를 랜덤으로 추가하는 방법도 있고, 다른 방식도 있다. 삽입(insert)를 할 때, 리스트를 정렬시켜 두면 엘리먼트를 찾기가 더 쉽고 빠르게 찾을 수 있다. 여러분은 리스트가 정렬되었다는 것을 알고 있기 때문에 원하는 값보다 큰 슬롯이 나오면 더이상 찾지 않는다. 그러므로 프로그램을 작성할 때는 적합한 디자인을 선택하는 것이 중요하다. 만약 대량의 데이터를 추가해야 한다면 여기서 사용하고 있는 방식은 적합하지 않다. 하지만 몇 개의 데이터만 추가하고 액세스를 많이 하는 경우라면 입력할 때 리스트를 정렬시키는 방법이 검색 속도를 높일 수 있다.

❻ 기존의 코드를 사용하지 않고 여러분이 작성한 부분을 찾아본다. 데이터 구조를 공부하기 위해서 데이터 구조를 만들고 있지만 실제로 현업에서는 이렇게 데이터 구조를 만드는 경우는 드물다. 파이썬에는 이미 훌륭한 데이터 구조가 있다. 이것들은 최적화가 많이 되어 있다. 여러분은 이미 있는 이런 데이터 구조를 먼저 사용해야 한다. 성능 분석을 해서 새로 작성한 데이터 구조가 *더 빠르다면* 그것을 쓸 수 있다. 하지만 그럴 때조차도 스스로 만들기 보다는 다른 사람들이 증명한 데이터 구조를 찾아보아야 한다. 이번 연습에서는 여러분의 딕셔너리와 리스트를 파이썬의 빌트인 타입들과 비교해서 얼마나 성능이 떨어지는지 비교하는 테스트를 해볼 것이다.

❼ 재귀적인(recursion) 방법으로 작성된 부분은 좋지 않다. `merge_sort` 코드는 파이썬의

스택보다 큰 리스트를 처리하려고 하면 동작하지 않는다. 3,000개의 엘리먼트를 merge_sort에 넣어 보자. 그러면 파이썬은 스택을 더이상 만들 수 없어 중지될 것이다. 파이썬은 재귀적으로 구현된 방식에 적합하지 않다. 따라서 특별히 고려하지 않고 재귀를 사용하게 되면 문제를 일으킬 수 있다. 이 경우, 반복문을 사용하기 위해 merge_sort를 다시 작성하는 것이 좋다(물론 이 방법이 더 어렵기는 하다).

앞서 설명한 내용들은 **연습 18**의 분석 과정에서 이미 발견했어야 하는 것들이다. 여러분의 임무는 이제 앞서 설명한 내용들을 구현해서 코드의 성능을 개선해 보는 것이다.

도전 과제

여러분이 분석한 내용과 앞서 제시한 개선 방법을 사용해서 체계적으로 코드의 성능를 개선해 보자. 체계적이라는 말은 실제로 개선이 되고 있는지 알 수 있도록 데이터를 근거로 해서 제어할 수 있는 어떤 절차에 따라서 진행한다는 뜻이다. 다음은 이번 연습에서 따라야 하는 절차들이다.

❶ 먼저 가장 작고 느린 코드를 선택한다. 얼마나 느린지 테스트할 수 있는 것이어야 한다. 속도가 얼마인지 측정 값들을 구할 수 있어야 한다. 가능하면 이것들을 그래프로 만든다.

❷ 성능 개선을 하고 테스트를 다시 실행한다. 이 코드를 이용해 할 수 있는 한 모든 성능을 끌어올린다.

❸ 코드를 변경했는데 개선된 내용*이 없으면* 무엇이 잘못되었는지 알아보거나 변경 전으로 다시 코드를 돌려서 다른 방법을 시도한다. 여러분은 어떤 가설에 따라서 개선 작업을 하고 있기 때문에 이것이 중요하다. 필요 없는 코드를 남겨 두면 수정할 다른 코드에 영향을 준다. 변경된 내용을 다시 돌리고 다른 식으로 접근을 해보거나 다른 코드로 넘어간다.

❹ 가장 작고 느린 다른 코드를 다시 측정해서 성능에 변화가 있는지 확인한다. 앞서 수정한 코드가 다른 코드를 수정했을 수도 있다. 그러므로 여러분이 알고 있다고 생각하는 것도 다시 확인해야 한다.

❺ 여러분이 알고 있는 것들을 모두 시도했다면 성능 측정을 다시 해서 개선할 다른 코드를 찾는다.

❻ 단계 ❶에서 실행한 테스트를 계속 유지한다(그것들은 자동화된 테스트여야 한다). 성능 저하를 피하기 위함이다. 어떤 함수를 변경했는데 그것이 다른 함수를 느리게 했다면, 둘 다 고치거나 간단히 변경 이전으로 돌아가서 다른 방법을 시도해 본다.

● 추가 학습 ●

파이썬 Timsort의 원본 이메일(https://mail.python.org/pipermail/python-dev/2002July/026837.html)을 공부해 보기 바란다. 최종적으로 버그(http://bugs.python.org/issue23515)는 2015년에 EU FP7 ENVISAGE(http://www.envisage-project.eu/proving-android-java-and-python-sorting-algorithm-is-broken-and-how-to-fix-it/)의 연구자에 의해서 발견되었다. 이 이메일은 2002년에 보내졌고 버그는 수정되었다. 버그를 발견하는 데 13년이 걸렸다.

여러분이 알고리즘을 구현하려고 할 때 이것을 기억하도록 해야 한다. 큰 프로젝트의 최고 개발자 조차도 자신들의 알고리즘에 오랜 세월 동안 발견되지 않는 버그를 만들 수 있다. 다른 예로 OpenSSL 프로젝트가 있다. 여기에는 수십 년간 버그가 숨겨져 있었다. 모든 사람들이 이 코드를 '전문 암호학자'가 만든 코드라고 믿고 있었기 때문이다. 이 사태에서 볼 수 있듯 전문 암호학자 조차도 버그가 있는 코드를 만들 수 있다.

이진 검색 트리

이 번 연습에서는 데이터 구조에 대한 설명을 듣고 이것을 코드로 작성하는 방법을 알아보려고 한다. 여러분은 이미 마스터 카피를 사용해서 알고리즘이나 데이터 구조에 대한 코드를 분석하는 방법을 알고 있다. 또 알고리즘에 대한 P-코드(의사 코드)를 읽는 방법도 알고 있을 것이다. 이제는 이 두 가지를 결합하고, 이진 검색 트리에 대한 대략적인 설명을 듣고 나서 그것을 구체화하는 방법을 배워볼 것이다.

이번 연습을 시작하면서 먼저 당부하고 싶은 것이 있다. 위키피디아를 보지 않고 진행했으면 한다. 위키피디아에 있는 이진 검색 트리 페이지에는 이 데이터 구조에 대한 파이썬 코드까지 있다. 그것 때문에 이번 연습을 망칠 수 있다. 여러분이 작업을 진행하다가 막히면 그 어떤 자료이건 볼 수 있다. 하지만 처음에는 내가 하는 설명만 듣고 진행해 보자.

BSTree의 요구 조건

연습 16에서 합병 정렬이 단순하게 연결되는 링크드 리스트를 정렬된 트리처럼 만드는 것을 보았다. 합병 정렬은 리스트를 더 작은 조각으로 나눠 작은 것은 왼쪽에, 큰 값은 오른쪽에 두는 식으로 정렬해서 다시 합치는 방식을 취한다. 이진 검색 트리 (BStree)도 같은 방식으로 데이터를 정렬한다. 하지만 데이터를 다시 리스트로 저장하지 않는다. **BSTree**의 주요 사용 방법은 트리를 이용해서 데이터를 추가하거나 뺄 때,

키/값 노드를 빠르게 배치하는 것이다.

BSTree는 루트 키/값으로부터 시작한다. 오른쪽 혹은 왼쪽 경로(링크)를 가진다. 새로운 키/값을 추가하면 BSTree의 작업은 루트에서 시작해서 키를 각각의 노드에 비교하는 것이다. 새로운 키가 노드의 키보다는 작으면 왼쪽으로 가고, 같거나 더 크면 오른쪽으로 간다. 같은 작업을 계속 반복해서 최종적으로 BSTree는 트리에서 적당한 위치를 찾는다. 이것처럼 모든 오퍼레이션들은 각 노드에 키를 비교하는 작업을 계속해서 원하는 노드를 찾거나 마지막에 도착할 때까지 왼쪽, 오른쪽으로 이동한다.

BSTree는 **연습 17**에서 만들었던 Dictionary의 대안이 될 수 있다. 따라서 동일한 오퍼레이션을 가져야 한다. 기본 **BSTreeNode**는 트리 구조를 만들기 위해서 left, right, key 그리고 value 속성이 필요하다. 이것을 어떻게 사용하느냐에 따라서 parent 속성이 필요할 수도 있고 그렇지 않을 수도 있다. **BSTree**는 루트 **BSTreeNode** 에 다음과 같은 오퍼레이션들이 필요하다.

get	주어진 키로 트리를 탐색해서 노드를 찾아 보고, 마지막 노드에 다다르면 None 을 반환한다. 주어진 키가 노드의 키보다는 작으면 왼쪽으로 가고, 노드의 키가 주어진 키보다는 크면 오른쪽으로 간다. left 혹은 right로 연결된 노드가 없는 노드이면 작업을 끝낸다. 찾는 노드가 없는 것이다. 이렇게 검색하는 방식은 재귀적인 방법을 사용하거나 while 반복문을 사용할 수 있다.
set	이 오퍼레이션은 get과 거의 동일하다. 단 마지막 노드에 닿았을 때 새로운 BSTreeNode를 만들어 left 혹은 right에 붙인다. 결과적으로 트리를 하나 더 늘린다.
delete	BSTree에서 노드를 삭제하는 작업은 복잡한 오퍼레이션이다. 그러므로 삭제를 설명하기 위한 별도의 섹션에서 따로 설명할 것이다. 짧게 설명하면 세 가지 상황이 있을 수 있다. 삭제하려는 노드가 말단 노드인 경우(자식 노드가 없는 노드), 하나의 자식이 있는 경우, 그리고 두 개의 자식이 있는 경우다. 말단 노드이면,

	그냥 삭제하면 된다. 자식 노드가 하나 있으면, 자식 노드와 삭제하려는 노드를 교체한다. 만약 두 개의 노드가 있는 노드라고 하면 가장 복잡한 경우인데 이 부분은 다음 섹션에서 따로 설명하겠다.
list	트리를 탐색해서 모든 노드의 정보를 출력한다. list에서 중요한 것은 탐색 방법에 따라 다른 결과를 얻을 수 있다는 점이다. **left** 경로로 먼저 가고 **right** 경로로 간다면, 반대로 했을 때와 다른 결과를 얻는다. 바닥 노드까지 가서 트리의 루트로 올라오면서 출력을 한다면 또 다른 결과를 얻는다. 또 트리를 루트에서 말단으로 내려가면서 출력하는 방법도 있다. 다양한 방식으로 시도해 보고 각각 어떤 결과가 나오는지 확인해 보자.

노드 삭제하기

노드를 삭제할 때, 세 가지 경우가 있다(삭제하려는 노드를 D라고 하자).

❶ D 노드가 말단 노드인 경우다. 이 노드는 자식 노드(**left** 또는 **right**가 아닌)가 없다. 이 노드를 부모 노드에서 삭제하기만 하면 된다.

❷ D 노드에 자식 노드가 하나 있다(**left, right** 상관없다). 이런 경우, 우리는 자식 노드가 가지고 있는 값을 D로 가지고 오고, 자식 노드를 삭제한다. 이것은 자식 노드와 D를 효과적으로 교체하는 방식이다(혹은 자식 노드를 올린다).

❸ D 노드에 **left, right** 자식 노드가 있는 경우다. 이때는 대대적인 작업이 필요하다. 먼저 **D.right** 노드에서 가장 작은 값을 가지고 있는 자식 노드를 찾는다. 이것을 후계자 노드(successor node)라고 한다. D와 후계자 노드를 바꾼다. 그리고 나서 바꾼 노드를 삭제하는 과정을 반복한다.

연습
20

이 오퍼레이션을 실행시키기 위해서 find_minimum과 replace_node_in_parent 오퍼레이션이 필요하다. 구현 방식에 따라 parent 속성이 *필요할 수도 있다*고 말했는데, 대부분의 경우 parent가 있으면 더 쉽게 구현할 수 있기 때문에 parent를 만든다.

경고

트리에서 노드를 삭제하는 작업을 모두가 싫어한다. 실제로 삭제 작업은 아주 복잡한 오퍼레이션이다. 내가 좋아하는 참고서인, 『*The Algorithm Design Manual(알고리즘 설계 매뉴얼)*』 2판, *Steven S. Skiena 저, Springer, 2008*에서도 이것을 다루지 않았다. 구현이 복잡하기 때문이다. 삭제 과정을 이해하는 것이 어렵더라도 좌절하지는 말자. 모두에게 어려운 내용이다.

도전 과제

여러분은 내가 일부러 두리뭉실하게 이야기한 내용을 바탕으로 BSTree를 구현해야 한다. 처음 할 때는 참고 자료를 너무 많이 찾아보지 않도록 해야 한다. 구현을 해보다가 막혔을 때, 다른 사람들은 어떻게 해결했는지 보는 것이 좋다. 이번 연습의 핵심은 부족한 설명만으로 복잡한 문제를 해결하는 방법을 시도해 보는 것이다.

문제를 해결하는 방법으로 먼저 일상의 언어로 되어 있는 것을 대략적인 P-코드로 만드는 것이다. 그리고 나서 이 P-코드를 조금 더 정확한 P-코드로 만든다. 명확한 P-코드가 만들어지면 이것을 파이썬 코드로 바꿔 본다. 일상에서 사용하는 단어 하나하나에 특별히 주의를 해야 한다. 이것들 하나하나가 파이썬에서는 큰 작업이 필요한 것일 수 있다. 때때로 추측을 해야 하고, 테스트를 통해서 잘하고 있는지 체크할 수 있어야 한다.

또, 테스트가 아주 중요해질 것이다. 테스트 주도 방식(TBD)을 적용하는 것이 좋을 수 있다. 여러분은 어떤 오퍼레이션이 어떻게 동작해야 하는지는 알고 있다. 그러므로 그것에 대해서 테스트를 작성하고, 테스트가 동작할 수 있도록 만들면 된다.

훈련

❶ BSTree를 일반적인 링크드 리스트로 만들어 버리는 엣지 케이스를 테스트 코드로 작성할 수 있나?

❷ 앞에서 만든 트리에서 삭제를 하면 어떤 일이 일어날까?

❸ 앞에서 최적화를 했던 Dictionary의 속도와 비교해서 BSTree의 속도는 어떤가?

❹ 성능 분석과 튜닝을 통해서 BSTree를 얼마나 빠르게 만들 수 있나?

이진 탐색

이진 탐색 알고리즘은 이미 정렬되어 있는 리스트에서 원하는 아이템을 찾는 방법이다. 간단히 설명하면 이미 정렬되어 있는 리스트를 가지고 반씩 나누어 가면서 원하는 것을 찾거나 범위를 줄여가는 것이다. 여러분이 **연습 20**을 잘 끝냈다면 상대적으로 쉽게 이해할 수 있을 것이다.

이미 정렬된 리스트에서 숫자 X를 찾는다고 해보자. 그럼 다음과 같이 할 수 있다.

❶ 리스트의 중간에 있는 수(M)와 X를 비교한다.

❷ X==M이면 원하는 것을 찾은 것이다.

❸ X > M이면 M+1과 리스트의 마지막 사이에 있는 중간값을 다시 찾는다.

❹ X < M이면 리스트의 시작과 M−1 사이의 중간값을 다시 찾는다.

❺ X를 찾거나 아이템 하나가 남을 때까지 계속 반복한다.

이 방식은 값을 비교할 수 있는 모든 것들에 적용할 수 있다. 문자열, 숫자 등 순서를 정할 수 있는 것이면 모두 된다.

도전 과제

BSTree의 **get** 오퍼레이션에서 하는 로직이 이진 탐색과 비슷하다. 차이점은 BSTree는 파티션이 이미 되어 있다는 정도다. 그러니 BSTree로 더 할 것이 없다. 이번 연습에서 DoubleLinkedList, 파이썬의 list를 가지고 이진 탐색을 구현해 볼 것이다. 그리고 이것들과 BSTree.get의 성능을 비교해 보자. 여러분의 목표는 다음과 같다.

❶ 어떤 아이템을 찾는 데 있어서 BSTree가 파이썬의 list에 비해 얼마나 빠르게 찾는지 비교해 본다.
❷ DoubleLinkedList를 사용해서 이진 탐색을 하면 성능이 얼마나 좋지 않은지 알아보자.
❸ BSTree에 대해 문제가 되는 케이스가 list에 대한 이진 탐색에서도 문제가 되는지 알아보자.

성능을 분석할 때, 숫자들을 정렬시키는 시간을 포함시키지 않는다. 전체를 대상으로 최적화를 해야 할 때는 정렬에 소요되는 시간도 중요하지만, 우리가 다루고 있는 문제는 이진 탐색이 얼마나 빠르게 동작하는지에 대한 것이다. 파이썬에 내장된 list에 있는 정렬 알고리즘을 사용해서 리스트를 정렬시켜도 상관없다. 정렬을 어떻게 시킬 것인가는 우리의 관심 사항이 아니다. 이번 연습은 전적으로 이 세 가지 데이터 구조에서 얼마나 빠르게 데이터 탐색을 하는지에 관한 것이다.

훈련

❶ 이 알고리즘에서 중요한 것은 최대 비교 횟수가 얼마나 되는지 알아보는 것이다. 우선 여러분이 스스로 생각해 보고 알고리즘에 대한 조사를 해서 실제 답을 확인해 보자. 그리고 그 수를 기억하자.
❷ 정렬 알고리즘을 여기에 적용해서 최적화할 수 있는 방법이 있을까?
❸ 각 데이터 구조를 사용해서 알고리즘이 실행하는 모습을 시각화해 보자. 예를 들어, DoubleLinkedList를 사용한다면 답을 찾을 때까지 앞으로 뒤로 걸어 다닌다고 생각할 수 있다.
❹ 스스로 다른 도전 과제를 찾아보자. DoubleLinkedList에 아이템을 추가할 때 정렬된 위치로 넣어서 정렬된 링크드 리스트를 만들어 보자. 전체적인 성능 개선을 어떻게 할지 보기 위해서 엘리먼트를 추가하고 리스트의 숫자들을 정렬하는 것까지 모두 포함시켜서 성능 분석을 해보자.

다른 탐색 알고리즘을 조사해 보자. 특히, 문자열에 대한 탐색 알고리즘을 찾아보자. 이런 알고리즘 중 다수가 파이썬으로 구현하기 까다로운 것들이다. 파이썬의 문자열 구현 방식 때문이다. 어쨌든 시도는 해볼 수 있다.

접미사 배열

먼저 여러분에게 접미사 배열(surffix array)에 관한 이야기를 해보려고 한다. 시애틀에 있는 한 회사에서 인터뷰를 본 적이 있다. 그때 나는 실행 파일의 diff를 가장 효과적으로 생성할 수 있는 방법에 관심이 많을 때였다. 내 연구는 접미사 배열과 접미사 트리에 대한 알고리즘으로 발전했다. 접미사 배열은 간단히 말하면 문자열에 있는 모든 접미사를 정렬시켜서 정렬된 리스트로 만드는 것이다. 접미사 트리는 비슷하지만 리스트보다는 **BSTree**로 구현한 것이다. 이런 알고리즘은 정렬 오퍼레이션을 거치기만 하면 간단하고 빠른 성능을 낸다. 풀어야 하는 문제는 두 개의 문자열 가운데 가장 긴 공통된 문자열을 찾는 것이다.

파이썬에서 접미사 배열을 만드는 것은 그야말로 쉽다.

Exercise 22 Python Session

```
1     >>> magic = "abracadabra"
2     >>> magic_sa = []
3     >>> for i in range(0, len(magic)):
4     ...       magic_sa.append(magic[i:])
5     ...
6     >>> magic_sa
7     ['abracadabra', 'bracadabra', 'racadabra', 'acadabra',
8      'cadabra', 'adabra', 'dabra', 'abra', 'bra', 'ra', 'a']
9     >>> magic_sa = sorted(magic_sa)
10    >>> magic_sa
11    ['a', 'abra', 'abracadabra', 'acadabra', 'adabra', 'bra',
12     'bracadabra', 'cadabra', 'dabra', 'ra', 'racadabra']
13    >>>
```

앞 코드처럼 접미사 문자열들을 순서대로 만들었다. 그리고 그것을 정렬시켰다. 하지만 이것이 나에게 무슨 의미가 있을까? 이 리스트를 만들고 나면 *이진* 검색을 통해서 어떤 접미사든 찾을 수 있다. 위 예제는 대충 만든 것이다. 하지만 실제 코드에서 아주 빠르게 동작한다. 또, 모든 인덱스를 저장해서 접미사의 원래 위치를 알 수 있다. 이것은 다른 검색 알고리즘에 비해서 대단히 빠르다. DNA 분석 같은 것을 할 때 아주 유용하다.

시애틀에서 했던 인터뷰로 돌아가자. C++ 프로그래머들이 자바 업무에 관해서 내게 질문했다. 그 인터뷰는 재미없었고 내가 취업할 수 있으리라고 결코 생각하지도 않았다. 수년 동안 C++ 프로그램을 작성한 적도 없었다. 그때의 나는 이미 자바 전문가였다. 한 면접관이 나에게 문자열에서 내부 문자열을 어떻게 찾을 수 있는지에 대해서 물었다.

좋았어! 나는 내 여유 시간에 이 문제에 대해서 심도 있는 공부를 했었다. 나는 합격할 수 있어! 나는 뛰는 듯이 화이트보드로 걸어가서 그 사람에게 어떻게 접미사 트리를 만드는지 설명했고 어떻게 검색 성능을 높일 수 있을지, 변형된 힙 정렬이 얼마나 빠른지, 접미사 트리가 동작하는 방식을 설명했다. 그리고 이것이 일반 삼진 검색 트리보다 좋은 이유 그리고 C에서 어떻게 할 수 있는지를 설명했다. C로 작성하는 것을 보여주고 그것으로 내가 그냥 자바만 하는 사람이 아니라는 것을 보여줄 수 있을 거라고 생각했다.

그 사람은 내가 마치 신선한 두리안을 한 가득 풀어놓은 것처럼 놀라워했다. 그는 화이트보드를 보고 말을 더듬으면서 말했다. "흠… 나는 보이어-무어 검색 알고리즘을 기대했어요. 그것을 알고 있나요?" 나는 얼굴을 약간 찡그리고는 말했다. "예~ 알고 있죠 10년 전에." 그는 머리를 절레절레 흔들고 자기의 물건들을 집어 들면서 일어나서 말했다. "좋아요. 그럼 내 동료들에게 나의 의견을 말해야겠군요."

몇 분이 지나고 다른 면접관이 들어왔다. 그는 화이트보드를 보고 웃고 약간 나를 비웃었다. 그리고는 C++ 템플릿의 메타-프로그래밍에 대해 물어보았고 나는 답을 할 수 없었다. 결국 나는 그 자리를 얻지 못했다.

도전 과제

이번 연습에서는 작은 파이썬 세션을 가질 것이다. 여러분만의 접미사 배열 검색 클래스를 만들어 보자. 이 클래스는 문자열을 받아서 접미사 리스트로 쪼개고 다음 오퍼레이션들을 지원해야 한다.

find_shortest	주어진 문자열로 시작하는 가장 짧은 내부 문자열을 찾는다. 앞 예제로 설명하면 내가 "abra"를 찾는다고 하면 "abracadabra"가 아니라 "abra"를 반환해야 한다.
find_longest	주어진 문자열을 포함하고 있는 가장 긴 내부 문자열을 찾는다. 내가 "abra"에 대해서 검색하면 "abracadabra"를 반환해야 한다.
findnd_all	주어진 문자열로 시작하는 모든 내부 문자열을 찾는다. 이것은 "abra"를 찾으면 "abra", "abracadabra"를 모두 반환해야 한다는 뜻이다.

여러분은 이것에 대한 자동화된 테스트와 성능 측정을 하고 싶겠지만 그것은 다른 연습을 통해 만들어 볼 것이다. 일단 작업을 마치고 나면 이번 연습을 마무리하기 위한 훈련을 한다.

❶ 테스트가 동작을 하면 **BSTree**를 사용해서 접미사를 정렬시키고 검색하도록 바꿔 보자. **BSTreeNode**를 이용해서 내부 문자열이 원래 문자열의 어느 부분에 있었는지 값으로 저장할 수도 있다. 그렇게 하면 원래 문자열 주변에 무엇이 있었는지도 알 수 있다.

❷ 다양한 검색 오퍼레이션을 위해서 **BSTree**를 어떻게 변경하였는가? 그 과정이 어려웠나, 아니면 쉬웠나?

추가 학습

접미사 배열과 그 응용에 대해서 조사하는 것은 분명히 의미 있는 일이다. 이 알고리즘은 놀랍도록 유용하지만 많은 프로그래머들에게 잘 알려져 있지 않다.

삼진 검색 트리

마지막으로 우리가 배워야 할 데이터 구조는 삼진 검색 트리(TSTree)라는 것이다. 이것은 문자열 집합에서 원하는 문자열을 빠르게 찾는 데 좋다. BSTree와 유사한데 BSTree에 자식 노드가 2개라면, TSTree는 3개의 자식 노드를 가진다. 각 자식 노드는 하나의 문자로 전체 문자열이 아니다. BSTree에서는 크기가 작은 것은 왼쪽 노드(left), 크거나 같은 것은 오른쪽 노드(right)가 되었다. TSTree에서는 왼쪽(left), 중간(middle), 그리고 오른쪽(right) 가지가 있다. 각각 '보다 작은 것', '같은 것', '큰 것'을 의미한다. 이것은 문자열을 문자 단위로 쪼개고 TSTree를 탐색해서, 원하는 것을 발견하거나 검색할 것이 없을 때까지 탐색한다.

TSTree는 검색 가능한 키 집합들을 글자 단위로 자르는 방식으로 속도에 적합한 검색 공간을 제공한다. 이런 노드들 각각이 BStree의 같은 키보다 더 많은 공간을 차지한다. 하지만 이런 식으로 하면 찾고자 하는 키의 각 글자만을 비교해서 원하는 키를 쉽게 찾을 수 있다. BSTree를 사용하면 각각의 노드에 대해 검색하는 키와 노드 키를 다 비교해야 한다. TSTree를 이용해서 검색하면 키의 각 글자만을 비교한다. 트리의 끝까지 가면 찾고자 하는 키를 찾은 것이 된다.

TSTree가 효과적으로 쓰일 수 있는 것은 집합에서 키가 존재하는지 알 수 있다는 데 있다. 10자로 이루어진 키가 있다고 해보자. 다른 키들의 집합에는 이 키가 있는지 확인해야 한다. 집합에 키가 없다면 빠르게 중지를 해야 한다. TSTree를 가지고 하면 한두 개의 글자만 비교하면 중지할 수 있다. 그리고 트리의 끝에 다다르면 키가 존재하지 않는다는 사실을 알 수 있다. 키가 10개라면 키가 있는지 확인하기 위해서 최대 10개의 글자를 비교하면 알 수 있다. 이것은 **BSTree**에서 하는 것에 비해서 글자 비교 횟수가 훨씬 적은 것이다(BSTree는 기본적으로 링크드 리스트로 구성된다). **BSTree**를 사용하면 키가 존재하는지 알기 위해서 최악의 경우, 모든 노드에서 10자의 키와 모든 글자를 비교해야 한다.

도전 과제

이번 연습에서 부분적인 마스터 카피를 해보자. 여러분의 것과 이 **TSTree**를 비교해 보자.

tstree.py

```
1    class TSTreeNode(object):
2
3        def __init__(self, key, value, low, eq, high):
4            self.key = key
5            self.low = low
6            self.eq = eq
7            self.high = high
8            self.value = value
9
10
11   class TSTree(object):
12
13       def __init__(self):
14           self.root = None
15
16       def _get(self, node, keys):
17           key = keys[0]
18           if key < node.key:
19               return self._get(node.low, keys)
```

```python
20              elif key == node.key:
21                  if len(keys) > 1:
22                      return self._get(node.eq, keys[1:])
23                  else:
24                      return node.value
25              else:
26                  return self._get(node.high, keys)
27
28      def get(self, key):
29          keys = [x for x in key]
30          return self._get(self.root, keys)
31
32      def _set(self, node, keys, value):
33          next_key = keys[0]
34
35          if not node:
36              # 여기서 값을 바로 추가하면 어떻게 될까?
37              node = TSTreeNode(next_key, None, None, None, None)
38
39          if next_key < node.key:
40              node.low = self._set(node.low, keys, value)
41          elif next_key == node.key:
42              if len(keys) > 1:
43                  node.eq = self._set(node.eq, keys[1:], value)
44              else:
45                  # 여기서 값을 설정하지 않으면 어떻게 될까?
46                  node.value = value
47          else:
48              node.high = self._set(node.high, keys, value)
49
50          return node
51
52      def set(self, key, value):
53          keys = [x for x in key]
54          self.root = self._set(self.root, keys, value)
```

연습
23

앞서 배웠던 마스터 카피 방법을 이용해서 이번 코드를 공부하자. **node.eq** 경로가 어떻게 다루어지는지 그리고 **node.value**가 어떻게 설정되는지 특별히 주의해야 한다. 일단 **get**과 **set**이 동작하는 방식을 이해한 다음, 나머지 함수들과 테스트들을 구현한다. 구현해야 하는 함수는 다음과 같다.

find_shortest	키 K가 주어진다. K로 시작하는 가장 짧은 키/값 쌍을 찾는다. "apple"과 "application"이 있다고 할 때, find_shortest("appl")이라고 호출하면 "apple"과 그 키와 연관된 값을 반환한다.
find_longest	키 K가 주어진다. K로 시작하는 가장 긴 키/값 쌍을 찾는다. "apple"과 "application"이 있다고 할 때, find_longest("appl")을 호출하면 "application"과 그 키와 연관된 값을 반환한다.
find_all	주어진 K로 시작하는 키/값 쌍을 모두 찾는다. 나는 이 함수를 먼저 구현하고 이것을 기반으로 find_shortest와 find_longest를 만들었다.
find_part	주어진 K로 시작하는 부분이 최소한으로 들어 있는 가장 짧은 키를 찾는다. node.value를 설정하는 위치에 따라서 어떻게 작업이 이루어지는 연구해 보자.

훈련

❶ set 함수에서 값을 설정하는 위치에 대한 원래 코드의 주석을 보자. 이것을 변경하는 것이 get의 의미를 변경하는가? 변경하거나 변경하지 않는 이유는 무엇일까?

❷ 앞에서 구현한 것에 임의 문자열을 마구 입력해 보고, 성능 측정을 해보자.

❸ TSTree에 부분 문자열을 매칭할 수 있다. 나는 이것을 추가 기능으로 생각한다. 이것을 구현해 보고 이 오퍼레이션으로 할 수 있는 것이 무엇인지 알아보자. 부분 매칭이란 "apple", "anpxe", "ajpqe"에 대해서 "a.p.e"로 매칭시킬 수 있는 것을 말한다.

❹ 특정 문자열로 끝나는 것을 어떻게 찾을 수 있을까? 힌트: 이것에 대해서 너무 깊이 생각하지는 말자.

연습 24

빠르게 URL 검색하기

우리는 데이터 구조와 알고리즘에 대한 섹션을 끝내면서 실제 풀어야 하는 문제에 데이터 구조를 적용시키고 그 성능 측정을 하는 것으로 이번 Part를 끝내려고 한다. 나는 몇 가지 웹 서버를 작성했다.

여기서 계속 문제되는 것은 URL 경로를 '액션'에 매칭시키는 일이다. 이것은 모든 웹 프레임워크, 웹 서버 혹은 키를 기반으로 정보를 라우트해야 하는 모든 부분에서 발견되는 문제다. 웹 서버가 /do/this/stuff/라는 URL을 받게 되면 웹 서버는 각 Part들이 액션 혹은 설정에 연결되어 있는지 확인할 수 있어야 한다. 웹 애플리케이션을 /do/에 설정했다면, 웹 서버는 /this/stuff/에 대해서 어떻게 처리할까? 웹 서버가 이것을 실패로 간주하거나 해당 웹 애플리케이션으로 보내야 할까? /do/this/에 대한 딕셔너리 정보가 있다면 어떨까? 어떻게 하면 올바르지 않은 URL을 빠르게 알아내 존재하지도 않는 큰 요청을 더 이상 진행하지 못하도록 할 수 있을까?

이런 종류의 계층적인 검색 방식은 자주 등장하는 문제로 알고리즘과 데이터 구조를 문제에 적용하는 능력을 분석하는 마지막 테스트로 적합하다고 생각한다. 그리고 이것을 통해서 성능 분석에 대한 능력도 테스트해 볼 수 있다.

연습 24

도전 과제

먼저, URL이 무엇인지 알고 어떻게 쓰이는지도 알고 있어야 한다. 혹시 URL이 무엇인지 모른다면, 시간을 내서 작은 Flask 애플리케이션을 작성하고 거기에 조금 복잡한 라우팅 기능을 추가해 보자. 이때 사용하는 라우팅이 바로 여러분이 개발하게 될 내용이다. 여러분이 해야 할 것은 다음과 같다.

❶ 간단한 URLRouter 클래스를 하나 만든다. 다른 구현체들은 이 클래스를 상속받는다. URLRouter는 다음과 같은 것들을 할 수 있어야 한다.

> a. 새로운 URL과 연관된 객체를 추가할 수 있어야 한다.
>
> b. 정확한 URL을 찾는다. /do/this/stuff/를 찾으면 거기에 정확히 일치하는 것을 반환한다.
>
> c. 가장 적합한 URL을 찾는다. /do/this/stuff/를 찾을 때 /do/에 일치하는 것이 있으면 그것을 찾는다.
>
> d. 주어진 URL로 시작하는 모든 객체를 찾는다.
>
> e. 일치하는 가장 짧은 URL의 객체를 찾는다. /do/this/stuff/를 찾으면 /do/this/가 아니라 /do/를 반환한다.
>
> f. 가장 길게 일치하는 객체를 찾는다. /do/this/stuff/를 찾으면 /do/가 아니라 /do/this/를 찾는다.

❷ URLRouter를 상속받는 클래스를 만들고 테스트한다. 이 클래스는 TSTree를 사용한다. TSTree를 사용하는 것이 가장 쉽다. 다음과 같은 것을 테스트해야 한다.

> a. TSTree와 여러분이 조사한 모두에 대한 무작위 URL과 다양한 길이의 경로
>
> b. 다양한 상황에 대해 부분적으로 일치하는 경로 찾기
>
> c. 존재하지 않는 경로
>
> d. 존재하거나 존재하지 않는 아주 긴 경로

❸ 상속한 클래스가 잘 동작하고 테스트도 마쳤다면, 테스트를 일반화해 앞으로 만들 모든 구현체에서도 실행할 수 있도록 만든다.

❹ 그러고 나서 `DoubleLinkedList`, `BSTree`, `Dictionary` 그리고 파이썬의 `dict`를 사용해서 구현해 보자. 다양한 데이터 구조를 이용한 것들이 테스트 코드를 통과하도록 만든다.

❺ 앞의 내용을 끝내면 각각의 오퍼레이션에 대해 구현체들의 성능을 분석해 본다.

우리의 목표는 `TSTree`가 다른 데이터 구조들에 비해서 얼마나 빠른지 확인하는 것이다. `TSTree`가 대부분의 데이터 구조보다 빠르다. 하지만 파이썬의 `dict`가 대부분의 경우에 더 빠를 것이다. `dict`는 파이썬에 최적화되었기 때문이다. 각 오퍼레이션에 대해 최고의 성능을 내는 데이터 구조가 무엇인지 확인해 보자.

훈련

❶ 나는 `SuffixArray`에 대한 부분을 남겨두었다. 이것은 `TSTree`와 비슷할 것이다. 하지만 이것을 이용하기 위해서 동일한 오퍼레이션을 추가할 것이다. 일단 구현을 해보고 비교해 보자.

❷ 여러분이 가장 좋아하는 웹 서버 혹은 웹 프레임워크에서 이 문제를 어떻게 처리하고 있는지 조사해 보자. 삼진 검색 트리가 이런 문제를 다루는 일반 오퍼레이션에도 유용한데, URL을 다루는 많은 사람들이 이것을 모르고 있다.

● 추가 학습 ●

알고리즘과 데이터 구조에 대해서 더 깊게 공부하고 싶으면, 『알고리즘 디자인 매뉴얼 (The Algorithm Design Manual)』 2판, Steven S. Skiena, Spirnger, 2008을 추천한다. 이 책은 C를 주 언어로 사용하고 있어서 『Learn C the Hard Way』 책을 먼저 공부해야 한다. 다른 책들과 달리 이론과 함께 알고리즘과 데이터 구조를 구현하고 성능을 분석하는 실질적인 내용도 다루는 좋은 참고서이다.

연습
24

PART 4

임시
프로젝트

Part 3에서 여러분은 데이터 구조와 알고리즘에 대한 기본을 배웠다. 그보다 더 중요한 코드의 오딧 방법과 테스트 방법도 배웠다. 또한 내가 설명한 방법으로 내 코드를 리뷰해서 버그나 오류를 찾아보기도 했다. Part 4의 목표는 도전 모드 프로젝트를 가지고 여러분 스스로의 코드에 대해 오딧을 해보는 것이다. 이번 Part에 있는 5개의 프로젝트를 통해서 다음과 같은 일을 해보자.

❶ 45분 해킹 세션을 통해서 프로젝트를 만들어 진행한다.
❷ Part 3에 배운 것을 이용해 첫 번째 내용을 오딧한 다음, 잠재적인 오류나 문제를 찾아본다.
❸ 다음 45분 세션을 하면서 앞에서 했던 코드를 정리해서 정식 코드로 만든다.
❹ 45분 세션에서 했던 것을 오딧해서 코드를 정리한다.

여기서의 45분 세션과 프로젝트의 초반에 하는 작업들 사이에서 유일한 차이점은 시간에 대해서 크게 신경을 쓰지 않아도 된다는 점이다. 45분이라는 시간은 코드를 리뷰하기 전에 너무 많은 시간을 쓰지 않도록 하기 위한 가이드일 뿐이다. 구현 중에 중단된 코드를 리뷰하는 것은 의미가 없다. 완성되지 않는 코드로는 리뷰를 할 수 없다. 중요한 것은 약 45분 동안 지속해서 작업을 하는 것이다. 그리고 종료 시점이 되면 했던 것들을 리뷰한다.

이번 섹션에서 Part 3에서 했던 체크 리스트를 다시 점검해서 그것을 철저하게 따라야 한다. 오딧을 하기 전에 10~15분 사이의 휴식을 취하는 것이 좋다. 잠깐 쉬면서 머리를 비우고 비판적 시각으로 오딧을 할 수 있도록 하자.

앞으로 프로젝트를 진행하면서 나는 프로젝트에서 사용할 수 있는 알고리즘을 소개할 것이다. 여러분들의 구현에 반드시 그 알고리즘을 써야 하는 것은 아니지만 꼭 시도는 해보기 바란다. 그러면 그 알고리즘이 동작하는 방식을 배울 수 있다. 그것들이 파이썬의 데이터 구조(list 혹은 dict 같은)보다 좋지 않다는 것을 알 수 있을 것이다. 파이썬 데이터 구조들은 빠르게 동작할 수 있도록 최적화되어 있다. 하지만 여전히 알고리즘들을 사용해 보는 것이 좋은 연습이 될 것이다. 이런 연습을 통해 알고리즘을 언제 사용하고 어떻게 동작하는지 배울 수 있다.

오류 추적하기

마지막으로, 여러분의 오류 발생률을 기록했으면 좋겠다. Part 2에서 여러분이 완성한 기능들을 추적했을 때처럼 하면 되는 것이다. 얼마나 많은 오류를 오딧을 하면서 찾고 어떤 종류의 오류인지 노트에 기록한다. 표를 그리고 상단에 오류의 종류를 쓰고 왼쪽에 날짜를 적어 둔다. 스프레드시트를 사용한다면 직접 결과를 그래프로 그릴 수 있다. 오류를 기록하는 목적은 프로그램을 하면서 자주 하는 실수의 종류를 파악하기 위함이다. 특히 그런 실수를 하지 않도록 하고 오딧을 하면서 어디를 주의해서 봐야 하는지도 알 수 있다.

xargs

다시 도전 모드로 연습을 해보자. 준비 운동 삼아 xargs를 구현하게 될 것이다. xargs는 다른 프로그램을 실행할 수 있도록 해야 하기 때문에 조금 복잡하다. 이 연습을 하기 위해서 파이썬 모듈 subprocess를 미리 공부한다. 이 모듈은 파이썬으로 다른 프로그램을 실행하고 그 출력 결과를 수집한다. xargs 유틸리티와 이 책의 뒷부분에 있는 다른 프로그램들을 완성하기 위해서 subprocess 모듈에 대한 이해가 있어야 한다.

도전 과제

45분 세션을 이용해서 xargs를 개발하고 오딧을 할 수 있는 코드를 작성하자. 기억할 것은 첫 번째 작업은 프로젝트를 시작하는 것이지 프로젝트를 완벽하게 끝내는 것이 아니다. 이번 프로젝트에 이어지는 프로세스를 통해 프로그램을 정리하고 더 좋게 만들 것이다.

```
man xargs
```

이 명령을 이용해서 xargs의 매뉴얼 페이지를 보고 어떻게 동작하는지 조사할 수 있다. 이 툴은 아주 유용한 유닉스 툴이다. find를 이용해서 거의 동일한 것을 할 수 있다. xargs를 구현하면서 find -exec를 넘어서는 장점이 있는지 생각해 보자.

45분 세션을 하고 휴식 시간을 꼭 가져야 한다. 연습 13에서 설명했던 코드 오딧을 위한 체크 리스트를 사용해서 객관적인 오딧을 한다. 코드를 수정하지는 않는다. 변경이 필요하거나 오류가 있는 곳에는 주석을 단다. 뭔가를 수정하면 객관성을 유지하기 쉽지 않다. 그러므로 오딧 중에는 문제를 기록만 하고, 나중에 문제를 고친다.

그러고 나서 코드/오딧을 정해진 시간만큼 수행해서 오딧에 익숙해질 수 있도록 한다. 할 수 있는 한 **xargs**의 많은 부분을 개발하도록 하자. 이후에 다음 프로젝트로 넘어간다.

> **경고**
>
> 여러분의 노트에 오류를 기록하는 것을 잊지 말자. 오류를 차트로 만들면, 어떤 경향이 있는지 알아보기 쉽다.

훈련

❶ 코드/오딧의 과정을 진행하면서 계속해서 문제가 되는 부분이 있었는가? 작업하면서 이런 것들을 기록해 두자.

❷ 코드/오딧 프로세스에서 오류가 더 많이 보이거나 적은 특별한 부분이 있었는가? 서너 번의 오딧을 한 이후보다 오딧을 처음 할 때 오류가 더 많지는 않은가? 왜 이런 것일까?

❸ **xargs**의 구현에 대해서 자동화된 테스트를 실시해 오류율이 떨어지는지 확인해 보자. 우리는 다음 연습에서 테스트에 대한 공부를 더 할 것이다. 여기서는 간단히 어떤 오류가 있었는지만 확인하자.

hexdump

Xargs로 워밍업을 했으니 코딩과 주기적인 오딧에 대해 이제 잘 알게 되었을 것이다. 이번에는 '테스트 주도' 방식을 이용해서 다음 도전을 해본다. 이 방식은 예상하는 동작을 설명하는 테스트를 작성하는 것이다. 그러고 나서 그 동작을 테스트가 통과할 때까지 구현해 본다. hexdump 유틸리티와 동일한 것을 만들어서 여러분이 만든 것과 실제 hexdump를 비교해 보도록 할 것이다. 이렇게 다른 소프트웨어의 일부를 흉내 내는 과정을 자동화할 수 있어서 테스트 주도 개발에 도움이 된다.

이 테크닉은 소프트웨어의 대체품을 만들어야 할 때 아주 유용하다. 소프트웨어 분야에서 일반적으로 하는 작업으로 기존의 소프트웨어를 좀 더 최신의 실행 방식으로 교체하는 프로젝트가 있다. 예를 들어 오래된 COBOL 뱅킹 시스템을 새롭고, 인기 있는 Django 시스템으로 교체하는 것 같은 프로젝트들이다. 이렇게 하는 이유는 기존 시스템보다 더 쉽게 유지 보수하거나 확장할 수 있다는 점이다. 여러분이 자동화된 테스트들을 작성해서 기존 시스템의 동작을 검증할 수 있다면, 새로운 시스템에 그 테스트를 적용해 정상적으로 동작하는지 확인할 수 있다. 대부분 이런 교체 작업은 거의 불가능하고 성공한 사례도 드물다. 하지만 자동화 테스트가 도움되는 것 또한 사실이다.

이번 연습에서 다음과 같은 것을 여러분의 프로세스에 추가해 보자.

❶ 구현해야 하는 시나리오에 원래의 hexdump를 실행시켜서 테스트 케이스를 작성한다. -C 옵션을 사용하자. 프로그램을 실행시키기 위해 subprocess를 실행시키거나 간단한 명

령을 미리 실행시키고 그 결과를 파일로 만들어 로드시키는 것도 가능하다.

❷ 여러분이 작성하는 hexdump를 실행시키는 테스트 코드를 만들고 결과를 비교함으로써 기능이 정상적으로 동작하는지 확인할 수 있는 코드를 작성하라. 결과가 동일하지 않다면 뭔가 잘못된 것이다.

❸ 테스트 코드와 여러분의 코드를 모두 오딧해 본다.

내가 hexdump를 선택한 것은 바이너리 데이터를 보기 위해서 이상한 출력 포맷을 복제하기가 어렵기 때문이다. 툴 자체가 동작하는 방식은 복잡하지 않다. 출력 결과를 동일하게 하는 것만 하면 된다. 테스트 주도 방식을 연습하기에 적절하다.

> **경고**
>
> "테스트 코드를 먼저 작성한다"라고 했을 때, 모든 테스트 함수와 방대한 코드를 가진 전체 test.py 파일을 작성하라는 뜻은 아니다. 내가 전에 가르쳐주었던 것을 말한 것이다. 작은 테스트 케이스를 작성한다. 그리고 나서 그 코드가 동작할 수 있도록 한다. 코드와 테스트 사이를 오가면서 반복한다. 코드에 대해 더 많이 알수록 작성할 수 있는 테스트 코드도 많아진다. 하지만 실행시킬 수 없는 많은 테스트 코드는 작성하지 않는다. 대신 테스트 코드의 개수를 점진적으로 늘려나간다.

도전 과제

hexdump 커맨드는 텍스트를 볼 수 없는 파일의 내용을 보고 싶을 때 유용하다. 이 프로그램은 다양한 포맷으로 파일의 바이트를 표시한다. 16진수(hex), 8진수(octal) 그리고 왼쪽에 아스키로도 출력을 한다. Hexdump를 구현하기 어려운 이유는 데이터를 읽거나 데이터 포맷을 변환하는 것 때문이 아니다. 파이썬의 hex, oct, int 그리고 ord 같은 함수들을 이용하면 이를 쉽게 할 수 있다. 원래 포맷은 고정된 8진수, 16진수로 포맷하는 옵션이 있어서 유용하다.

진짜 어려움은 다양한 옵션들에 따른 출력 결과를 올바르게 구성해서 화면에 맞게 출력하는 것이다. 다음은 파이썬의 .pyc 파일에 대한 hexdump -C의 처음 몇 줄의 출력 결과이다.

```
00000000    03 f3 0d 0a f0 b5 69 57   63 00 00 00 00 00 00 00   |......iWc.......|
00000010    00 03 00 00 00 40 00 00   00 73 3a 00 00 00 64 00   |.....@...s:...d.|
00000020    00 64 01 00 6c 00 00 6d   01 00 5a 01 00 01 64 00   |.d..l..m..Z...d.|
00000030    00 64 02 00 6c 02 00 6d   03 00 5a 03 00 01 64 03   |.d..l..m..Z...d.|
00000040    00 65 01 00 66 01 00 64   04 00 84 00 00 83 00 00   |.e..f..d........|
```

맨(man) 페이지에서 포매팅에 대해 확인한 내용은 다음과 같다.

❶ 16진법으로 입력 파일의 오프셋을 표시한다. 따라서 여기에 표시되는 10은 10진수의 10이 아니다. 이것은 16진수이다. 16진법에 대해 알고 있는가?

❷ 16개의 공백으로 구분되고 2개의 칼럼(column, 열)과 16진수로 표시되는 바이트로 구성된다. 각각의 바이트는 16진법으로 변환한다. 한 바이트를 표시하기 위해서 얼마나 많은 칼럼이 필요한가?

❸ %_p 포맷으로 16개의 바이트 표시. 파이썬 포맷과 비슷하다. 하지만 이것은 hexdump를 위한 것이다. 맨 페이지를 더 읽어보고 이것이 뜻하는 것이 무엇인지 확인해 보자.

hexdump는 표준 입력(stdin)으로 데이터를 받을 수 있다. 즉, 파이프로 받을 수 있다는 뜻이다.

```
echo "Hello There" | hexdump -C
```

이 명령을 내 컴퓨터에서 실행시키면 다음과 같은 결과를 얻을 수 있다.

```
00000000   48 65 6c 6c 6f 20 54 68   65 72 65 0a        |Hello There.|
0000000c
```

문자 c가 포함되어 있는 마지막 줄이 보이는가? 왜 이런 것이 출력되는지 알아야 한다. 이런 것들이 포매팅과 출력을 어렵게 한다. 우리의 목적은 최대한 똑같이 만드는 것이다. 그것이 테스트 주도 방식으로 작업하는 것에 특화되어 있는 이번 연습의 목적이다. 테스트를 작성하면 훨씬 작업이 쉬워진다. 데이터를 여러분이 만든 hexdump에 넣고, 그 결과를 실제 **hexdump**의 결과와 비교하면 되는 것이다. 똑같을 때까지.

훈련

od 커맨드를 조사해 보자. 그리고 hexdump 코드를 다시 사용해서 od를 구현할 수 있는지도 알아본다. 가능하면 모두를 사용할 수 있도록 코드를 라이브러리로 만들어 두자.

● 추가 학습 ●

테스트 주도 개발 방식을 고집하는 사람이 있다. 하지만 모든 상황에 적용되는 기술은 없다고 생각한다. 사용자의 관점에서 소프트웨어의 *상호 작용*을 테스트하려고 할 때 테스트를 먼저 작성하는 것을 선호한다. 소프트웨어로 상호 작용하는 사용자를 묘사하는 테스트를 작성하고 그렇게 동작하도록 소프트웨어를 작성하도록 하는 것이다. 이번 연습에서 테스트 주도 방식을 택한 것은 사용자가 hexdump 결과를 보기 때문이다.

다른 종류의 작업에서 테스트를 먼저 작성할 것인지, 아니면 코드를 먼저 작성할 것인지 규칙을 정하는 것은 웃기는 일이다. 문제를 해결하는 능력을 억누를 뿐이다. 자동화된 테스트는 간단한 툴이고 이런 툴을 사용해서 작업할 수 있는 똑똑한 여러분은 상황에 따라 어떤 것이 좋을지 판단할 수 있다. 만약 주변에 여러분에게 잘못 이야기하는 사람들이 있다면 고정관념에 사로잡힌 사람이다. 실제로 소프트웨어를 잘 만들지도 못한다.

연습
26

tr

이번 연습도 TDD(테스트 주도 개발, 테스트를 먼저 작성하는 개발 방식)에 관한 것이다. TDD로 프로그램을 개발하는 방법을 배우는 것은 아주 중요하다. 많은 곳에서 이 방식으로 개발을 하고 있기 때문이다. 하지만 전에도 언급했듯이 이것도 한계가 있다. TDD 방식을 사용해 tr 커맨드를 한번 더 구현해 보자. 테스트를 먼저 작성하고 그 다음에 코드를 작성한다. 그리고 그 두 개를 다 오딧하자.

이전 연습에서 나는 테스트 케이스와 코드를 점진적으로 작성하라고 말했다. 이 방식은 보통 개발에 있어서 오류를 제거하는 최소한의 방식이다. 하지만 이 방법이 코드 분석을 더 잘 할 수 있도록 해주는 것은 아니다. 이번 연습에는 약간 다르게 할 것이다. 테스트 케이스 전체를 다 작성한 다음, 그 테스트 코드를 오딧하고, 프로그램 코드를 모두 작성한 다음 오딧한다. 그리고 테스트를 실행해 오딧했던 것을 다시 확인한다.

이번 연습에서 따라야 하는 프로세스는 다음과 같다.

❶ 테스트 케이스를 작성한다. 대부분의 테스트 코드를 한번에 작성할 수 있도록 한다.
❷ 테스트 케이스를 오딧해서 작성한 코드가 올바른지 확인한다.
❸ 테스트를 실행해서 테스트가 실패함을 확인한다. 이때 문법 오류가 있는지 확인한다. 여기서 문법 에러는 없어야 한다.
❹ 테스트 케이스에 대한 코드를 작성한다. 하지만 *테스트를 실행하지는 않는다.*
❺ 코드를 오딧하고 테스트 코드를 실행시키기 전에 오류가 얼마나 되는지 확인한다.

이 프로세스를 사용해 다음 연습을 진행하면서 여러분의 오딧 스킬, 테스트 스킬 그리고 코드를 작성할 때 제어할 수 있는 것들에 대한 평가 지표를 기록한다.

도전 과제

tr 툴은 문자열 스트림을 변화하는 데 유용하다. 기능은 아주 간단하지만 이것으로 아주 복잡한 것들을 문자로 변환할 수 있다. 예를 들어 tr을 사용해서 그동안 썼던 기록에서 많이 쓴 단어들의 빈도를 한 줄로 얻을 수 있다.

```
history | tr -cs A-Za-z '\n' | tr A-Z a-z | sort | uniq -c | sort -rn
```

놀랍다. 이 명령은 덕 맥일로이(Doug McIlroy)가 도널드 크누스(Donald Knuth)가 작성한 비슷한 프로그램이 너무 복잡하고 길다는 것을 주장하기 위해서 사용했던 것이다. 크누스(Knuth)의 구현은 10페이지로 모든 것을 처음부터 다 수행한 것이다. 덕 (Doug)의 이 한 줄 명령은 표준 유닉스 툴을 사용해서 동일한 작업을 한다. 이것은 유닉스의 파이프로 연결된 툴과 텍스트를 변환하는 tr의 능력을 잘 보여주는 예라고 할 수 있다.

tr 커맨드가 하는 동작을 이해하기 위해서 맨 페이지와 기타 자료를 이용하자. 동일한 이름의 파이썬 프로젝트도 있다. 하지만 내가 말했듯이 구현을 끝내기 전까지는 이런 것들은 보지 않도록 하자. 나중에 다하고 나서 여러분의 작업과 다른 사람의 작업을 비교해 보자. 또 잊지 말아야 할 것은 이번 프로젝트를 위해 전에 했던 프로젝트들이 필요하다는 것이다. 그리고 이 프로젝트는 꼭 처음에 설명했던 TDD 방식으로 테스트를 작성해야 한다.

연습
27

■ 비판적으로 45분 보기

나는 여러분이 시간을 45분 단위로 나누어 사용했으면 한다. 하지만 이런 방식에 대한 신랄한 비판도 있다. 집중을 길게 할 수 없다는 문제다. 짧은 시간 단위로 일을 하는 방식은 큰 작업을 작게 나누어 차근차근 해나가야 할 때 좋다. 일이 지루하고 재미가 없을 때 이런 방식이 좋다. 나는 여러분이 45분의 시간 블록을 사용해서 스스로 일을 해나갈 수 있도록 유도했다. 그리고 그 시간 블록을 작업 방식을 분석하는 지표를 모으기 위한 수단으로도 이용했다.

하지만 최고의 프로그래밍은 집중, 흐름, 리듬 속에서 행해진다. 이런 것은 한번에 수 시간 동안 깊은 집중 속에서 시간 관념을 완전히 잊을 때 가능하다. 그래서 작업을 하다가 시계를 보니 새벽 5시가 되어 있고 하룻밤 내내 작업했다는 것을 늦게 깨닫는 것이다. 밀도 있게 일에 집중하면 프로그래밍이 즐거워진다. 하지만 이것은 이런 작업을 좋아할 때만 가능하다. 다른 사람들의 끔찍한 코드를 가지고 작업을 할 때는 집중하기가 쉽지 않다. 이런 경우, 고통을 받지 않고 일을 지속하고 나누어 처리할 수 있도록 하는 다른 전략이 필요하다. 45분 세션 블록은 바로 이것을 위한 것이다.

마지막으로, 집중 영역으로 들어가고 수 시간 동안 집중할 수 있는 능력을 키우기 위해서 몇 개의 작은 세션 블록으로 나누는 것도 한 가지 방법이다. 그래서 서서히 시간을 늘려서 더 긴 시간 주기 동안 할 수 있도록 노력하는 것이다. 45분 시간 블록을 유지하면서 자신을 잊고 수 시간씩 작업할 수 있다면 그렇게 하면 된다. 아무도 그것을 잘못하고 있다고 말하지 않는다. 지극히 정상적인 일이다.

훈련

❶ TDD 방식으로 일을 할 때 어떤 것을 느꼈는가? 일하기 좋은 방식인가 혹은 그렇지 않은가? 이유를 분명하게 이야기해 보자. 그러고 나서 TDD에 대한 다른 사람들의 글을 읽거나 TDD의 사촌 격인 BDD(동작-주도 개발 방식)를 해보자.

❷ 여러분의 코드를 점진적으로 작성하지 않고 코드를 한번에 작성하고 오딧을 하는 이런 방식이 오류를 더 많이 혹은 더 적게 만든다고 생각하는가? 추측을 해보고 그것에 대해 적어 보자.

sh

TDD 스타일의 프로세스를 계속 진행해 보자. 하지만 이번에는 작은 해킹 세션으로 시작해 보자. TDD로 작업하는 최고의 방법은 실제로 테스트를 먼저 작성하는 것이 아니라 다음과 같은 방식으로 하는 것이다.

❶ 문제를 연구하기 위해서 45분의 시간 동안 문제에 대해서 다양한 것을 해본다. 이것을 '스파이크'라고 한다. 이것을 통해서 여러분이 실행할 문제를 정리하거나 알아야 하는 것을 조사한다.

❷ TODO 리스트를 이용해서 구현해야 하는 것들에 대한 계획을 세운다.

❸ 계획을 TDD 테스트로 만든다.

❹ 테스트를 실행해서 이 테스트가 실패함을 확인한다.

❺ 테스트를 위한 코드를 작성한다. 이때 스파이크를 통해서 알아낸 사실을 이용한다.

❻ 코드 품질을 위해서 코드와 테스트 코드를 오딧한다.

이 프로세스는 일전에 한번도 보지 못한 문제를 접한 TDD 광팬이 실제로 사용했던 방법이다. 이 방법처럼 문제에 집중하기 위해서 여러 가지 시도를 하고, 문제를 연구한 이후에 본격적으로 작업을 시작하는 것이 실용적이다. 누군가가 이건 TDD가 아니라고 하면, 그들에게는 스파이크를 먼저 했다고 말을 하지 않으면 된다. 그들은 도저히 이해할 수 없을 것이다.

이번 연습에서 여러분은 유닉스의 sh 툴의 셸 부분을 개발할 것이다. 코드를 작성할 때 먼저 하루 정도 sh를 사용해 보자. 셸은 터미널 내에는 실행된다(PowerShell은 다르다). 그리고 이 셸이 다른 프로그램을 실행한다. 우리가 사용하는 셸은 보통 bash 이다. 하지만 fish, csh 혹은 zsh일 수도 있다.

sh 툴은 구현하기에 큰 프로그램이다. sh는 시스템을 자동화할 수 있는 완벽한 프로그래밍 언어를 가지고 있다. 우리는 sh의 프로그래밍 언어를 개발하지는 않을 것이다. 커맨드 라인을 처리해서 프로세스를 실행하는 부분만 개발한다.

이번 작업을 완성하기 위해서 다음 라이브러리가 필요하다.

❶ 다른 프로그램을 실행하기 위한 subprocess(https://docs.python.org/2/library/subprocess. html) 모듈

❷ 사용자에서 받은 입력을 받아들이고 히스토리 기능을 지원하기 위한 readline(https://docs. python.org/2/library/readline.html) 모듈

여러분은 파이프라인과 그 이외의 모든 것들을 갖추고 있는 완전한 유닉스 sh를 만들려는 것이 아니다. 프로그래밍 언어 관련 기능을 제외한 것들을 구현한다. 여러분의 구현체는 다음과 같은 것들을 할 수 있어야 한다.

❶ readline으로 프롬프트를 출력해서 사용자로부터 명령을 받는다.

❷ 커맨드를 분석해서 실행부와 아규먼트를 분리한다.

❸ subprocess 모듈로 주어진 아규먼트를 이용해 커맨드를 실행하고 모든 출력을 제어한다.

연습
28

readline, subprocess 모듈에 대해 필요하거나 익숙하지 않은 것들은 따로 연구를 위한 스파이크를 수행해 보자. 스파이크를 하고 나서 테스트를 작성하고 프로그램을 작성하도록 한다.

파이프를 구현할 수 있나? 이것은 여러분이 `history|grep python` 명령을 타이핑할 때의 것으로 |는 history의 출력을, grep의 입력으로 보내는 일을 한다.

● **추가 학습** ●

여러분이 유닉스 프로세스와 리소스 관리에 대해서 더 많은 것을 알고 싶다면 나의 프로젝트인 python-lust(https://github.com/zedshaw/python-lust)를 연구해 볼 수 있다. 크지 않은 이 프로젝트에 작은 기법들이 많이 사용되었다.

diff와 patch

Part 4를 끝내기 위해서 여러분이 익숙하지 않는 프로젝트에 앞에서 공부한 완전한 TDD 프로세스를 적용해 볼 것이다. **연습 28**을 참고해서 다시 한번 프로세스를 확인해 보고 프로세스를 철저하게 따라 할 수 있도록 하자. 체크리스트를 작성해서 절차를 따르고 있는지 확인한다.

> **경고**
>
> 여러분이 실제 작업을 할 때, 모든 과정들이 아주 유용하다고 할 수 없다. 현재는 프로세스를 공부하고 프로세스를 내재화하는 중이다. 이런 과정을 통해서 프로세스를 실제로 적용해 볼 수 있다. 이것 때문에 여러분에게 프로세스를 엄격하게 적용해 보라고 한 것이다. 우리는 지금 연습을 하고 있다. 그러니 실제로 작업을 할 때는 이것에 대해 광신도가 되지는 말자. 이 책의 목표는 일을 하기 위한 여러 가지 전략을 알려 주는 것이다. 군중들에게 설교할 수 있는 종교적인 의식을 가르치고 있는 것이 아니다.

도전 과제

diff 커맨드는 두 개의 파일을 받아서 첫 번째 것을 두 번째 것으로 만들 수 있는 세 번째 파일(혹은 출력물)을 만든다. 이 툴은 git 같은 리비전 관리 툴의 기본이 되는 툴이다. 파이썬으로 diff를 개발하는 것은 파이썬이 여러분이 쓸 수 있는 라이브러리를 가지고 있기 때문에 비교적 쉬운 일이다. 그러니 알고리즘은 작업하지 않아도 된다(사실 알고리즘은 아주 복잡하다).

patch 툴은 diff 툴의 친구 같은 툴이다. patch 툴은 .diff 파일을 받아 이것을 다른 파일에 적용해서 세 번째 파일을 만든다. 여러분이 두 개의 파일 사이에 어떤 변경을 했다고 해보자. diff를 이용해서 변경 내용만 찾는다. 그리고 나서 .diff 파일을 다른 사람에게 보낸다. 그 사람은 원본 파일과 여러분이 보낸 변경 내용이 담긴 .diff 파일을 가지고 여러분이 만든 변경 사항들을 다시 만들어 낼 수 있다.

다음은 diff와 patch를 사용하는 방법을 보여주는 샘플이다. 두 개의 파일 A.txt와 B.txt가 있다. A.txt는 간단한 텍스트 파일이다. 이 파일을 복사 후 내용을 조금 바꿨다.

```
$ diff A.txt B.txt > AB.diff
$ cat AB.diff
2,4c2,4
< her fleece was white a mud
< and every where that marry
< her lamb would chew cud
-
> her fleece was white a snow
> and every where that marry went
> her lamb was sure to go
```

위 명령들은 A.txt에서 B.txt로 어떤 변경을 했는지 보여 주는 AB.diff 파일을 만든다. 이 파일에서 볼 수 있는 부분은 잘못 작성한 운율을 고친 것이다. AB.diff가 만들어지고 나면 patch를 사용해서 이 변경을 적용할 수 있다.

```
$ patch A.txt AB.diff
$ diff A.txt B.txt
```

마지막 명령은 아무런 출력이 없는데 이 명령을 실행하면 앞서 실행한 patch가 A.txt를 B.txt와 동일하게 만들다

이 두 툴을 개발하는 것은 diff 툴을 시작으로 해야 한다. 파이썬으로 작성된 diff가 있기 때문이다. 이것은 difflib 문서의 마지막 부분에서 찾을 수 있다(https://docs.python.org/2/library/difflib.html#a-command-line-interface-to-difflib). 하지만 먼저 여러분이 개발해 보자. 그리고 나서 여러분이 만든 것과 라이브러리를 비교해 보자.

이번 연습에서 진짜로 해야 할 것은 patch 툴이다. 파이썬에 구현되어 있지 않은 부분이다. difflib에 있는 SequenceMatcher 클래스를 자세히 읽고 SequenceMatcher.get_opcodes 함수를 특별히 잘 봐야 할 것이다(https://docs.python.org/2/library/difflib.html#difflib.SequenceMatcher.get_opcodes). 이것은 내가 여러분에게 줄 수 있는 단 하나의 힌트다. 여러분이 작업하는 데 좋은 실마리가 될 것이다.

훈련

diff와 patch의 조합을 어디까지 가져갈 수 있을까? 이 두 개의 툴을 합쳐서 하나의 툴로 만들 수 있을까? 이 툴을 이용해서 작은 git 같은 것을 만들 수 있을까?

● **추가 학습** ●

diff 알고리즘에 대해서 최대한 조사를 하라. 또 git 같은 툴이 동작하는 원리를 조사해 보자.

연습 29

Learn MORE PYTHON 3 the HARD WAY

PART 5

텍스트
파싱

이번 Part는 텍스트 프로세싱, 특히 텍스트를 파싱하는 것에 대해서 알아볼 것이다. 여기서 프로그래밍 언어에 대한 다양한 이론들까지 모두 다루지는 않을 것이다. 그렇게 하기에는 내용이 우주만큼이나 넓다. 이번 Part는 여러 프로그래밍 상황에 사용할 수 있는 방식으로 텍스트를 파싱하는 간단하고 대략적인 내용만 다룰 예정이다.

대부분의 프로그래머들은 텍스트를 파싱하는 일과 어떤 식으로든 연결되어 있다. 모든 컴퓨터 프로그래밍의 핵심은 파싱이다. 그리고 이 분야는 컴퓨터 과학에서 가장 잘 이해되고 형식화되어 있다. 데이터를 파싱하는 것은 컴퓨터를 다루는 모든 곳에서 하고 있는 일이다. 네트워크 프로토콜, 컴파일러, 스프레드시트, 서버, 텍스트 에디터, 컴퓨터 렌더링 등 사람 혹은 다른 컴퓨터와 상호 작용을 해야 하는 모든 곳에서 하고 있다. 두 컴퓨터가 고정된 바이너리 프로토콜을 보낸다고 할 때도 그렇다. 텍스트는 아니지만 여전히 파싱해야 하는 부분이 있다.

파싱은 신뢰할 수 있는 결과를 얻을 수 있는 확실한 방법이다. 어떤 입력을 해서 안정적으로 처리하고 정확한 에러를 주어야 한다고 할 때, 직접 손으로 로직을 작성하는 것보다 파서를 사용하는 것이 더 좋을 수 있다. 파싱에 대한 기본을 배우고 나면 새로운 언어를 배우는 것도 쉬워진다. 문법을 이해할 수 있기 때문이다.

코드 커버리지

이번 Part에서 여러분이 코딩을 할 때, 중간에 꼭 휴식을 취해야 한다. 이번 Part에서 추가적으로 다루려는 것은 코드 커버리지에 대한 개념이다. 코드 커버리지라는 것은 여러분이 자동화된 테스트를 할 때, 가능한 모든 시나리오를 테스트했다면 필요 없는 부분이다. 여러분이 어떤 로직을 사용해서 모든 것을 커버하는 것을 만들었다면 가능하겠지만 알다시피 인간의 뇌는 자신의 문제도 잘 찾지 못한다. 바로 이것 때문에 이 책에서 '만들고 나서 평가하기'를 주기적으로 하도록 한 것이다. 여러분이 어떤 것을 만들 때, 그것에 대해 비판적으로 분석하는 것은 대단히 어려운 일이다.

코드 커버리지는 애플리케이션에서 여러분이 어떤 것들을 테스트했는지를 알 수 있는 방법이다. 이것으로 모든 오류를 찾을 수는 없다. 하지만 최소한 여러분이 할 수 있는 모든 가능한 분기를 다 지나갔는지는 테스트할 수 있다. 커버리지를 사용하지 않으면 각각의 분기를 테스트했다는 것을 실제로 입증할 수 없다. 아주 좋은 예제는 오류를 처리하는 것이다. 대부분의 자동화된 테스트는 가장 신뢰할 수 있는 조건들의 테스트만 수행하고 에러 처리에 대한 것은 테스트하지 않는다. 코드 커버리지를 실행할 때, 에러 처리 테스트를 하지 않은 부분을 알 수 있다.

또, 코드 커버리지를 통해 중복 테스트하는 문제를 피할 수 있도록 도와주기도 한다. 나는 12/1(테스트/코드) 비율을 아주 자랑스러워 하는 TDD 광신도와 같이 일을 한 적이 있었다. 12/1 비율은 코드 1줄당 12줄의 테스트 코드가 있다는 의미다. 간단한 코드 커버리지 분석은 그들이 커버하고 있는 테스트 코드가 전체 코드의 단지 30%만 테스트되고 있다는 것을 보여주었고, 테스트 코드의 많은 부분이 동일한 방식으로 6~20배 테스트되고 있었다. 그동안 데이터베이스 쿼리에 예외 조건 같은 간단한 에러들은 전혀 테스트되지 않아서 에러를 유발시킬 수 있었다. 결국 이런 종류의 테스트는 프로젝트의 성장을 방해하고 사람들의 시간을 잡아먹는 장애물이 된다. 이런 문제는 아무도 생각하지 못한 것이어서 많은 애자일 컨설턴트들이 코드 커버리지를 측정하는 계기가 되었다.

이번 연습의 비디오를 통해서 내가 테스트를 실행하고, 테스트한 것들을 확인하기 위해서 코드 커버리지를 어떻게 사용하는지 보게 될 것이다. 여러분들도 내가 보여준 일들을 해야 한다. 이런 작업을 쉽게 할 수 있는 도구들이 있다. 나는 테스트 커버리지 결과를 읽는 방법과 효과적으로 테스트할 수 있는 방법들을 알려줄 것이다. 코드 커버리지의 목표는 자동화된 테스트를 만드는 것이고, 또 테스트에 너무 많은 노력을 들이지 않도록 하는 것이다. 즉, 코드 한 줄을 12번이나 테스트하고 전체 코드 중에 30%만 테스트하는 일은 없도록 해야 한다.

유한 상태 머신(FSM)

파싱에 대한 어떤 책을 읽든지 거기는 반드시 유한 상태 머신(FSM, Finite state machines)을 다루는 무서운 챕터가 있다. 그 챕터에는 가능한 '오토마타'의 조합을 '엣지'와 '노드'로 상세히 설명하는 부분이 있고, '오토마타'가 다른 '오토마타'로 변환되는 방법을 다룬다. 사실을 그 이후에도 더 많은 내용이 있다. FSM에 대해서 아주 간단히 설명해 보겠다. 이 주제에 대한 이론적 순수주의자들을 자극하지 않고 실용적이면서 이해하기 쉬운 버전으로 설명할 것이다. 여러분이 ACM에 논문을 낼 것도 아니니 말이다. FSM에 내재되어 있는 모든 수학적인 지식을 알 수는 없다. 하지만 애플리케이션에서 FSM을 사용하고 싶다면 내가 설명할 내용만으로 충분할 것이다.

FSM은 일어나는 사건(이벤트)을 상태로 조직화하는 방법이다. 이벤트를 다르게 정의한 것이 '입력 트리거'이다. 이것은 if-statement에서 부울 익스프레션(boolean expression, 참과 거짓으로 판단되는 것)과 비슷하다. 하지만 보통 if 구문에서 사용하는 것에 비해 복잡하지 않다. 이벤트는 버튼 클릭, 스트림으로부터 문자 하나 받기, 날짜 혹은 시간이 변하는 것 등이 될 수 있다. 상태는 FSM이 멈춰 있는 위치를 말한다. 상태는 이벤트를 기다린다. 각 상태는 여러분이 허용한 이벤트(입력)를 재정의한다. 상태는 보통 고정되어 있는데 이벤트는 임시일 수 있다. 그리고 두 개 모두 데이터로 저장될 수 있다. 마지막으로 코드를 이벤트 혹은 상태에 붙일 수 있다. 상태에 들어갈 때, 상태에 있는 동안 또는 상태를 빠져나갈 때 실행할 수 있는 코드를 정할 수 있다.

FSM은 여러 시점에 다양한 이벤트가 발생하는 상황에서 실행할 수 있는 코드를 관리할 수 있는 쉬운 방법이다. FSM은 정해지지 않은 이벤트를 받으면 각 상태에서 허용된 이벤트(혹은 조건)가 정확히 정해져 있기 때문에 이를 실패로 간주한다. 또, `if` 구문에는 가능한 분기만을 분기할 수 있다. `else` 구문을 만들지 않으면 `if-elif` 조건에 맞지 않는 것은 처리하지 못한다.

이것을 좀 더 구체적으로 살펴보자.

❶ 어떤 상태에 있다. 상태는 FSM이 현재 위치하고 있는 곳을 가리키는 정보를 저장하고 있다. 상태는 '시작', '키 눌림', '중지' 등이 될 수도 있고, 또는 FSM을 실행 가능한 위치에 두는 방법을 설명하는 것이 될 수도 있다. 각각의 상태에는 다음 상태로 이동할 수 있는 이벤트를 기다린다.

❷ 이벤트는 FSM의 상태가 다른 상태로 넘어갈 수 있도록 해준다. 이벤트는 "키를 누르다", "소켓 연결이 실패한다", "파일 저장됨" 등으로 FSM이 받는 외부 자극을 표현하는 것이면 무엇이든 다 가능하다. 이벤트를 받으면 FSM은 무엇을 할지, 다음에 어떤 상태가 될지 결정해야 한다. 이벤트를 받고 같은 상태로 다시 돌아올 수도 있다. 이것이 루프를 구성하는 방법이다.

❸ FSM 전이는 발생한 이벤트(정확히 그 상태에서 받을 수 있는 그 이벤트)를 기반으로 한 상태에서 다른 상태로 바뀌는 것이다('모든 이벤트'라고 해서 이벤트 발생 자체를 정의할 수 있기는 하다). FSM 상태 전이는 아무렇게나 전환되지 않는다. 이벤트를 받거나 상태를 방문한 것을 보면, 상태가 어떻게 전이되었는지 정확하게 추적할 수 있다. 이렇게 해야 디버깅이 쉬워진다.

❹ 이벤트 발생 전후 그리고 상태가 전이되는 동안 실행되는 코드가 있다고 하자. 이것은 이벤트를 받을 때 코드를 실행할 수 있고, 이벤트를 기반으로 어떻게 할지 결정하고 나서 그 상태를 나갈 때 코드를 실행할 수 있다는 뜻이다. FSM의 강력함은 상태 혹은 이벤트에 따라서 원하는 코드를 실행시킬 수 있다는 점에 있다.

❺ 가끔은 '아무것도 아님(nothing)'도 이벤트가 될 수 있다. 이것은 아무 일도 일어나지 않아도 FSM의 상태를 전이시킬 수 있기 때문에 강력하다. 하지만 실질적으로 '아무것도 아님'

이라는 용어는 '그냥 가기' 혹은 '깨어남' 이벤트라고 본다. 다른 상황에는 '아무것도 아님' 은 "아직 모름, 다음 상태가 되면 확실해짐"이라는 의미가 된다.

FSM의 진가는 각 이벤트에 따른 상태를 분명히 명시할 수 있다는 것과 이벤트가 FSM에서 받을 수 있는 단순한 데이터라는 점이다. 이런 특성은 디버그, 테스트를 쉽게 하고, 각 상태별로 이벤트에 따라 어떤 일이 일어날지 알기 때문에 정확하게 만들 수 있다. 이번 연습에서 여러분은 FSM의 동작 방식을 알기 위해 FSM 라이브러리와 그 라이브러리를 이용하는 FSM의 구현을 공부하게 될 것이다.

도전 과제

나는 웹 서버에 커넥션을 관리하는 몇 가지 간단한 이벤트를 처리하기 위해 FSM 모듈을 만들었다. 이것은 파이썬으로 빠르게 만들 수 있는 예제로 주기 위한 가상의 FSM이다. 이것은 소켓에서 읽고 쓰기를 하는 커넥션을 프로세싱하는 기본적인 골격일 뿐이다. 그러므로 중요한 몇 가지가 빠져 있다. 여러분을 위해 예제로 보여주기 위한 것이다.

fsm.py

```
1    def START():
2        return LISTENING
3
4    def LISTENING(event):
5        if event == "connect":
6            return CONNECTED
7        elif event == "error":
8            return LISTENING
9        else:
```

```
10          return ERROR
11
12    def CONNECTED(event):
13        if event == "accept":
14            return ACCEPTED
15        elif event == "close":
16            return CLOSED
17        else:
18            return ERROR
19
20    def ACCEPTED(event):
21        if event == "close":
22            return CLOSED
23        elif event == "read":
24            return READING(event)
25        elif event == "write":
26            return WRITING(event)
27        else:
28            return ERROR
29
30    def READING(event):
31        if event == "read":
32            return READING
33        elif event == "write":
34            return WRITING(event)
35        elif event == "close":
36            return CLOSED
37        else:
38            return ERROR
39
40    def WRITING(event):
41        if event == "read":
42            return READING(event)
```

```
43              elif event == "write":
44                  return WRITING
45              elif event == "close":
46                  return CLOSED
47              else:
48                  return ERROR
49
50      def CLOSED(event):
51          return LISTENING(event)
52
53      def ERROR(event):
54          return ERROR
```

그리고 이 FSM이 잘 동작하는지 알아보기 위한 간단한 테스트도 준비했다.

test_fsm.py

```
1       import fsm
2
3       def test_basic_connection():
4           state = fsm.START()
5           script = ["connect", "accept", "read",
6                     "write", "close", "connect"]
7
8           for event in script:
9               print(event, ">>>", state)
10              state = state(event)
```

이번 연습에서 해야 할 것은 이 예제를 더 완벽하게 일반적인 FSM 파이썬 클래스로 만드는 것이다. 여러분은 위 코드로 들어오는 이벤트를 어떻게 처리하고 상태가 함수로 표현될 수 있는지 그리고 상태 전이가 어떻게 이뤄지는지에 대한 단서로 사용해야 한다. 다음 상태로 전이하기 위해서 함수를 반환하는 경우가 얼마나 있는지 확인해보자. 그리고 상태 함수를 호출해서 받는 것을 반환한 사례도 확인해 보자. 내가 왜 이렇게 했는지 이해해 보자. 이것은 FSM에는 아주 중요한 부분이다.

이번 과제를 완료하기 위해서 여러분은 파이썬의 **inspect** 모듈(https://docs.python. org/3/library/inspect.html)을 공부해야 할 것이다. 이것은 파이썬 객체와 클래스로 무엇을 할 수 있는지 볼 수 있다. **__dict__** 같은 특별 변수나 **inspect** 함수 같은 것들이 클래스나 객체의 내부를 보거나 함수를 찾는 데 도움을 줄 것이다.

여러분은 앞서 본 코드의 디자인을 바꾸고 싶을지도 모르겠다. 서브 클래스 안에 이벤트를 함수로 가질 수 있고, 그 이벤트 함수에 현재의 **self.state**를 체크해서 다음 상태를 결정하도록 할 수 있다. 이 모든 것은 이벤트와 상태가 많은지 그리고 디자인이 타당한지 등 처리하는 것이 무엇이냐에 따라 달라진다.

마지막으로 앞에서 설명한 대로 디자인된 모듈을 *실행시키는* 방법을 알고 있는 **FSMRunner** 클래스를 따로 설계를 할 수도 있다. 이런 방식이 객체가 스스로 어떤 동작을 하는지 알고 있는 하나의 클래스로 만드는 것보다 장점이 많다. 하지만 문제는 있다. 예를 들어, **FSMRunner**가 어떻게 현재 상태를 계속 추적할 것인가, 이것을 모듈로 넣을 것인가, 아니면 **FSMRunner**에 넣을 것인가? 하는 것들이다.

훈련

❶ 테스트 코드를 더 만들어보고 여러분에게 익숙한 다른 도메인에 FSM을 적용해 보자.

❷ 여러분이 구현한 것에 이벤트가 실행하는 로그를 켜는 기능을 추가하라. FSM을 사용해서 이벤트를 처리하는 가장 큰 장점 가운데 하나는 FSM이 받는 모든 이벤트와 상태를 기록하고 저장할 수 있다는 점이다. 이렇게 하면 여러분이 싫어하는 상태에 도달한 이유를 파악할 수 있다.

● **추가 학습** ●

FSM의 근간이 되는 수학적인 부분을 꼭 읽어 보기 바란다. 여기에 소개한 예제는 FSM의 개념을 완전히 구현하고 있지 않다.

정규 표현식

정규 표현식(regex)은 문자를 어떻게 배열하고 매칭하는지 인코딩하는 간단하고 명료한 방식이다. 정규 표현식을 두려워하는 경우가 있는데, 이 중에는 잘못된 생각에서 기인한 경우가 많다. 정규 표현식은 패턴 매칭 방식을 정의하는 것으로 컴퓨터에게 8가지 정도의 심볼들을 사용해서 알려주는 것이다. 컴퓨터가 이해할 수 있는 방식으로 쉽게 표현하는 것이다. 사람들을 어려워하는 것은 실제 파서가 더 잘하는 것을 아주 복잡한 정규 표현식으로 하려고 하기 때문이다. 정규 표현식에서 사용되는 8가지 심볼과 정규 표현식의 한계점을 이해하고 나면, 정규 표현식이 무섭게만 느껴지지는 않을 것이다.

나는 여러분에게 앞으로의 논의에 대비해서 몇 가지 기억해야 하는 것들 알려줄 것이다. 기억해야 할 중요한 심볼들은 다음과 같다.

^	*문자열의 시작.* 이 심볼은 문자열이 시작하는 시점에 매칭된다.
$	*문자열의 마지막.* 이 심볼은 문자열이 종료하는 시점에 매칭된다.
.	*아무 문자 하나.* 입력으로 들어오는 어떤 문자이건 매칭된다.
?	*이전 문자 옵션 처리.* 정규 표현식에는 이 심볼 앞에는 오는 것을 옵션으로 처리한다. A?는 'A'가 있어도 되고 없어도 된다는 의미다.
*	*문자가 0 혹은 그 이상 반복되는 문자열.* 표현식의 앞부분을 받아서 이것이 반복되거나 나오지 않을 때를 매칭된다. A*는 'AAAAAAA'는 매칭시키지만 'BQEFT'도 매칭시킨다. A가 내부에 없는 것도 가능하기 때문이다.

+	*문자가 최소 1개 이상인 것.* *와 비슷하지만 문자가 1 혹은 그 이상이 있을 때만 허용한다. A+는 'AAAAAAA'는 매칭하지만 'BQEFT'는 허용하지 않는다.
[X-Y]	X-Y *클래스(급) 사이의 문자들.* X에서 Y사이에 있는 어떤 문자이건 받는다. [A-Z]를 사용하면 영어의 대문자들을 의미한다. 이 방식은 많은 문자들의 영역을 대신해서 사용할 수 있다.
()	정규 표현식의 일부를 나중에 쓰기 위해서 *저장*한다. 많은 정규 표현식 라이브러리들은 이것을 교체, 추출, 혹은 순서 바꿈 등을 위해 사용한다. () 내부에 정규식을 받아서 그것을 나중에 쓸 수 있도록 저장하다. 그래서 많은 라이브러리들은 이렇게 저장된 것을 나중에 참고해서 사용할 수 있도록 한다. ([A-Z]+)라고 하면 영어의 대문자로 하나 이상의 문자열을 내부에 저장한다.

파이썬의 **re** 라이브러리(https://docs.python.org/3/library/re.html)에는 여기서 소개한 것들 이외에 더 많은 심볼들을 사용하고 있다. 하지만 그중에 대부분은 이 8개의 심볼을 변경한 것이거나 정규 표현식 라이브러리에는 일반적으로 사용하지 않는 추가적인 기능을 위한 것이다. 앞서 설명한 8개의 심볼들을 플래시 카드로 만들어 보자. 그래서 그것들을 빠르게 떠올려서 무엇을 하는 것인지 설명할 수 있어야 한다.

여러분이 이 심볼들을 기억하고 나면 다음과 같은 정규 표현식들을 받아서 그 의미를 알고 파이썬의 **re** 라이브러리를 이용해서 아래 나열된 문자열이나 여러분이 생각할 수 있는 다른 문자열들도 매칭시켜 볼 수 있다.

```
".*BC?$"              helloBC, helloB, helloA, helloBCX
"[A-Za-z][0-9]+"      A1232344, abc1234, 12345, b493034
"^[0-9]?a*b?.$"       0aaaax, aaab9, 9x, 88aabb, 9zzzz
"*-*"                 "_____-***", "-", "****", "--"
"A+B+C+[xyz]*"        AAAABBCCCCCCxyxyz, ABBBBCCCxxxx, ABABABxxxx
```

여러분이 이것을 해석할 수 있으면 파이썬의 re 모듈을 사용해서 다음과 같은 것들을 셀로 실험해 볼 수 있다.

```
1     >>> import re
2     >>> m = re.match(r".*BC?$", "helloB").span()
3     >>> re.match(r".*BC?$", "helloB").span()
4     (0, 6)
5     >>> re.match(r"[A-Za-z][0-9]+", "A1232344").span()
6     (0, 8)
7     >>> re.match(r"[A-Za-z][0-9]+", "abc1234").span()
8     Traceback (most recent call last):
9       File "<stdin>", line 1, in <module>
10    AttributeError: 'NoneType' object has no attribute 'span'
11    >>> re.match(r"[A-Za-z][0-9]+", "1234").span()
12    Traceback (most recent call last):
13      File "<stdin>", line 1, in <module>
14    AttributeError: 'NoneType' object has no attribute 'span'
15    >>> re.match(r"[A-Za-z][0-9]+", "b493034").span()
16    (0, 7)
17    >>>
```

매칭되지 않는 문자열은 AttributeError: 'NoneType' 메시지를 받을 것이다. re.match 함수가 정규 표현식에 매칭되지 않으면 None을 반환하기 때문이다.

⬡ 도전 과제 ⬡

이번 연습에서 할 도전 과제는 여러분의 FSM 모듈을 이용해서 간단한 정규 표현식을 만들어 보는 것이다. 최소 세 개의 오퍼레이션을 처리해야 한다. 이 과제는 어려울 것이다. 하지만 파이썬의 **re** 라이브러리를 사용하면 계획을 세우거나 정규 표현식의 구현을 테스트할 때 도움이 될 것이다. 이번 과제를 할 수 있으면 다시 하지 않아도 된다. 컴퓨터가 더 잘하는 일을 우리가 하기에 인생은 너무나 짧다.

❶ 파이썬의 re 라이브러리 문서를 보고 모든 심볼을 포함해서 플래시 카드를 만들어 보자.

❷ 문자를 매칭시키고 싶으면 어떻게 할까? 그럴 때는 ＼*처럼 이스케이프 시킬 수 있다. 다른 심볼들도 대부분 이렇게 하면 된다.

❸ re.ASCII를 사용하는 방법을 알아본다. 간혹 파싱에서 필요로 할 수 있다.

● 추가 학습 ●

regex 라이브러리(https://pypi.python.org/pypi/regex/)를 찾아 보자. 유니코드를 지원해야 한다면 이 모듈이 더 좋다.

스캐너

내 첫 책인 『*Learn Python 3 the Hard Way*』의 **연습 32**에서 아주 간단히 스캐너를 다룬 적이 있었다. 하지만 여기서는 조금 더 진지하게 해보려고 한다. 텍스트 스캐닝 작업의 기본 개념을 다루고 스캐닝과 정규 표현식은 어떤 관계를 갖는지도 설명할 것이다. 또 몇 줄의 파이썬 코드로 간단한 스캐너를 만드는 방법에 대해서 설명할 예정이다.

논의를 시작하기 위한 예제로 다음 파이썬 코드를 사용할 것이다.

```
def hello(x, y):
        print(x + y)

hello(10, 20)
```

여러분은 파이썬을 공부했으니 앞 코드를 보면 빠르게 읽을 수 있을 것이다. 하지만 코드가 의미하는 바를 진짜 이해하고 있을까? 보통 파이썬을 가르칠 때, 파이썬의 심볼들을 기억하도록 시킨다. **def**와 () 문자들이 심볼들이다. 하지만 파이썬에게는 이런 것들을 신뢰할 수 있고 일관된 방식으로 처리할 수 있는 방법이 필요하다. 파이썬이 **hello**라는 문자를 읽을 수 있어야 하고 이것이 어떤 것의 이름이라는 것을 이해해야 한다. 그리고 나서 **def hello(x, y)**와 **hello(10, 20)** 사이의 차이를 알아야 한다. 이런 것들을 파이썬은 어떻게 할 수 있을까?

첫 번째 단계가 토큰을 찾는 과정으로 텍스트를 스캐닝하는 것이다. 스캐닝 단계에서 파이썬과 같은 언어들은 어떤 것이 심볼이고, 어떤 것이 이름인지 신경 쓰지 않는다. 이 과정은 단순히 입력된 언어를 '토큰'이라고 하는 문자열 패턴으로 변경한다. 이 단계에서는 입력된 문자열을 파이썬이 인식할 수 있는 토큰으로 매칭시키기 위해 정규 표현식을 사용한다. **연습 31**에서 정규 표현식은 파이썬에게 매칭시킬 수 있는 문자열 배열 패턴을 알려줄 수 있는 방법이라고 설명했다. 파이썬 인터프리터가 하는 일은 많은 정규 표현식을 이용해서 파이썬이 이해할 수 있는 각각의 토큰으로 매칭시키는 것이다.

앞의 코드를 보고 코드를 처리할 수 있는 정규 표현식을 작성할 수 있을 것이다. def에 대한 정규 표현식은 그냥 def이다. ()+:, 문자 등을 인식시키기 위한 정규 표현식도 필요하다. 그리고 `print`, `hello`, `10` 그리고 20을 처리하는 것들도 있어야 한다.

여러분이 일단 코드상에 있는 모든 심볼들을 식별하고 나면 그것에 이름을 지정해야 한다. 정규 표현식으로 심볼들을 참조하게 할 수는 없다. 심볼을 조회하는 데 비효율적일 뿐만 아니라 혼란스럽다. 나중에 배우겠지만 주어진 각 심볼들에 이름을 부여하는 것이 파싱을 더 단순하게 만든다. 하지만 이것은 지금 하지 않는다.

우리가 매칭시킨 패턴들에 대해서 이름을 붙여보자. def는 간단한 DEF라고 하고, ()+:,들은 각각 LPAREN RPAREN PLUS COLUMN COMMA라고 할 수 있다. 그러고 나서 `hello`, `print` 같은 각 단어에 대한 **regex**를 간단히 NAME이라고 할 수 있다. 이런 식으로 누군가 스트림으로 입력한 원시 텍스트를 하나의 숫자(혹은 이름이 있는) 토큰으로 변환하면 다음 단계에는 이것을 이용하게 된다.

파이썬은 코드 블록의 인덴트(코드 앞부분의 들여쓰기 공백)를 처리하기 위해 앞부분의 공백에 대한 정규 표현식이 먼저 와야 하기 때문에 조금 복잡하다. 지금은 그냥 `^\s+`를 사용해서 각 줄의 앞부분에 있는 공백을 처리한다고 가정하자.

연습
32

최종적으로 앞 코드를 처리할 수 있는 정규 표현식은 다음과 같다.

정규식	토큰
def	DEF
[a-zA-Z_][a-zA-Z0-9_]*	NAME
[0-9]+	INTEGER
\(	LPAREN
\)	RPAREN
\+	PLUS
:	COLON
,	COMMA
^\s+	INDENT

스캐너의 일은 앞과 같은 정규 표현식을 사용해서 입력 텍스트를 식별할 수 있는 심볼들의 스트림으로 변환한다. 앞서 보았던 코드를 예로 들면, 다음과 같은 스트림이 만들어진다.

```
DEF NAME(hello) LPAREN NAME(x) COMMA NAME(y) RPAREN COLON
INDENT(4) NAME(print) LPAREN NAME(x) PLUS NAME(y) RPAREN
NAME(hello) RPAREN INTEGER(10) COMMA INTEGER(20) RPAREN
```

이런 변환이 어떻게 되는 것인지 공부해 보자. 스캐너의 출력으로 나온 각 줄의 결과를 앞에서 테이블의 정규 표현식과 원래 코드를 비교해 가면서 공부하면 된다. 과정을 살펴보면 이것은 단순히 입력 텍스트를 가져 와서 각 정규 표현식에 매칭되는 토큰 이름으로 맵핑시키고, hello 혹은 숫자 10 같은 필요 정보를 저장하는 것뿐이라는 것을 알 수 있다.

단순한 파이썬 스캐너

나는 우리의 파이썬 언어를 스캐닝하는 간단한 파이썬 스크립트를 작성했다.

```
1    import re
2
3    code = [
4    "def hello(x, y):",
5    "print(x + y)",
6    "hello(10, 20)",
7    ]
8
9    TOKENS = [
10   (re.compile(r"^def"), "DEF"),
11   (re.compile(r"^[a-zA-Z_][a-zA-Z0-9_]*"),        "NAME"),
12   (re.compile(r"^[0-9]+"),                        "INTEGER"),
13   (re.compile(r"^\("),                            "LPAREN"),
14   (re.compile(r"^\)"),                            "RPAREN"),
15   (re.compile(r"^\+"),                            "PLUS"),
16   (re.compile(r"^:"),                             "COLON"),
17   (re.compile(r"^,"),                             "COMMA"),
18   (re.compile(r"^\s+"),                           "INDENT"),
19   ]
20
21   def match(i, line):
22       start = line[i:]
23       for regex, token in TOKENS:
24           match = regex.match(start)
25           if match:
26               begin, end = match.span()
```

```
27                    return token, start[:end], end
28            return None, start, None
29
30        script = []
31
32        for line in code:
33            i = 0
34            while i < len(line):
35                token, string, end = match(i, line)
36                assert token, "Failed to match line %s" % string
37                if token:
38                    i += end
39                    script.append((token, string, i, end))
40
41        print(script)
```

위 스크립트를 실행하면 토큰, 매칭된 문자열, 문자열의 시작과 종료 위치로 구성된 투플(tuple) 리스트를 얻게 된다. 결과는 다음과 같다.

```
[('DEF', 'def', 3, 3), ('INDENT', ' ', 4, 1), ('NAME', 'hello', 9, 5),
('LPAREN', '(', 10, 1), ('NAME', 'x', 11, 1), ('COMMA', ',', 12, 1),
('INDENT', ' ', 13, 1), ('NAME', 'y', 14, 1), ('RPAREN', ')', 15, 1),
('COLON', ':', 16, 1), ('INDENT', ' ', 4, 4), ('NAME', 'print', 9, 5),
('LPAREN', '(', 10, 1), ('NAME', 'x', 11, 1), ('INDENT', ' ', 12, 1),
('PLUS', '+', 13, 1), ('INDENT', ' ', 14, 1), ('NAME', 'y', 15, 1),
('RPAREN', ')', 16, 1), ('NAME', 'hello', 5, 5), ('LPAREN', '(', 6, 1),
('INTEGER', '10', 8, 2), ('COMMA', ',', 9, 1), ('INDENT', ' ', 10, 1),
('INTEGER', '20', 12, 2), ('RPAREN', ')', 13, 1)]
```

이 코드는 여러분이 만들 스캐너에 비해서 더 빠르거나 정확하지 않다. 이 코드는 간단한 스크립트로 스캐너의 기본적인 동작 방식을 보여주기 위한 코드다. 실제로 적용되는 스캐닝 작업에는 툴을 사용해서 훨씬 효과적인 스캐너를 만들게 된다. 이 부분은 '추가 학습'에서 더 다루도록 하자.

도전 과제

여러분의 목표는 단순한 스캐너 코드를 일반적인 스캐너 클래스로 만들어서 나중에 쓸 수 있도록 만드는 것이다. 여러분이 만들 Scanner 클래스의 목적은 입력 파일을 받아서 그것을 스캐닝하고 토큰 리스트로 만들어 순서대로 토큰들을 가져갈 수 있도록 하는 것이다. API는 다음과 같은 것들을 지원해야 한다.

__init__	튜플(tuples) 리스트를 받는다(re.compile로 컴파일되지 않는 것). 그리고 스캐너를 초기화한다.
scan	문자열을 받아 스캐닝한다. 나중에 쓸 토큰 리스트를 생성한다. 문자열은 나중에 사용할 수 있도록 따로 보관해 둔다.
match	가능한 토큰 리스트가 주어진다. 그리고 그 리스트 중에 매칭되는 첫 번째 토큰을 반환하고 제거한다.
peek	가능한 토큰 리스트를 주면 매칭되는 것을 반환하되 리스트에는 그것을 제거하지 않는다.
push	토큰 스트림에 토큰을 다시 돌려 놓는다. 나중에 이것을 peek 혹은 match 한다.

여러분은 나중에 Token 클래스를 만들어 내가 사용했던 튜플을 대체해야 한다. Token 클래스는 토큰, 매칭된 문자열, 원래의 문자열에 매칭된 시작 위치와 종료 위치를 저장할 수 있어야 한다.

연습
32

❶ pytest-cov 라이브러리를 설치하고 이것으로 자동화된 테스트의 커버리지를 측정한다.
❷ pytest-cov의 결과를 이용해서 테스트 코드를 개선한다.

● 추가 학습 ●

스캐너를 더 잘 만들기 위해서 정규 표현식에 대한 내용을 이해한다.

❶ 정규 표현식은 유한 상태 머신이다.
❷ 여러분은 작은 유한 상태 머신을 더 크고 복잡한 유한 상태 머신으로 정확히 만들 수 있다.
❸ 많고 작은 정규 표현식을 매칭시키도록 조합된 유한 상태 머신은 각각의 상태 머신이 있던 것과 동일하게 동작할 뿐 아니라 더 효율적으로 동작한다.

이상의 내용을 참고로 스캐너 정의를 받아서 작은 정규 표현식을 FSM으로 변환하고 그것을 다시 하나로 합쳐 모든 토큰을 빠르고 정확하게 매칭시키는 코드를 생성하는 많은 툴들이 있다. 이 툴들의 장점은 이렇게 생성된 스캐너들에게 각각의 문자를 줄 수 있다는 점이다. 이렇게 하면 토큰을 더 빠르게 찾을 수 있다. 이렇게 스캐너를 만드는 방식이 내가 앞에서 보여준 문자열을 정규식에 순차적으로 매칭시켜 보는 방식보다 더 많이 사용된다.
스캐너 생성기가 어떻게 동작하는지 조사해 보고, 그것을 여러분이 작성한 것과 비교해 보자.

파서

여러분에게 커다란 숫자 목록이 주어졌고 여러분은 그것을 스프레드시트에 넣어야 한다고 해보자. 먼저, 이 큰 목록은 공백으로 나누어져 있는 원시 스트림이다. 여러분의 뇌는 자동으로 이 숫자 스트림들을 공백으로 나누고 이것을 숫자로 만들 것이다. 마치 뇌가 스캐너처럼 동작하는 것이다. 그리고 나서 이 숫자를 가지고 의미하는 바에 따라서 행과 열에 숫자들을 넣는다. 여러분의 뇌는 단순한 숫자 스트림(토큰들)을 받아서 마치 파서가 하는 일을 수행하고 이것을 더 의미가 있는 2차원 배열에 집어 넣는다. 숫자가 어떤 행과 열에 가야 하는지에 대한 규칙을 문법이라고 한다. 파서는 여러분이 스프레드시트에 했던 것처럼 문법에 맞도록 처리하는 일을 한다.

연습 32에서 본 단순 파이썬 코드 예제를 다시 한번 보고, 세 가지 다른 관점으로 파서에 대해서 논의를 해보자.

```python
def hello(x, y):
    print(x + y)

hello(10, 20)
```

이 코드를 볼 때 어떻게 보이는가? 나는 우리가 만들었던 **BSTree** 혹은 **TSTree**와 비슷한 트리 구조로 보인다. 여러분은 트리가 보이는가? 이 파일의 가장 앞부분으로 가서 문자열이 어떻게 트리가 되는지 배워 보자.

먼저, 여러분이 **.py** 파일을 로드할 때, 이것은 단순한 문자 스트림, 더 정확히는 바이트 스트림이다. 하지만 파이썬은 유니코드를 내부적으로 사용하고 있으므로 문자로 처리된다. 이 문자들은 줄 단위로 되어 있고, 어떤 구조도 없다. 스캐너의 임무는 첫 번째 단계의 의미를 부여하는 것이다. 스캐너는 정규식을 가지고 문자열 스트림에서 의미를 추출해 토큰 목록으로 만든다. 즉, 우리는 이 문자열을 토큰 목록으로 변환한 것이다. 하지만 def hello(x, y): 함수를 보자. 이것은 내부에 코드 블록을 가지고 있는 함수를 의미한다. 코드 블록은 내부에 어떤 것을 가지고 있는 형태이다.

이렇게 내부에 내포된 것을 표현하기에 가장 적당한 것이 바로 트리다. 우리는 스프레드시트 같은 테이블을 사용할 수 있다. 하지만 이것은 트리만큼 쉽게 작업할 수 없다. hello(x, y) Part를 보도록 하자. 우리는 NAME(hello) 토큰을 가졌다. 하지만 우리는 (⋯)의 내용을 얻고 괄호 안쪽의 것을 알고 싶다. 다시 우리는 트리를 이용할 수 있다. 트리의 자식 노드 혹은 가지를 이용해서 괄호 안쪽에 있는 x, y를 표현할 수 있다. 결과적으로 이 파이썬 코드의 루트를 시작으로 각 블록, print 함수 선언, 그리고 함수 호출 등이 모두 루트의 가지가 될 수 있다. 이것들이 자식 노드가 되는 것이다.

왜 이런 식으로 작업을 해야 할까? 우리는 파이썬 문법을 기반으로 파이썬 코드의 구조를 알아야 한다. 이 구조를 이용해서 나중에 분석 과정을 하게 된다. 우리가 토큰의 일차원적인 목록을 트리로 만들 수 없다면 함수, 블록, 분기 혹은 표현식의 경계가 어디인지 알 수 없다. 즉각적으로 경계가 어디인지 알 수 있어야 한다. 이것은 정말 쉽지 않은 일이다. 많은 초기 언어들이 스트레이트 라인 언어(Straight line languages, SLG 문법을 사용한 언어)들이었다. 지금에서 와서 보면 꼭 그럴 필요가 없다. 우리는 파서를 사용해서 트리 구조를 만들 수 있다.

파서는 토큰 리스트를 스캐너로부터 가져와서 이것들을 문법 트리로 변환시킨다. 파서를 토큰 스트림에 대한 또 다른 정규 표현식이라 생각할 수 있다. 스캐너의 정규 표현식은 문자들을 묶어 토큰을 만드는 것이었다면 파서의 정규 표현식은 토큰들을 박스로 묶고 그것을 다시 더 큰 박스로 묶는다. 이렇게 해서 토큰들이 모두 없어질 때까지 반복한다.

파서는 이런 박스에 의미를 부여한다. 괄호 토큰를 간단히 제거하고 사용할 수 있는 함수 클래스에 대한 특별한 매개변수를 생성할 수도 있다. 또 파서는 콜론, 의미 없는 공백, 콤마 등 불필요한 토큰들을 제거한다. 그리고 뒤에서 프로세싱하기 쉬운 내부 구조로 만든다. 앞의 예제 코드에 대한 대략적인 트리는 다음과 같다.

```
* root
  * Function
    - name = hello
    - parameters = x, y
    - code:
      * Call
        - name = print
        - parameters =
            * Expression
              - Add
              - a = x
              - b = y
  * Call
    - name = hello
    - parameters = 10, 20
```

파이썬 예제 코드에서 앞과 같은 가상의 트리로 어떻게 변환되었는지 공부해야 한다. 쉽지 않을 것이다. 하지만 파이썬 코드를 보고 이 트리 구조를 이해하는 것이 가장 중요하다.

재귀 하향 파싱

문법을 처리하는 파서를 생성하는 정립된 방법이 많이 있다. 이 중에 공부하기 가장 쉬운 방식은 재귀 하향 파서(RDP, Recursive descent parser)다. 사실 나는 이것을 『Learn Python3 the Hard Way』의 **연습 49**에서 설명했다. 거기서 간단한 게임 언어를 처리하기 위해 간단한 RDP 파서를 만들었다. 그때 썼던 방식이 RDP인지도 모르고 했을 것이다. 이번 연습에서 RDP 파서를 작성하는 좀 더 형식을 갖춘 설명을 할까 한다. 위에서 본 파이썬 코드를 RDP로 분석해 보자.

RDP는 여러 개의 재귀 함수를 사용한다. 재귀 함수 콜을 사용해서 주어진 문법의 트리 구조를 구현한다. RDP 파서의 코드는 여러분이 처리하는 실제 문법과 비슷해 보인다. 파서의 함수들은 몇 가지 규칙만 따르면 함수 작성이 어렵지 않다.

RDP 파서는 두 가지 단점이 있다. 첫 번째 단점은 효과적인 파서가 아닐 뿐더러 보통 파서를 직접 작성해야 한다. 따라서 RDP 방식으로 만든 파서는 생성기를 통해서 만든 파서에 비해서 오류가 많다. 두 번째 단점은 RDP로 만든 파서가 가진 이론적 한계이다. 단, 파서를 직접 만들기 때문에 이런 한계들을 극복할 수 있다.

RDP 파서를 만들기 위해 다음 세 가지 주요 오퍼레이션을 이용해 스캐너 토큰을 처리해야 한다.

peek	다음 토큰이 매칭되는지 확인한다. 하지만 그것을 스트림에서 빼지 않는다.
match	다음 토큰을 매칭하고 그것을 스트림에서 제거한다.
skip	다음 토큰이 필요하지 않으면 무시하고, 그것을 스트림에서 제거한다.

연습 33에서 스캐너를 만들면서 이 세 개의 오퍼레이션들을 만들어야 한다고 했었다. 파서에서 사용해야 하기 때문이다. RDP 파서를 처리하는 데 이런 오퍼레이션들이 필요하다.

세 함수를 사용해 스캐너로부터 토큰을 가져와 함수를 파싱하는 문법을 작성할 수 있다. 다음의 짧은 예제는 이 간단한 문법을 파싱한다.

```
def function_definition(tokens):
    skip(tokens) # def 부분을 무시한다
    name = match(tokens, 'NAME')
    match(tokens, 'LPAREN')
    params = parameters(tokens)
    match(tokens, 'RPAREN')
    match(tokens, 'COLON')
    return {'type': 'FUNCDEF', 'name': name, 'params': params}
```

코드를 보면 알 수 있듯이 토큰을 가져와서 처리하기 위해서 **match**와 **skip**을 사용한다. 코드에 **parameters** 함수가 있는데 이것이 RDP가 재귀적으로 처리하는 부분이다. **function_definition** 함수는 분석할 함수의 매개변수 부분을 파싱하기 위해서 **parameters**를 호출한다.

▬ BNF 문법

문법을 처리하기 위한 정형화된 형식없이 바닥부터 RDP 파서를 작성하는 것은 쉽지 않은 작업이다. 내가 정규 표현식을 FSM으로 만들어 보라고 했던 것을 기억하는가? 이것은 어려운 작업이었다. 정규 표현식에서 몇 가지 문자로 표현하는 것보다 더 많은 코드가 필요했다. 이번 연습에서 RDP 파서를 만들 때도 비슷할 것이다. 따라서 '문법을 위한 정규 표현식' 같은 것이 있으면 좋을 것이다.

일반적인 문법을 위한 정규 표현식에 해당하는 것으로 BNF(Backus−Naur Form)라는 것이 있다. 이것을 만든 존 바커스(John Backus)와 피터 노어(Peter Naur)의 이름을 딴 것이다. BNF는 언어에서 필요한 토큰들과 문법을 구성하는 데 있어 토큰들을 어떻게 반복해서 구성할지를 서술한다. BNF는 정규 표현식과 같은 심볼을 사용한다. *, + 그리고 ? 등이 비슷한 의미를 가지고 있다.

이번 연습에서 나는 IETF의 개선된 BNF 문법(https://tools.ietf.org/html/rfc5234)을 사용해서 단순 파이썬을 위한 문법을 만들 것이다. ABNF 오퍼레이션은 정규 표현식과 대부분 비슷하다. 단, 몇 가지 이상한 이유로 반복을 표현하기 위해서 반복 기호를 뒤에 넣지 않고 앞에 놓는다. 그것 이외의 것은 규정을 읽어 보고 다음이 무슨 의미인지 이해해 보도록 하자.

```
root = *(funccal / funcdef)
funcdef = DEF name LPAREN params RPAREN COLON body
funccall = name LPAREN params RPAREN
params = expression *(COMMA expression)
expression = name / plus / integer
plus = expression PLUS expression
PLUS = "+"
LPAREN = "("
RPAREN = ")"
COLON = ":"
COMMA = ","
DEF = "def"
```

funcdef 라인만 보도록 하자. 이것을 앞에서 본 function_definition 파이썬 코드와 비교해 따져 보자.

funcdef =	def function_definition(tokens) 부분과 같은 것으로 이것으로 문법이 시작한다.
DEF	DEF = "def" 같은 것을 지정한 것으로 파이썬 코드에서 나는 이것을 skip (tokens)로 처리했다.
name	필요한 부분이라서 나는 name=match(tokens, 'NAME')으로 매칭했다. 코드에서 대부분 생략한 것을 표시하기 위해서 대문자를 사용했다.
LPAREN	def를 받았다고 해보자. 이제는 (가 필요하다. 그래서 이것을 매칭하고 match (tokens, 'LPAREN')을 사용해서 생략했다. 이것은 마치 '필요하지만 무시해야 할 것'이라는 의미다.
params	BNF로 새로운 문법인 params를 정의했다. 즉, 파이썬 코드 안에 새로운 함수가 필요하다는 뜻이다. 이 함수는 params=parameters(tokens)를 호출한다. 나중에 parameters 함수를 정의해서 함수에 필요한 쉼표로 나누어져 있는 매개변수를 정의한다.
RPAREN	match(tokens, 'RPAREN')으로 이것이 필요하지만 실제로는 무시한다.
COLON	이것 역시 match(tokens, 'COLON')으로 매칭을 하지만 무시한다.
body	파이썬의 인덴트(들여쓰기) 문법은 이 예제 코드에서 처리하기 어렵기 때문에 이 부분은 무시한다. 만약 이 부분이 눈에 거슬리면, 이번 연습에서 해결해 보기 바란다.

여기서 설명한 부분은 ABNF 사양을 읽는 방법과 문법을 코드로 시스템적으로 어떻게 바꾸는지 기본을 설명한 것이다. 여러분은 루트에서 시작해서 함수로서 각 문법을 구현하고, 스캐너에게 토큰을 처리하도록 한다(대문자로 지정한 것은 스캐너가 처리하도록 둔 것이다).

연습
33

퀵 데모 해킹 파서

다음은 RDP 파서를 대충 만들어 본 것으로 여러분은 코드를 이용해서 좀 더 잘 만들어 보자.

```
                                                               ex33.py
1       from scanner import *
2       from pprint import pprint
3
4       def root(tokens):
5           """root = *(funccal / funcdef)"""
6           first = peek(tokens)
7
8           if first == 'DEF':
9               return function_definition(tokens)
10          elif first == 'NAME':
11              name = match(tokens, 'NAME')
12              second = peek(tokens)
13
14              if second == 'LPAREN':
15                  return function_call(tokens, name)
16              else:
17                  assert False, "Not a FUNCDEF or FUNCCALL"
18
19      def function_definition(tokens):
20          """
21          funcdef = DEF name LPAREN params RPAREN COLON body
22          이번 예제에서 body 부분은 무시할 것이다.
23          스스로 해보자.
24          """
25          skip(tokens) # discard def
```

```python
26          name = match(tokens, 'NAME')
27          match(tokens, 'LPAREN')
28          params = parameters(tokens)
29          match(tokens, 'RPAREN')
30          match(tokens, 'COLON')
31          return {'type': 'FUNCDEF', 'name': name, 'params': params}
32
33      def parameters(tokens):
34          """params = expression *(COMMA expression)"""
35          params = []
36          start = peek(tokens)
37          while start != 'RPAREN':
38              params.append(expression(tokens))
39              start = peek(tokens)
40              if start != 'RPAREN':
41                  assert match(tokens, 'COMMA')
42          return params
43
44      def function_call(tokens, name):
45          """funccall = name LPAREN params RPAREN"""
46          match(tokens, 'LPAREN')
47          params = parameters(tokens)
48          match(tokens, 'RPAREN')
49          return {'type': 'FUNCCALL', 'name': name, 'params': params}
50
51      def expression(tokens):
52          """expression = name / plus / integer"""
53          start = peek(tokens)
54
55          if start == 'NAME':
56              name = match(tokens, 'NAME')
57              if peek(tokens) == 'PLUS':
58                  return plus(tokens, name)
```

```
59              else:
60                  return name
61          elif start == 'INTEGER':
62              number = match(tokens, 'INTEGER')
63              if peek(tokens) == 'PLUS':
64                  return plus(tokens, number)
65              else:
66                  return number
67          else:
68              assert False, "Syntax error %r" % start
69
70      def plus(tokens, left):
71          """plus = expression PLUS expression"""
72          match(tokens, 'PLUS')
73          right = expression(tokens)
74          return {'type': 'PLUS', 'left': left, 'right': right}
75
76
77      def main(tokens):
78          results = []
79          while tokens:
80              results.append(root(tokens))
81          return results
82
83      parsed = main(scan(code))
84      pprint(parsed)
```

여러분도 눈치를 챘겠지만 나는 match, peek, skip 그리고 scan 기능이 있는 내가 만든 스캐너 모듈을 사용했다. 나는 "from scanner import *"라는 명령을 사용해서 예제를 조금 더 이해하기 쉽게 만들었다. 여러분은 각자가 만든 Scanner 클래스를 사용해야 한다.

각 함수에는 주석으로 처리할 ABNF 문법을 볼 수 있다. 이렇게 하면 파서 코드를 작성하는 데 도움이 된다. 나중에 에러가 있을 때도 사용할 수 있다. 자, 이제 여러분은 이 파서 코드를 연구해야 한다. 도전 과제를 진행하기 전에 이 코드를 마스터 카피 방법을 이용해 스스로 공부해 보자.

도전 과제

다음 도전 과제는 지금까지 작성했던 Scanner 클래스와 parser 클래스를 하나로 합쳐서 베이스 클래스를 만들고 이 클래스를 상속받아서 간단한 파서를 다시 만들어 보는 것이다. 여러분의 베이스 클래스는 다음과 같은 기능을 가지고 있어야 한다.

❶ Scanner 객체를 받아서 처리할 수 있어야 한다. 문법을 프로세싱할 기본 함수를 가정할 수 있다.
❷ 내 샘플 코드에서 사용했던 assert보다 더 좋은 에러 처리 코드를 가져야 한다.

베이스 클래스를 만들고 나면 PunyPythonPython을 구현해 보자. 이 작은 파이썬 언어를 파싱할 수 있고 다음과 같은 것을 할 수 있다:

❶ 각 문법에 대한 결과를 dict 리스트(dict 객체를 원소로 하는 리스트) 형식으로 만드는 대신, 결과를 담을 별도의 클래스를 만들고 이 클래스의 리스트로 처리 결과를 담아야 한다.
❷ 클래스는 파싱된 토큰을 저장만 해서 나중에 처리할 수 있도록 준비한다.
❸ 여러분은 지금 하고 있는 간단한 언어를 단지 파싱할 수 있도록 만들면 된다. 하지만 파이썬의 인덴트 문제를 *해결하도록* 노력해 보자. 그러기 위해서 Scanner를 수정해 각 줄 처음 부분의 공백을 INDENT로 매칭시키도록 변경한다. 그리고 인덴트를 *얼마나* 하고 있는지도 기록해야 한다.

작은 파이썬 코드를 처리하는 파서에 대해서 많은 양의 테스트 코드가 필요하다. 하지만 지금은 이 작은 파일 하나로 파싱 테스트를 하자. 이 테스트 코드로 파서 코드의 테스트 커버리지를 높이고, 가능한 많은 에러를 잡을 수 있도록 해보자.

훈련

이번 연습에서 공부한 내용이 많았는데, 시간을 갖고 조금씩 나누어서 마무리를 해보자. 여기서 보여준 예제를 완전히 이해할 수 있을 때까지 공부해야 한다. 그리고 토큰들이 처리되는 모습을 그림으로 그려 보면 좋겠다.

추가 학습

데이비드 비즐리(David Beazley)가 만든 SLY 파서 생성기(http://sly.readthedocs.io/en/latest/)를 살펴보자. 이 방식은 파서와 스캐너(렉서)를 만드는 다른 방법을 제시한다. SLY로 파서를 만들어 여러분의 것과 비교해 보자.

연습 34 분석

자 이제 여러분은 문법 트리를 만들 수 있는 파서를 가지게 되었다. 나는 이것을 '파스 트리(parse tree)'라고 할 것이다. 파스 트리가 의미하는 것은 트리의 꼭대기부터 하나 하나의 노드를 지나면서 전체 프로그램을 분석할 수 있게 되었다는 것이다. 여러분은 BSTree와 TSTree 데이터 구조를 만들었을 때, 트리의 탐색에 대해 이미 공부했다. 노드를 방문하는 순서(깊이 우선, 넓이 우선, 순차 탐색 등)가 노드 조사 순서를 결정하게 된다. 파스 트리도 이것은 동일하다. 작은 파이썬 인터프리터를 작성하는 다음 단계는 트리를 조사해서 분석하는 것이다.

분석 단계에서는 문법의 의미상 오류를 찾아 고치는 작업과 분석 이후 단계에서 필요한 정보들을 추가하는 작업을 한다. 의미상 오류란 문법적으로는 맞지만 파이썬 프로그램상 맞지 않는 오류를 말한다. 정의하지 않은 변수를 쓰는 것에서부터 시작해서 의미가 맞지 않는 추론에 이르기까지 다양한 것들이 여기에 해당한다. 어떤 언어들은 문법이 아주 느슨해서 파스 트리를 고치는 데 많은 작업을 해야 하는 것도 있다. 또 다른 언어들은 파싱하고 처리하는 것이 너무 쉬워서 분석 단계가 필요 없는 것도 있다.

분석기를 만들기 위해서 파스 트리에 각 노드를 방문하고 에러가 있는지 분석하고 빠진 내용을 채워 넣을 수 있는 방법이 필요하다. 이를 위해 보통 세 가지를 사용할 수 있다.

❶ 각 문법을 갱신하는 방법을 알고 있는 분석기를 만드는 것이다. 이 분석기가 파서에서 우

리가 했던 것과 비슷한 방식으로 각 타입에 따른 함수를 가지고 내용을 조사하는 것이다. 조사를 하면서 파스 트리를 체크, 변경, 추가한다.

❷ 문법 생성 방식을 변경하는 것이다. 그래서 각 상태에서 분석하는 방법을 알도록 하는 것이다. 이런 방식의 분석기는 문법 트리가 만들어질 때, `analyze()` 함수를 호출하는 방식의 분석 엔진이 된다. 이런 스타일의 분석에는 각 문법 생성 클래스를 통과했는지 표시하는 상태가 필요하다. 그것을 별도의 클래스로 만든다.

❸ 인터프리터에게 넘길 수 있는 최종 분석 트리를 구성하는 별도의 클래스들을 생성하는 방식이다. 여러 가지 방법으로 파서의 문법 생성 결과물을 새로운 클래스로 복사한다. 즉, 전체 상태 및 문법 생성 결과물을 가지고 `__init__` 함수로 넘기는 것이다. 그러면 새로운 클래스가 분석된 결과가 되는 것이다.

방문자 패턴

'방문자 패턴'은 객체 지향 언어에서 사용되는 일반적인 테크닉으로 어떤 객체에 방문했을 때, 해야 할 작업이 무엇인지 알고 있는 클래스를 만드는 방식이다. 이 패턴을 사용하면 처리 로직을 한 클래스로 집중시킬 수 있다. 이 방식의 장점은 클래스의 타입을 체크해서 무슨 일을 할지 확인하기 위해 `if` 문을 쓰지 않아도 된다는 점이다. 대신 다음과 같은 클래스를 만들기만 하면 된다.

```
class Foo(object):
    def visit(self, data):
        # do stuff to self for foo
```

이 클래스(visit 메소드가 외부에서 호출된다)가 만들어지면 다음과 같이 이 클래스의 메소드를 호출하기만 하면 된다.

```
for action in list_of_actions:
    action.visit(data)
```

앞서 살펴본 분석기의 ❷번, ❸번 모두가 이 패턴을 이용하게 된다. 두 방법의 차이점은 다음과 같다.

❶ 여러분이 문법 생성 결과물 자체가 분석 결과가 된다고 결정했다면, analyze() 함수(방문자 패턴에서는 visit())에서는 생성 결과 클래스와 주어진 상태 정보를 간단히 저장한다.

❷ 여러분이 문법 생성 결과물을 가지고 인터프리터(연습 35)를 위한 별도의 클래스 집합을 생성해야겠다고 결정했다면, analyze() 함수에서 새로운 객체를 반환한다. 이 새로운 객체들은 나중에 쓸 수 있도록 리스트에 보관하거나 현재 객체의 자식 객체로 만들어 붙일 수 있다.

나는 첫 번째 상황 즉, 문법 생성 결과물이 분석 결과가 되는 상황을 다루려고 한다. 이 방식은 내가 만든 파이썬 스크립트에 잘 동작한다. 여러분도 이 스타일에 따라서 진행해야 한다. 여러분이 나중에 다른 방식으로 하고 싶다면 그렇게 하면 된다.

짧고 단순한 파이썬 분석기

> **경고**
>
> 여러분이 직접 문법 생성물에 대한 방문자 패턴을 만들려고 한다면 여기서 책을 멈춰야 한다. 내가 다음에 보여줄 예제가 이 내용이다. 따라서 스포일러가 될 수 있다.

방문자 패턴의 개념은 괴상하게 보일 수 있다. 하지만 하나하나 따져보면 이해될 것이다. 각각의 문법 생성물은 각각의 단계에서 해야 할 일들이 무엇인지 알고 있다. 따라서 우리는 필요한 데이터 가까이 있는 그 단계의 코드를 관리할 수 있다. 방문자 패턴을 적용하는 것을 보여주기 위해 **PunyPyAnalyzer**를 사용해서 파서 내용을 출력해 볼 것이다. 아주 *간단한* 문법 생성물에 대해서 이 클래스를 적용해 볼 것이다. 이 예제를 통해서 어떻게 동작하는지 이해할 수 있을 것이다. 너무 많은 힌트를 주지 않도록 하겠다.

첫 번째 할 것은 문법 생성물이 상속하게 될 **Production** 클래스를 정의하는 것이다.

ex34a.py

```
1    class Production(object):
2        def analyze(self, world):
3            """ 분석기를 구현한다. """
```

이 클래스는 초기 **analyze()** 메소드를 가지게 되고 우리가 나중에 사용하게 될 **PunyPyWorld**를 객체로 갖는다. 첫 번째로 보게 될 문법 생성물 클래스는 **FuncCall** 이다:

ex34a.py

```
1    class FuncCall(Production):
2
3        def __init__(self, name, params):
4            self.name = name
5            self.params = params
6
7        def analyze(self, world):
8            print("> FuncCall: ", self.name)
9            self.params.analyze(world)
```

함수 콜에는 이름과 매개변수가 있다. 함수 콜의 매개변수에 대한 정보를 다는 것이 Parameters 클래스다. analyze() 메소드를 보자. PunyPyAnalyzer를 만들어 보면 이 것이 어떤 식으로 실행되는지 알 수 있다. 함수가 들어오면 param.analyze(world)를 함수 매개변수 각각에 대해서 호출해 준다:

```
                                                          ex34a.py
1      class Parameters(Production):
2
3          def __init__(self, expressions):
4              self.expressions = expressions
5
6          def analyze(self, world):
7              print(">> Parameters: ")
8              for expr in self.expressions:
9                  expr.analyze(world)
```

함수가 호출되면 Parameters 클래스에게 함수에 대한 매개변수를 구성하는 익 스프레션들을 전달하고 Parameters.analyze는 주어진 익스프레션들의 목록을 처 리한다. 여기서는 익스프레이션이 두 개가 될 것이다:

```
                                                          ex34a.py
1      class Expr(Production): pass
2
3      class IntExpr(Expr):
4          def __init__(self, integer):
5              self.integer = integer
6
7          def analyze(self, world):
8              print(">>>> IntExpr: ", self.integer)
9
```

```
10      class AddExpr(Expr):
11          def __init__(self, left, right):
12              self.left = left
13              self.right = right
14
15          def analyze(self, world):
16              print(">>> AddExpr: ")
17              self.left.analyze(world)
18              self.right.analyze(world)
```

이 예제에서는 숫자 두 개만 추가했다. 하지만 기본 **Expr** 클래스를 생성하고, **IntExpr**과 **AddExpr**에 실제 작업이 이루어지도록 했다. 이것들 각각에도 analyze() 메소드가 있어서 자신에게 주어진 것을 처리한다.

이것으로 우리는 파스 트리에 사용할 수 있는 클래스를 가지게 되었다. 즉, 분석을 위한 기반을 만든 것이다. 분석을 위해서 우리는 변수 정의, 함수 등 우리의 Pro-duction.analyze() 메소드에 사용해야 하는 것들을 저장할 수 있어야 한다.

ex34a.py

```
1       class PunyPyWorld(object):
2
3           def __init__(self, variables):
4               self.variables = variables
5               self.functions = {}
```

Production.ananlyze() 메소드가 호출될 때, PunyPyWorld 객체가 전달되어서 analyze() 메소드가 상태를 알 수 있도록 한다. 이것을 이용해서 변수를 업데이트하고 함수를 찾는 것도 할 수 있다. 즉, 필요한 모든 것들을 할 수 있는 것이다.

이제 파스 트리와 저장 공간 그리고 Production을 실행할 수 있는 PunyPy Analyzer가 필요하다:

ex34a.py
```
1    class PunyPyAnalyzer(object):
2        def __init__(self, parse_tree, world):
3            self.parse_tree = parse_tree
4            self.world = world
5
6        def analyze(self):
7            for node in self.parse_tree:
8                node.analyze(self.world)
```

다음 클래스는 function hello(10+20)을 간단하게 설정한다:

ex34a.py
```
1    variables = {}
2    world = PunyPyWorld(variables)
3    # simulate hello(10 + 20)
4    script = [FuncCall("hello",
5                Parameters(
6                    [AddExpr(IntExpr(10), IntExpr(20))])
7                )]
8    analyzer = PunyPyAnalyzer(script, world)
9    analyzer.analyze()
```

지금 내가 어떻게 **script** 변수를 구성하고 있는지 이해해야 한다. 매개변수를 넘기는 과정을 보고 있는가?

파서 vs. 분석기

이번 예제에서 PunyPyAnalyzer가 NUMBER 토큰을 숫자로 변경한다고 가정한다. 다른 언어의 경우, 토큰은 그대로 두고 PunyPyAnalyzer가 이것을 변환하도록 할 수 있다. 파서에서 처리하면 포매팅을 하는 과정에서 일찍 에러를 확인할 수 있다. 반면 이 작업을 분석기에서 처리하면 분석된 파일의 정보를 이용해서 도움이 되는 에러를 줄 수 있다.

도전 과제

모든 analyze() 메소드의 핵심은 단순히 내용을 출력하는 것이 아니라 각 Production 서브클래스의 내부 상태를 변경하는 것이다. 그래서 인터프리터가 이것을 스크립트처럼 실행할 수 있게 하는 것이다. 이번 연습에서 해야 하는 작업은 문법 Production 클래스(내가 만든 것과 다를 수 있지만)를 가지고 분석할 수 있도록 하는 것이다.

내가 했던 작업을 기반으로 작업해도 된다. 필요하다면 내가 만든 분석기와 저장 공간을 사용할 수 있다. 하지만 항상 여러분 스스로 해봐야 한다. 또, **연습 33**에서 작업한 것과 내가 작업한 것을 비교해야 한다. 여러분의 것이 더 나은가? 전에 만들어둔 것들이 이번 디자인에서 동작할 수 있는가? 그렇지 못하다면 바꿔야 한다.

여러분의 분석기는 인터프리터가 잘 동작할 수 있도록 다음과 같은 것들을 해주어야 한다.

❶ 변수 정의 내용을 저장해야 한다. 실제 언어에서 이것을 위해서 아주 복잡한 네스티드 테이블(nested table)을 사용한다. 하지만 우리의 간단한 파이썬은 모든 변수들이 들어갈 수 있는 하나의 큰 테이블(TSTree 혹은 dict)만 있다고 가정한다. 즉, hello(x, y) 함수에는 x, y 매개변수가 실제로는 전역 변수가 되는 것이다.

❷ 함수의 위치를 저장해서 나중에 실행할 수 있도록 해야 한다. 우리의 파이썬은 실행할 수 있는 간단한 함수를 가지고 있다. 하지만 인터프리터가 실행하려고 할 때, 그 코드로 점프를 해서 실행할 수 있어야 한다. 가장 좋은 방법은 나중을 위해서 함수를 보관해 두는 것이다.

❸ 여러분이 생각할 수 있는 모든 에러 즉, 빠진 변수가 있는지 등을 확인해야 한다. 파이썬 같은 언어는 인터프리터 단계에 가서야 에러 체크를 하는 경우가 많기 때문이 이렇게 에러를 미리 확인하는 것은 어려운 작업이다. 여러분은 분석 단계에서 가능한 에러가 무언인지 결정하고 개발해야 한다. 예를 들어, 정의되지 않는 변수를 사용하려고 하면 어떻게 할 것인가에 대해 고민해야 한다.

❹ 파이썬의 INDENT 문법을 올바르게 개발했다면, FuncCall에 코드를 담을 수 있도록 해주어야 한다. 인터프리터가 함수를 실행할 때 필요하다. 따라서 그 코드를 가져올 수 있는 방법을 만들어야 한다.

훈련

❶ 이번 연습은 어려움이 많았을 것이다. 여기서 조금 더 발전시켜서 최소한 하나 이상의 스콥을 지원하도록 변수를 저장하는 더 나은 방법이 있을까? 'scope'은 hello(x, y)에서 x, y가 hello 함수 바깥 쪽에 있는 x, y 변수에 영향을 주지 않도록 하기 위한 장치이다.

❷ 스캐너, 파서, 분석기에서 할당을 구현해 보자. 즉, x=10+14를 처리할 수 있어야 한다는 뜻이다.

　'표현(expression)'과 '구문(statement)' 프로그램 언어의 차이점을 조사한다. 간략하게 설명하면 표현만 있는 언어는 모든 것들이 그것과 관련된 반환값을 가지고 있다. 반면 다른 종류의 언어들은 값을 가지고 있는 표현과 값이 없는 구문을 가지고 있다. 그래서 변수를 구문에 할당하면 에러가 난다. 파이썬은 어느 쪽인지 생각해보자.

인터프리터

파 싱에 관련된 마지막 연습 문제는 도전적이면서 재미있었다. 끝으로 여러분의 작은 파이썬 스크립트를 실행시켜 보고 무엇을 할 수 있는지 알아보자. 이번 연습에서는 앞에 우리가 힘들게 만들었던 것들과 파싱이라는 개념을 다시 확인하는 좋은 주제가 될 것이다. 여러분이 여기까지 진행을 하면서 이해되지 않는 부분이 있었다면 다시 돌아가 다시 학습하고 연습을 이어가자. 이번 연습을 더 진행하기 전에 이번 Part의 내용을 반복해서 보는 것이 Part 5의 마지막 두 연습 문제를 공부하는 데 도움이 될 것이다.

이번 연습에서는 의도적으로 코드를 포함시키지 않았다. 내가 설명하는 인터프리터의 동작에 대한 설명을 기반으로 여러분의 인터프리터를 만들어 보자. 여러분에게 이미 파이썬이 있으니 전에 개발한 작은 파이썬 예제를 레퍼런스로 사용할 수 있다. 여러분은 이미 방문자 패턴으로 파스 트리를 탐색하는 방법을 알고 있다. 여러분이 인터프리터를 하기 위해서 더 알아야 할 것은 모든 것들을 조합해서 스크립트를 실행하는 것뿐이다.

인터프리터 vs. 컴파일러

프로그래밍 언어에는 인터프리터와 컴파일러가 있다. 컴파일러는 소스를 받아서 스캔, 파싱 그리고 분석 단계를 거친다. 우리가 다루었던 단계들이다. 이후 컴파일러는 분석된 내용을 기반으로 기계 코드를 생성한다. 파스 트리를 탐색하고 그것을 실제 CPU에서 실행할 수 있는(혹은 가상의 CPU를 대상으로 하는) 바이트를 생성한다. 어떤 컴파일러는 입력된 소스 코드를 중간 언어로 번역하는 단계를 거치기도 하는데, 중간 언어는 보통 기계에 맞는 코드로 다시 컴파일되어 실행된다. 컴파일러는 일반적으로 바로 실행할 수 없다. 먼저 소스 코드를 컴파일러로 실행시켜야 한다. 그리고 나서 나온 결과를 실행하는 것이다. C가 대표적인 컴파일러이다. 다음과 같은 방식으로 C 프로그램을 실행시킨다.

```
$ cc ex1.c -o ex1
$ ./ex1
```

cc 커맨드는 C 컴파일러이다. ex1.c 파일을 가지고 스캔, 파스 그리고 분석한다. 그 후 실행할 수 있는 바이트를 ex1 파일로 만든다. 그렇게 되면 일반 프로그램 실행 방식으로 프로그램을 실행시킬 수 있다.

인터프리터는 직접 실행시킬 수 있는 컴파일된 바이트코드를 만들지 않는다. 대신 분석된 결과를 실행시킨다. 입력된 언어를 인터프리팅하는 것은 영어와 태국어를 할 수 있는 사람이 영어를 태국 친구에게 통역하는 것과 같다. 인터프리터는 소스 파일을 로드하고 스캔, 파스 그리고 분석한다. 이것은 컴파일러가 했던 과정과 동일하다. 이후에 분석된 내용을 기반으로 자신의 언어(여기서는 파이썬)를 실행하는 것이다.

자바스크립트 인터프리터를 파이썬으로 구현한다면, 파이썬으로 자바스크립트를 인터프리팅하는 것이다. 자바스크립트가 영어가 되고 인터프리터가 그것을 파이썬(태국어)으로 즉석에서 번역하는 것이라고 할 수 있다. 내가 1+2라는 자바스크립트를 파이썬으로 실행하고 싶다면 다음과 같이 할 것이다.

❶ 1+2를 스캔하고 토큰 INT(1) PLUS INT(2)를 생성한다.

❷ 이것을 익스프레션 AddExpr(IntExpr(1), IntExpr(2))로 파싱한다.

❸ 이것을 분석해서 문자열 1, 2를 실제 파이썬 인터프리터에 변환 요청을 한다.

❹ 파이썬 코드 result=1+2로 인터프리팅한다.

연습
35

비교해 보면 컴파일러는 단계 ❶에서 ❸까지를 모두 진행하지만 단계 ❹에는 바이트코드(기계어)를 다른 파일로 만들어서 CPU에서 실행할 수 있는 형태로 만드는 것이다.

파이썬은 컴파일러이면서 인터프리터

파이썬은 거의 최신 언어이다. 또 컴파일러와 인터프리터를 모두 수행함으로써 더 빠른 계산을 할 수 있는 장점이 있다. 파이썬은 인터프리터 같이 동작한다. 따라서 컴파일 단계를 거쳐야 하는 것은 아니다. 인터프리터는 대체적으로 아주 느리다. 이 때문에 파이썬은 중간 가상 머신(virtual machine) 같은 것을 가지고 있다. 파이썬 **ex1.py**를 실행한다고 했을 때 파이썬은 이 소스를 실행하고 컴파일해서 **ex1.cpython-36.pyc** 파일을 **__pycache__** 디렉토리에 만든다. 이 파일은 파이썬 프로그램이 노드하고 실행하는 방법을 알고 있는 바이트코드로, 마치 가짜(fake) 머신 코드 같이 동작한다.

여러분이 만들 인터프리터가 파이썬처럼 환상적일 필요는 없다. 우리가 만든 간단한 파이썬 스크립트를 스캔, 파싱, 분석하고 실행시킬 수만 있으면 된다.

인터프리터 작성하기

인터프리터를 작성할 때, 여러분은 앞서 배운 모든 단계를 통해서 빠지거나 잘못된 부분들을 수정해야 한다. 먼저 숫자를 더하는 것을 예제에서 해보자. 그리고 나서 스크립트를 점점 복잡하게 바꿔가면서 작업한다. 다음과 같이 할 수 있다.

❶ AddExpr 클래스에 interpret 메소드를 추가하고 여기에 메시지를 출력하도록 한다.

❷ 인터프리터가 이 클래스를 방문할 수 있도록 하고 실행에 필요한 PunyPyWorld를 넘겨준다.

❸ AddExpr.interpret에서 두 개의 익스프레션을 더해 결과를 반환할 수 있도록 한다.

❹ 이 인터프리터 단계에서의 결과가 어디로 가야 하는지 알아야 한다. 최대한 간단하게 하기 위해서 우리가 만들고 있는 파이썬을 익스프레션 기반 언어라고 가정한다. 그러면 모든 것들이 결과를 리턴하게 된다. 이런 경우 인터프리터에 호출을 하면 호출의 반환값을 사용할 수 있다.

❺ 마지막으로, 파이썬 언어는 표현 기반이기 때문에, interpret 호출 결과를 출력할 수 있다.

여기까지 설명한 내용을 구현하게 되면 기본적인 인터프리터를 가지게 된 것이다. 이제 스크립트 실행에 필요한 다른 것들을 interpret 메소드에 구현하면 된다.

도전 과제

우리의 작은 파이썬 언어를 위한 인터프리터를 만드는 것은 방문자 패턴을 한번 더 쓰기만 하면 된다. 이 패턴으로 분석 트리를 탐색하면서 파스 트리가 하려고 하는 것을 실행하기만 하면 된다. 여러분의 목표는 예제로 제시한 스크립트를 실행시키는 것이다. 단 세 줄로 구성된 소스를 실행시키는 것이 어리석게 보일 수도 있다. 하지만 이 세 줄의 코드가 프로그래밍에서의 많은 범위를 커버한다: 변수, 더하기, 표현, 함수 정의, 그리고 함수 콜. if 구문을 구현하면 거의 완전한 프로그래밍 언어를 가지게 되는 것이다.

여러분의 일은 PunyPyInterpreter 클래스를 작성하는 것이다. 이 클래스는 스크립트를 실행하기 위해 PunyPyWorld와 PunyPyAnalyzer를 실행한 결과를 가지게 된다. 간단히 값을 출력할 수 있도록 print를 구현하게 될 것이다. 하지만 나머지 코드들은 각각의 **production** 클래스를 탐색하면서 실행해야 한다.

❶ PunyPyInterpreter를 만들면 if 구문과 부울 익스프레션(boolean expression)을 구현해야 한다. 그리고 언어에 대한 테스트도 이것을 반영할 수 있도록 확장시켜야 한다. 파이썬 인터프리터를 최대한 잘 만들어 보자.
❷ 우리의 파이썬 언어에 구문까지 가질 수 있게 하려면 무엇을 해야 할까?

• 추가 학습 •

이제 여러분이 좋아하는 언어에 대해 문법과 규약까지 공부할 수 있어야 한다. 좋아하는 언어를 찾아 공부하자. 이때 소스 코드로 언어를 공부하도록 하자. 그리고 다음 두 연습을 위해서 https://tools.ietf.org/html/rfc5234에 있는 IETF ABNF 스펙에 대한 공부도 철저히 해야 한다.

간단한 계산기

이번 도전은 그동안 파싱에 대해서 배웠던 내용을 사용해서 간단한 대수 계산기를 만드는 것이다. 여러분은 기본적인 수학 계산을 할 수 있고 변수를 가지고 있는 언어를 디자인해야 한다. 언어에 대한 ABNF를 만들고 스캐너, 파서, 분석기 그리고 인터프리터를 작성해야 한다. 계산기 제작을 위해 일을 너무 복잡하게 하고 있는 것은 아닌지 생각할 수도 있다. 이 계산기는 함수 같은 것을 가지고 있지도 않는데 말이다. 하지만 모든 절차들을 다시 공부하는 셈치고 해보자.

도전 과제

사람들마다 대수 언어를 다르게 사용할 수 있다. 그러므로 유닉스에 있는 bc 커맨드를 사용해 보았으면 한다. 다음은 bc 커맨드 실행을 보여주고 있다.

```
$ bc
bc 1.06
Copyright 1991-1994, 1997, 1998, 2000 Free Software Foundation, Inc.
This is free software with ABSOLUTELY NO WARRANTY.
For details type 'warranty'.
x = 10
y = 11
j = x * y
j
110
```

변수를 만들어 숫자(정수, 소수점이 있는 수)를 넣고, 많은 오퍼레이션들을 가지고 있는 계산기를 만들고 싶을 것이다. 여러분이 bc 혹은 파이썬 셸을 가지고 여러 가지를 해볼 수 있다. 그리고 나서 ABNF로 의도하는 것을 만들어 보자. 이때 만든 ABNF는 거의 의사 코드 같은 것으로 엄밀하지 않아도 된다. 스캐너와 파서를 만들 수 있을 정도면 된다.

일단 ABNF 형식으로 대략적으로 문법을 작성하고 나면, 스캐너와 파서를 작성할 수 있다. 그리고 여러분이 만들 언어가 해야 하는 것들에 대한 간단한 스크립트를 만들 수 있다. 이때 만든 스크립트는 테스트를 통해서 각 단계별로 실행시킬 수 있다. 이렇게 만들어 두면 계산기를 더 쉽게 테스트할 수 있다.

파서를 만들고 나면 분석기를 만들어서 스크립트의 의미를 분명히 하고 오류를 체크할 수 있도록 해야 한다. 이번 같은 간단한 언어에는 필요하지 않을 수도 있다. 이번 연습은 작은 언어로 전체 프로세스를 완성하는 것이다. 분석기에서 해야 할 큰 작업은 정의한 변수를 보관하는 것이다. 저장된 변수들을 인터프리터가 스크립트를 실행하면서 사용할 수 있도록 해야 한다.

파스 트리를 생성하는 분석기를 만들고 나면, 분석 트리를 실행할 수 있는 인터프리터를 만들어야 한다. **연습 35**에서 언급했던 것처럼 인터프리터를 작성하는 두 가지 방법이 있다. 하나는 문법 트리를 입력으로 받아서 실행하는 방법을 알고 있는 머신을 만드는 것이다. 이 머신은 여러분이 만든 문법 클래스들(Expression, Assigment 등)을 마치 기계어처럼 보고 실행시킨다. 파이썬 같은 OOP 언어들은 다른 방식으로 만들 수 있다. 즉, 각각의 Production 클래스가 자신이 실행되는 방법을 알도록 하는 것이다. 이 스타일에서 클래스에게는 실행 환경이 주어지고, 클래스는 이런 환경을 인식할 만큼 똑똑하다. 스스로 실행하는 방법에 따라서 실행한다. 그러면 모든 작업이 완료될 때까지 문법 Production 목록을 따라가면서 호출하기만 하면 된다.

무엇을 선택하느냐에 따라 인터프리터의 상태를 저장해야 하는 위치가 결정된다. 여러분이 Interpreter 클래스가 Production 데이터 객체를 실행할 수 있게 하면 Interpreter가 모든 상태를 저장하고 계산한다. 하지만 이 경우 언어를 확장하기 더 어려워진다. 모든 Production 클래스에 대한 Interpreter를 개선해야 하기 때문이다. 각각의 Production 클래스가 자신이 실행되는 코드를 알고 있도록 하면, 각 Production 사이의 컴퓨터 상태를 전달할 수 있는 방법을 찾아야 한다.

이 작업을 할 때, 먼저 더하기 같은 아주 간단한 익스프레션으로 작업을 시작하는 것이 좋다. 스캐너를 시작으로 간단한 덧셈을 할 수 있도록 전체 시스템을 구성하는 것이다. 디자인이 마음에 들지 않으면 버리고 다른 방식으로 해본다. 여러분이 디자인한 것이 동작하면 다른 기능들을 언어에 추가하는 식으로 작업을 진행하자.

❶ 언어를 만들 때 가장 좋은 훈련 방식은 계산하고 결과를 반환하는 함수를 만들어 보는 것이다. 이것을 할 수 있으면 더 큰 언어에도 동작할 것이다.
❷ 다음으로 해봐야 할 것은 if 구문과 부울 검사를 이용해서 흐름 제어를 할 수 있도록 하는 것이다. 너무 어렵다고 생각할 수 있다. 당연하다. 하지만 한번 시도해 보자.

● 추가 학습 ●

bc 혹은 파이썬에 대해서 최대한 많은 것을 조사해 보자. 다양한 문법 파일들 찾아서 읽어 보고 공부하자. 특히 IETF 프로토콜 설명을 보자. IETF 규약(프로토콜)에는 흥미로운 내용들이 많다. 어렵겠지만 좋은 연습이 될 것이다.

리틀 베이직

이제 시간 여행을 해서 내가 어린 시절에 베이직 인터프리터를 구현하던 때로 돌아가 보자. 내가 말하는 것은 '아주 간단한 인터프리터'를 의미하는 베이직이 아니라 프로그래밍 언어인 베이직(BASIC)을 말하는 것이다. 베이직은 아주 초창기의 프로그램 언어로 원래 존 케메니(John Kemeny)와 토마스 커츠(Thomas Kurtz)가 다트머스(Dartmouth)에서 만들었다. 이때 만들어진 버전을 다트머스 베이직(Dartmouth BASIC)이라고 한다. 다트머스 베이직 위키피디아 페이지(https://en.wikipedia.org/wiki/Dartmouth_BASIC)에 있는 코드를 보면 다음과 같은 형태였다.

```
5 LET S = 0
10 MAT INPUT V
20 LET N = NUM
30 IF N = 0 THEN 99
40 FOR I = 1 TO N
45 LET S = S + V(I)
50 NEXT I
60 PRINT S/N
70 GO TO 5
99 END
```

왼쪽에 보이는 숫자들은 프로그래밍을 하면서 직접 넣는 줄 번호다. 여러분은 각 줄에 줄 번호를 붙여 넣고 반복하려는 줄로 이동(GO TO 명령)하도록 베이직에게 명시해서 반복할 수 있다. 이것은 나중에 다른 베이직에서 GO TO가 되었다. 컴퓨팅 분야의 심볼 같은 것이다.

베이직 위키피디아 페이지(https://en.wikipedia.org/wiki/BASIC)에서 이후에 개발된 베이직 버전들도 찾을 수 있다. 이 목록은 베이직 언어가 지속적인 발전을 거듭해서 더 현대적인 형태로 변화되고 있는 것을 보여준다. 나중에 베이직은 C나 Algol의 구조체 같은 것이 들어가고 OOP도 들어간다. 오늘날처럼 발전된 형태의 베이직이 만들어졌다. 최신의 베이직을 보고 싶으면 http://gambas.sourceforge.net/en/main.html 에 있는 감바스 베이직(Gambas Basic)을 확인해 보자.

도전 과제

이번 도전은 초기 베이직 인터프리터를 개발해보는 것이다. 수동으로 라인 넘버를 지정해야 하고 모든 것들이 대문자로 구성되어 있는 형태 말이다. 가능한 토큰과 샘플 코드을 확인하기 위해서 베이직 위키피디아나 다트머스 베이직 위키피디아 페이지에서 더 많은 자료를 볼 수 있다. 여러분의 인터프리터는 최대한 초기 베이직을 처리할 수 있어야 하고 올바른 결과를 만들어야 한다.

베이직 인터프리터를 만들 때, 간단한 수식을 처리하고, 출력할 수 있도록 해보자. 그리고 라인 넘버를 추적하도록 해보자. 그리고 나서 GOTO를 처리할 수 있도록 하는 것이다. 여기까지 했다면, 나머지 것들을 끝내고 천천히 테스트 프로그램을 개발해서 인터프리터가 잘 동작하는지 확인하는 작업을 한다.

행운을 빈다. 이번 작업은 시간이 조금 걸릴 것이다. 하지만 분명 재미있는 작업이 될 것이다. 나는 이것과 비슷한 작업에서 그래픽 기능 같은 것을 추가하느라 몇 달이 걸린 적도 있다. 어렸을 때, 베이직 코드를 많이 작성했었다. 그래서 각각의 줄에 숫자를 부여하는 것이 익숙해진 것 같다. 이게 Vim을 좋아하게 된 이유이기도 하다.

훈련

이번 연습은 어려운 과제이다. 하지만 더 도전하고 싶으면 다음과 같은 것들을 해보자.

❶ SLY(https://github.com/dabeaz/sly)와 같은 파서 생성기를 사용해 인터프리터를 만들어 보자. ABNF가 있으면 작업이 쉽다. 하지만 BASIC 같은 언어의 경우는 더 어려울 것이다. 하지만 한번 해보기 바란다.

❷ '구조화된 베이직'을 만들어서 함수, 반복문, if 구문, 그리고 C와 파스칼 같은 OOP가 아닌 언어에서 찾을 수 있는 모든 것을 가진 버전을 만들어 보자. 이 작업은 쉽지 않을 것이다. 이것에 도전한다면 RDP 파서를 직접 만드는 것을 추천하지 않는다. SLY 같은 툴을 사용해 파서를 만들고 더 중요한 일에 머리를 쓰도록 하자.

Learn MORE PYTHON 3 the HARD WAY

PART 6

SQL과
객체 관계형 맵핑

이번 Part에서 다룰 주제는 이 책의 남은 분량에서 다루기에 적합하지 않지만 주니어 개발자들이 꼭 이해해야 할 내용이다.

데이터를 SQL(sequel, '시퀄'이라고 발음한다) 데이터베이스로 구조화하는 방법을 배우면 데이터를 논리적으로 저장하는 방법에 대해서 알 수 있다. 효과적으로 데이터를 분리하고 저장하고 접근하는 방법에 대해서 오랜 시간 동안 정립된 방법들이 많다. 최근 몇 년간 NoSQL 데이터베이스의 개발이 진행되면서 변화가 있었지만 관계형 데이터베이스의 기본 개념들이 아직도 유용하다. 데이터를 저장해야 하는 모든 곳에 데이터를 구조화하고 이해하는 것이 필요하다.

대부분의 연습들이 SQL 데이터베이스를 사용하는 것과 관련 있다. 따라서 시스템에 **sqlite3**가 없으면 테스트를 위해서 해당 웹 페이지(https://www.sqlite.org/download.html)에서 **sqlite3**를 다운로드 받아 설치해야 한다. 파이썬을 사용하고 있으니 대부분 파이썬 설치와 함께 이미 설치가 되어 있을 것이다. 하지만 경우에 따라서 안된 경우도 있으니 다음 명령을 통해서 실행되는지 확인해 보자.

```
>>> import sqlite3
```

위 명령이 실행되지 않으면 **sqlite3**가 설치되어 있지 않은 것이다. 그럼 이것이 왜 빠져있는지 이유를 찾아야 한다. 파이썬에는 이것을 사용하기 전에 설치해야 하는 패키지들이 있을 것이다.

SQL을 이해하는 것은 테이블을 이해하는 것

이번 Part에 있는 연습을 본격적으로 진행하기 전에 많은 SQL 초보자들을 혼란스럽게 하는 하나의 개념을 이해할 필요가 있다.

SQL 데이터베이스 세상에서 모든 것은 테이블이다.

이 문구를 마음 속에 새겨두자. '테이블'은 정확히 스프레드시트 같은 것이다. 왼쪽에 행(로, row)들이 있고 상단에 열(칼럼, column)이 있다. 일반적으로 칼럼에 데이터에 대한 이름을 지정한다. 그리고 로는 테이블에 넣으려는 데이터를 의미한다. 이때 데이터는 계정 정보, 사람 목록, 그들의 정보, 음식 비법, 혹은 차들에 대한 것들도 될 수 있다. 각 로는 차가 되고 칼럼은 우리가 저장해야 하는 차에 대한 속성들이다.

대부분의 프로그래머들은 데이터가 트리 같은 구조를 가지고 있다고 생각하기 때문에, 많은 프로그래머들이 테이블 개념을 혼란스러워 한다. 객체와 그 객체 안의 객체들은 데이터에 맵핑되어 있는 문자열, 그 문자열을 dict로 가지고 있고 그것을 리스트로 가진다. 객체들에 데이터가 포함되어 있다. 이런 데이터 구조 스타일과 테이블 형식은 근본적으로 다르다. 대부분의 프로그래머들에게 이 두 개의 구조(테이블과 트리)가 공존할 수 없다. 하지만 트리와 테이블은 실제로는 비슷하다. 거의 모든 트리를 비슷한 행렬(matrix)로 맵핑시킬 수 있다. 하지만 SQL 데이터베이스를 다른 관점에서 이해해야 한다. 즉, 관계라는 것이다.

SQL 데이터베이스는 관계를 가지고 있기 때문에 스프레드시트보다 더 유용하다. 스프레드시트는 완전한 시트를 만들고 그곳에 다양한 데이터를 넣을 수 있다. 하지만 다양한 시트를 서로 연결하는 것은 쉽지 않다.

SQL 데이터베이스의 목적은 여러 테이블을 연결해서 다른 테이블 혹은 여러 칼럼을 같이 사용할 수 있도록 한다. SQL 데이터베이스 천재들은 하나의 구조(테이블)를 이용해 서로 연결 구조를 만들어 상상할 수 있는 거의 모든 데이터 구조를 만들 수 있다.

SQL 데이터베이스의 관계에 대해서 앞으로 배우게 되겠지만 여기서 간단하게 설명하면 데이터의 트리를 만들 수 있다면 그 트리를 하나 혹은 그 이상의 테이블로도 동일한 것을 만들 수도 있다. 우리는 파이썬의 클래스 관계를 SQL 테이블로 변화는 단계를 다음과 같이 요약해볼 수 있다.

❶ 모든 클래스에 대해서 테이블을 만든다.
❷ 부모를 가리키는 ID를 자식 테이블에 설정한다.
❸ 리스트로 연결된 두 개의 클래스 사이의 연결 테이블을 생성한다.

실제는 이것보다 훨씬 복잡하지만 클래스들을 SQL로 변환할 때 여러분이 해야 하는 중요한 것들이다. 사실 디장고(Django) 같은 시스템에서 주로 하는 것은 위 세 가지를 조금 더 복잡하게 하는 것뿐이다.

■ 배우게 될 것들

이번 Part의 목적은 SQL 시스템 관리 방법을 가르치려는 것이 아니다. 관리 방법을 배우고 싶으면 유닉스에 대한 것을 배우고 자격을 인증해 주는 회사에 가서 기술에 대한 자격을 취득하면 된다. 재미있는 일은 아니다. 마치 수많은 고양이가 있는 보호소에서 이들을 돌보는 것과 비슷하다. 다 큰 고양이 말이다. 아기 고양이가 아니다.

Part 6에서 마지막까지 배우게 될 것은 SQL이 동작하는 기본적인 방법이다. SQL을 짧게 공부하고 Django의 ORM(Object relational mapper)과 비슷한 것을 만드는 것으로 마무리할 것이다. 이번 Part는 SQL이 동작하는 방식을 이해해 보는 것으로 시작해서 Django 같은 시스템이 어떤 일을 하고 있는지 알아볼 것이다.

여러분이 이번 Part에서 다루는 것 이상을 배우고 싶으면, 조 셀코(Joe Celko)의 『SQL for Smarties(똑똑이들을 위한 SQL)』 5판, Morgan Kaufmann 출판사, 2014을 공부해 보자. 분량이 많지만 거의 모든 내용을 담고 있다. 조 셀코는 SQL의 전문가다. 조의 책을 공부하면 SQL을 더 잘 사용할 수 있을 것이다.

연습 38   SQL 소개

데이터 모델링을 배우는 가장 좋은 방법은 가장 기본적인 빌딩 블록을 가지고 시작하는 것이다. 데이터베이스의 SQL은 수십 년간 데이터 모델링과 저장을 위한 표준이 되어 왔다. 기본적인 SQL을 알고 나면 NoSQL 혹은 ORM 시스템 같은 것들을 쉽게 사용할 수 있게 된다. SQL은 데이터를 저장, 조작, 접근할 수 있는 정형화된 방법으로 데이터에 대해서 정식으로 생각해볼 수 있는 방법을 제시한다. SQL은 크게 어렵지 않다. SQL 자체가 완전한 프로그래밍 언어는 아니다.

SQL은 어디에나 쓰인다. 여러분들에게 SQL을 쓰라고 말하기 위해서 하는 소리가 아니다. 사실이다. 내가 장담하는데 여러분들 주머니에도 있다. 모든 안드로이드 폰과 아이폰은 SQLite라고 불리는 SQL 데이터베이스를 사용하고 있다. 그리고 핸드폰에 있는 많은 애플리케이션이 이 데이터베이스에 직접 접근하고 있다. SQL은 은행, 병원, 대학교, 정부, 작은 기업뿐 아니라 큰 기업에도 쓰인다. 이 지구상의 모든 컴퓨터와 사람들은 SQL을 사용해서 뭔가를 하고 있는 것이다. SQL은 놀랍도록 성공적이면 안정적인 기술이다.

SQL이 가지고 있는 문제는 사람들이 이것의 핵심을 싫어하고 있는 것처럼 보인다는 것이다. SQL은 많은 프로그래머들에게 언어 같지 않는 이상한 것으로 여겨진다. SQL은 아주 오래 전에 디자인되었다. '웹 스케일' 혹은 '객체 지향형 프로그래밍' 같은 문제들이 있기도 전에 말이다. 비록 단단한 수학적인 이론 위에 만들어지기는 했지만 그럼에도 불구하고 SQL은 좀 이상하다. 트리, 내장 객체 그리고 부모와 자식 간의 관계? SQL은 여러분을 비웃으며 엄청나게 큰 테이블을 던져 주고 "한번 이해해

보시지, 친구"라고 이야기하는 것 같다.

모든 사람들이 SQL을 그렇게 싫어하는데 왜 여러분이 SQL을 배워야 할까? 사람들이 SQL을 실행하는 이유는 SQL이 무엇이고 어떻게 사용해야 하는지에 대한 이해가 부족하기 때문이다. NoSQL 운동은 부분적으로 기존 데이터베이스 서버에 대한 반작용이다. 또 SQL이 어떻게 움직이는지에 대한 무지에서 태어난 SQL에 대한 공포감의 소산이다. SQL을 통해 실질적으로 거의 모든 데이터 저장 시스템에 과거부터 현재까지 적용된 중요한 이론적인 개념을 배우게 될 것이다.

SQL을 싫어하는 사람들이 어떤 말을 하건 SQL은 꼭 배워야 하는 기술이다. 모든 것에 쓰일 뿐 아니라 실제로 SQL을 배우는 것이 그렇게 어렵지 않기 때문이다. SQL을 배우면 어떤 데이터베이스를 사용할지, SQL을 사용해야 할지 말아야 할지에 대해 올바른 결론을 내릴 수 있다. 또 프로그래머로써 작업하게 될 수많은 시스템을 더 깊이 이해할 수 있게 된다.

SQL은 무엇인가?

나는 SQL을 '시퀄(sequel)'이라고 하지만 '에스 큐 엘'이라고 불러도 괜찮다. SQL은 구조화된 질의 언어(Structured Query Language)를 의미한다. 하지만 지금에 와서는 이런 것을 신경 쓰지 않는다. SQL이라는 것을 마케팅으로만 사용하고 있기 때문이다. SQL은 데이터베이스에서 데이터를 다루기 위한 언어이다. SQL의 장점은 수년 전에 정립된, 잘 구조화되어 있는 데이터 속성을 정의하는 이론과 거의 같다는 점이다. SQL이 그 이론과 완전히 같지는 않지만(일부 폄하하는 사람에게는) 거의 동일하다.

SQL이 동작하는 방식은 테이블에 있는 필드를 이해하고, 필드의 내용을 기반으로 테이블에서 데이터를 찾는 방법을 이해하는 것이다. 모든 SQL 오퍼레이션들을 우리가 알고 있는 기준으로 나누어 보면 다음 네 가지로 분류할 수 있다.

생성(Create)	테이블에 데이터를 넣는다.
읽기(Read)	테이블의 데이터를 조회한다.
업데이트(Update)	테이블에 이미 있는 데이터를 변경한다.
삭제(Delete)	테이블에서 데이터를 제거한다.

이것은 약자로 CRUD라고 한다. 이것은 모든 데이터 저장 시스템이 반드시 가지고 있어야 하는 기본적인 기능으로 간주된다. 이 네 가지 중에 하나라도 없으면 분명 중요한 이유가 있어야 한다.

SQL이 동작하는 방식을 설명하는 좋은 방법으로 엑셀과 같은 스프레드시트 소프트웨어와 비교하는 것이다.

- 데이터베이스는 스프레드시트 파일 전체다.
- 테이블은 스프레드시트에는 탭/시트 같은 것으로 이것들은 각각의 이름이 있다.
- 열은 동일하다.
- 행도 동일하다.
- SQL은 *기존에 있는 데이터를 변경*하거나 *새로운 테이블을 만들기* 위해서 CRUD 오퍼레이션을 할 수 있는 언어다.

이중 마지막이 가장 중요하다. 이를 이해하지 못하기 때문에 문제가 생기는 것이다. SQL은 오직 테이블만 다룬다. 모든 오퍼레이션들은 테이블을 생성한다. SQL은 기존의 것을 조작해서 테이블을 만들고 데이터 세트로 임시 테이블을 반환한다.

이 책을 읽으면서 여러분은 이 디자인의 중요성을 이해하기 시작할 것이다. 예를 들어, 객체 지향 언어와 SQL 데이터베이스가 맞지 않는 한 가지 이유가 OOP가 그래프 같은 것을 이용해서 데이터를 표현하지만 SQL은 테이블만 반환하려고 하기 때문이다. SQL은 어떤 그래프이건 테이블로 만들 수 있고 그 반대로도 가능하다. 하지만 이런 것을 하려면 OOP 언어에서 변환을 시켜주어야 한다. SQL이 내포된 데이터 구조를 반환할 수만 있으면 이런 문제가 없을 것이다.

데이터베이스 준비하기

SQLite3를 이번 세션 연습 도구로 사용할 예정이다. SQLite3는 완전한 데이터베이스 시스템으로 거의 설정이 필요하지 않다. 바이너리를 다운로드 받아서 다른 스크립트 언어처럼 동작시키면 된다. 이것을 이용하면 데이터베이스 서버를 관리하지 않고서도 SQL을 배울 수 있다.

SQLite3를 설치하는 것은 아주 쉽다. 다음 중에 하나만 하면 된다.

❶ SQLite3 다운로드 페이지(http://www.sqlite.org/download.html)에 가서 각자 플랫폼에 맞는 바이너리를 가져온다. 'Precompiled Binaries for X'라는 것을 찾는다. 여기서 X는 여러분이 선택한 운영 체제를 의미한다.

❷ 여러분의 운영 체제의 패키지 매니저를 사용해서 설치한다. 리눅스를 사용하고 있으면 무슨 말인지 알 것이다. 맥OS을 사용하고 있으면 먼저 패키지 매니저를 설치하고 나서, SQLite3를 설치한다.

인스톨을 끝내면 커맨드 라인을 시작해서 실행시키자. 다음은 잘 설치되었는지

테스트해 보는 예제다:

```
$ sqlite3 test.db
SQLite version 3.7.8 2011-09-19 14:49:19
Enter ".help" for instructions
Enter SQL statements terminated with a ";"
sqlite> create table test (id);
sqlite> .quit
```

　　test.db 파일을 찾아보자. 파일이 있으면 잘 동작한 것이다. 이것으로 모든 준비가 끝났다. 여러분이 가지고 있는 SQLite3의 버전이 내가 가지고 있는 버전(3.7.8)과 같아야 한다. 이전 버전은 동작하지 않을 수 있다.

SQL 용어 배우기

　　SQL을 배우기 위해서 SQL 용어에 대한 플래시 카드(혹은 Anki를 사용할 수도 있다)를 만들어 보자. 나중에 연습 문제를 통해서 여러분이 배운 것 하나하나를 다양한 문제에 적용하게 될 것이다. SQL 언어를 생각하는 가장 좋은 방법은 결국 Create, Read, Update, Delete 오퍼레이션을 수행하는 것이다. INSERT라는 것을 생각할 때도, 이것을 Create 오퍼레이션으로 생각하게 될 것이다. 이것이 결국 데이터를 생성하는 것이기 때문이다. 이번 섹션을 연습하면서 처음에 SQL 용어에 대해서 기억하는 시간을 갖고 훈련을 해보자.

CREATE	데이터의 칼럼(column, 열)을 저장할 수 있는 데이터베이스 테이블을 생성한다.
INSERT	데이터베이스 테이블에 로(row, 행)를 추가하고 데이터 칼럼을 채운다.
UPDATE	테이블에 하나 혹은 그 이상의 칼럼을 변경한다.
DELETE	테이블에 있는 로를 삭제한다.
SELECT	테이블 혹은 테이블들을 조회해서 결과를 임시 테이블로 반환한다.
DROP	테이블을 삭제한다.
FROM	SQL에서 자주 사용하는 부분으로 사용할 테이블 혹은 칼럼을 지정한다.
IN	엘리먼트 집합을 나타내는 데 사용한다.
WHERE	쿼리에 사용되고 데이터가 어디서 와야 하는지 지정한다.
SET	update와 같이 사용되며 칼럼의 값이 어떻게 설정되는지 지정한다.

SQL 문법

다음으로 SQL의 중요한 문법 구성에 대해서 배우고 싶을 것이다. 많지는 않지만, 플래시 카드 같은 것을 만드는 연습(혹은 Anki를 사용)을 하면, 언어를 빠르게 배울 수 있다. 여러분이 배울 문법은 이 책에서 언급한 SQLite3 데이터베이스에서 사용하는 것이기도 하다. SQL은 거의 동일한 SQL 문법을 가지고 있다. 하지만 데이터베이스에 따라 다른 것은 따로 배워야 한다. SQL 문법을 배우면 다른 데이터베이스에서 사용하고 있는 것들도 이해하게 될 것이다.

SQLite3 웹 페이지(https://sqlite.org/lang.html)에 가서 플래시 카드를 만들어 보자. 이 페이지에는 SQLite를 이해할 수 있는 모든 정보들이 있다. 내가 여기서 언급했던 주요 구문에 집중해서 보자. 여러분이 이해하지 못하는 단어들을 공부하자. 이 페이지에 나오는 그림들은 약간 복잡하다. 하지만 이것들은 SQL의 BNF를 그림으로 표현한 것이다. BNF는 이미 Part 5에서 배운 것이다. ABNF가 기억나지 않으면 Part 5로 돌아가서 다시 공부를 하자.

● **추가 학습** ●

❶ SQLite3 문법 리스트로 가서 사용할 수 있는 커맨드를 쭉 둘러보자. 대부분은 이해할 수 없을 것이다. 하지만 관심 있는 부분이 있다면 그것을 플래시 카드로 만들자.

❷ 여기서 연습 하는 내내 이 카드를 반복 학습하자.

SQL로 생성하기

C RUD라고 했을 때의 C는 create, 즉 생성을 의미한다. 이것은 단순하게 테이블을 생성한다는 의미가 아니다. 데이터를 테이블에 추가하는 것을 의미하기도 한다. 또, 테이블을 이용해서 테이블들을 연결하는 것도 여기에 해당한다. CRUD의 나머지 것들(읽기, 업데이트, 삭제하기)을 하기 위해서는 테이블과 데이터가 필요하기 때문에 SQL로 가장 기본적인 생성 방법을 배운다.

테이블 생성

연습 38에서 테이블 내에 있는 데이터에 대해서 CRUD 오퍼레이션을 할 수 있다고 말을 했다. 그럼 테이블을 가장 처음에 만들려면 어떻게 해야 할까? 데이터베이스 스키마를 대상으로 CRUD를 하는 것이다. 가장 먼저 배울 SQL은 CREATE이다.

ex1.sql

```
1    CREATE TABLE person (
2        id INTEGER PRIMARY KEY,
3        first_name TEXT,
4        last_name TEXT,
5        age INTEGER
6    );
```

이 SQL문을 모두 한 줄로 쓸 수 있다. 하지만 각 줄이 의미하는 바를 설명하고 싶어서 여러 줄로 나누었다. 각 줄이 의미하는 바는 다음과 같다.

라인 1	'CREATE TABLE'로 시작하고 여기에 테이블 이름을 person으로 넣는다. 그러고 나서 이 다음에 나오는 괄호 내부에 원하는 필드를 추가한다.
라인 2	id 칼럼으로 각 로를 정확히 명시하는 데 사용될 것이다. 칼럼의 포맷은 '이름 타입'이다. 이 줄 같은 경우 INTEGER에 PRIMARY KEY로 지정했다. 이렇게 해서 SQLite3는 이 칼럼이 특별한 필드라는 것을 인식한다.
라인 3-4	first_name과 last_name 칼럼을 지정한다. 둘 다 TEXT 타입이다.
라인 5	age 칼럼은 INTEGER로 지정한다.
라인 6	칼럼 리스트의 마지막은 괄호를 닫고 세미콜론으로 마무리한다.

여러 개의 테이블 생성하기

테이블 하나만 만들어 사용하는 것은 유용한 사용법이 아니다. 나는 데이터를 저장할 수 있는 세 개의 테이블을 생성하려고 한다.

ex2.sql
```
1    CREATE TABLE person (
2        id INTEGER PRIMARY KEY,
3        first_name TEXT,
4        last_name TEXT,
5        age INTEGER
6    );
7
```

```
 8    CREATE TABLE pet (
 9        id INTEGER PRIMARY KEY,
10        name TEXT,
11        breed TEXT,
12        age INTEGER,
13        dead INTEGER
14    );
15
16    CREATE TABLE person_pet (
17        person_id INTEGER,
18        pet_id INTEGER
19    );
```

이번 예제는 두 종류의 데이터를 담는 테이블을 만들고, 이 두 테이블을 세 번째 테이블을 사용해 연결한다. 이렇게 '연결된' 테이블을 '관계(relation)'라고 한다. 하지만 병적으로 집착하는 어떤 사람들은 모든 테이블들을 관계라고 불러서 혼란을 야기한다. 이 책에서는 데이터를 가지고 있는 테이블을 그냥 테이블이라고 하고, 다른 테이블과 연결되어 있는 테이블을 '관계'라고 할 것이다.

여기서 새로울 것은 없다. person_pet을 person_id와 pet_id라고 하는 두 개의 칼럼으로 나누었다. 두 개의 테이블을 연결하는 방법으로 간단히 person_pet에 연결하고 싶은 두 개의 로에 대한 ID 칼럼 값을 테이블에 추가하기만 하면 된다. 예를 들어, person에 id=20인 로가 있고 pet에 id=98인 로가 있고 person이 pet을 소유한다는 것을 표현하고 싶으면, person_id=20, pet_id=98을 person_pet 관계(테이블)에 추가하면 된다.

우리가 위에서 설명한 것 같이 데이터를 추가하는 것은 다음 연습에서 진행할 것이다.

▬ 데이터 추가하기

여기에 작업할 테이블이 있다. INSERT 커맨드를 이용해서 데이터를 추가해 볼 것이다.

```
                                                              ex3.sql
1       INSERT INTO person (id, first_name, last_name, age)
2           VALUES (0, "Zed", "Shaw", 37);
3
4       INSERT INTO pet (id, name, breed, age, dead)
5           VALUES (0, "Fluffy", "Unicorn", 1000, 0);
6
7       INSERT INTO pet VALUES (1, "Gigantor", "Robot", 1, 1);
```

이 파일에서 INSERT 커맨드의 두 가지 다른 형식을 사용하고 있다. 첫 번째는 좀더 명확한 스타일이고, 여러분이 사용해야 할 대부분의 형식이다. 데이터를 추가할 칼럼을 명시하는데, VALUES 다음에 데이터가 온다. 이 목록들(칼럼 이름과 값들)이 괄호로 감싸져 있고 내부에서 콤마로 구분한다.

라인 7에 보이는 두 번째 버전은 칼럼들을 지정하지 않는 축약 방식이다. 이 방식은 테이블의 내부 순서에 의존한다. 그래서 명령에 어떤 칼럼이 실제로 사용될지 알수 없기 때문에 위험하다. 어떤 데이터베이스는 칼럼을 신뢰할 수 있는 순서가 없는 것도 있다. 이 방법은 정말 게을러서 칼럼을 지정하기 귀찮을 때만 사용하자.

참조 데이터 추가하기

앞에서 우리는 people과 pet 정보를 테이블에 추가했다. 여기서 빠진 것은 누가 어떤 반려동물을 소유하고 있는지에 대한 정보다. 이 데이터는 다음과 같이 person_pet 테이블에 들어간다.

```
                                                                    ex4.sql
1       INSERT INTO person_pet (person_id, pet_id) VALUES (0, 0);
2       INSERT INTO person_pet VALUES (0, 1);
```

다시 한번 명시적인 방식과 암묵적인 포맷 방식으로 INSERT 명령을 사용했다. 여기서 person에 있는 id 값(예제에서는 0)과 pet에서 가져온 id(0은 유니콘을, 1은 죽은 로봇을 의미한다)를 사용한다. person과 pet 사이를 연결하는 person_pet 테이블에 이것들을 추가한다.

도전 과제

❶ person에 들어갈 수 있는 다른 것들을 INTEGER와 TEXT 필드를 사용해서 만들어 보자.

❷ 테이블 사이를 연결하기 위해서 관계 테이블을 만들었다. 이 person_pet 관계 테이블을 제거하고, 관련 정보를 person에 직접 넣으려면 어떻게 해야 할까? 이렇게 변경하면 어떤 영향이 있을까?

❸ person_pet에 하나의 항목을 넣을 수 있다면 그 이상을 넣을 수 있을까? 고양이에게 푹 빠져 50마리를 키우고 있는 사람을 기록하려면 어떻게 해야 할까?

❹ 사람들이 소유하고 있는 자동차를 기록할 테이블과 그 관계 테이블도 만들어 본다.

❺ 여러분이 좋아하는 검색 엔진으로 'sqlite3 datatypes'를 검색해서 SQLite 버전 3 데이터 타입(Datatypes In SQLite Version 3) 문서(https://sqlite.org/datatype3.html)를 읽어 본다. 여러분이 사용할 수 있는 것과 중요하다고 생각되는 것들을 노트하자. 뒷부분에서 이 부분을 더 다룰 예정이다.

❻ 여러분과 여러분의 반려동물(혹은 좋아하는 상상의 동물)을 추가해 보자.

❼ 마지막 연습에서 person_pet 테이블을 사용하지 않는 방식으로 변경했다면 그 스키마로 새로운 데이터베이스를 만들어서 같은 정보를 추가해 보자.

❽ 데이터 타입 목록으로 돌아가서 여러분이 필요한 다양한 타입들에 대해서 노트를 해보자. 예를 들어 TEXT 데이터를 저장할 수 있는 방법이 몇 개나 되는지 적어 보자.

❾ 여러분과 여러분의 반려동물에 대한 관계를 추가해 보자.

❿ 이 테이블을 사용해서 하나의 pet을 한 사람 이상의 person이 동시에 소유할 수 있을까? 이게 논리적으로 말이 되는가? 가족 전체의 강아지는 어떤가? 가족 구성원 모두가 기술적으로 이 강아지를 소유할 수 있을까?

⓫ 앞서 person 테이블에 pet_id를 넣는 다른 방식에 대해서 언급했다. 이런 상황에는 어떤 것이 더 좋을까?

● **추가 학습** ●

https://sqlite.org/lang_createtable.html에 있는 SQLite3의 CREATE 커맨드에 대한 문서를 읽어 보고 여러분이 할 수 있는 한 다양한 경우를 리뷰하자. https://sqlite.org/lang_insert.html에 있는 INSERT에 대한 문서도 읽어야 한다. 이 문서를 통해 다른 것들도 찾아보자.

연습 40 SQL로 데이터 읽기

CRUD에서 C부분을 공부했다. 이것으로 테이블을 만들고 그 테이블에 로(row, 행)를 생성할 수 있게 되었다. 이제 데이터를 읽는 방법에 대해서 알아볼 것이다. SQL SELECT에 관한 것이다.

```
                                                              ex5.sql
1      SELECT * FROM person;
2
3      SELECT name, age FROM pet;
4
5      SELECT name, age FROM pet WHERE dead = 0;
6
7      SELECT * FROM person WHERE first_name != "Zed";
```

이 예제의 각 줄은 다음과 같은 의미를 지닌다.

라인 1	이 줄은 "person이라는 테이블에 있는 모든 칼럼(column, 열)을 다 선택해서 모든 로(row, 행)를 반환해라"라는 뜻이다. SELECT를 사용하는 형식은 "SELECT 무엇 FROM 테이블 WHERE 조건"이다. WHERE 절은 옵션이다. *(애스터리스크) 문자는 모두 칼럼을 의미한다.
라인 3	이번 명령은 pet 테이블에 두 개의 칼럼 즉, name과 age만 가져오는 것이다. 이 명령은 이 두 칼럼에 대한 모든 데이터를 반환한다.

라인 5	이제 pet 테이블에서 dead=0인 로를 찾는다. 이렇게 하면 아직 죽지 않은 반려동물만 반환한다.
라인 7	마지막으로 라인 1과 같이 person에 있는 모든 칼럼을 찾는다. 단 이번에는 'Zed'가 아닌 사람을 찾는다. WHERE 절은 어떤 로를 반환할지 말지를 결정하는 것이다.

여러 테이블의 데이터를 SELECT 하기

여러분이 테이블에서 데이터를 가져오는 것에 대해서 조금은 익숙해지기를 바란다. 이것을 꼭 기억하고 있어야 한다. *SQL은 테이블에 대해서만 알고 있다. SQL은 테이블을 사랑한다. SQL은 테이블만 반환한다. 모두 테이블, 테이블, 테이블이다. 테이블!* 내가 이렇게 테이블에 집착해서 반복하는 것을 지금까지 프로그래밍을 하면서 알게 된 것들이 별로 도움이 되지 않는다는 것을 알려주고 싶기 때문이다. 프로그래밍에는 그래프 방식을 이용해서 문제를 처리하지만 SQL은 테이블로 문제를 해결한다. 근본적인 모델이 다른 것이다.

다음은 어떤 부분에서 다른지를 보여 준다. 어떤 동물들이 제드의 반려동물인지 알고 싶다고 해보자. SELECT를 이용해 person의 자료부터 보고 나서 pets에서 찾는다. 그러므로 person_pet 테이블을 조회해서 필요한 id를 찾아야 한다. 다음과 같은 식이다.

```
1    SELECT pet.id, pet.name, pet.age, pet.dead
2        FROM pet, person_pet, person
3        WHERE
4        pet.id = person_pet.pet_id AND
5        person_pet.person_id = person.id AND
6        person.first_name = "Zed";
```

위 SQL을 보자. 아주 긴 SQL문이다. 이것을 나눠 세 테이블의 데이터와 **WHERE**를 이용해 새로운 테이블을 만드는 것을 보여주도록 하겠다.

라인 1	pet 테이블에서 일부의 칼럼 정보만 필요하다. 그래서 select에는 그것들을 명시했다. 앞에서 모든 칼럼을 나타내기 위해서 *을 사용했지만 좋은 생각은 아니다. 대신 분명하게 각 테이블에서 원하는 칼럼을 말해준다. pet.name처럼 테이블명, 칼럼명과 같은 형식을 사용한다.
라인 2	pet을 person과 연결하기 위해서 person_pet 관계 테이블을 이용하려고 한다. SQL을 이용하면 FROM 뒤에 이 모든 테이블을 나열해야 한다.
라인 3	WHERE 절의 시작이다.
라인 4	먼저, 관련 ID 칼럼들인 pet.id와 person_pet.id를 이용해서 pet과 person_pet을 연결한다.
라인 5	그러고 나서 같은 방식으로 person과 person_pet을 연결한다. 이제 데이터베이스는 칼럼들이 모두 매칭되는 로만 조회할 수 있다. 이것들은 서로 관련된 것들이다.
라인 6	마지막으로 내 이름을 비교하는 person.first_name을 추가해 내가 데리고 있는 반려동물만 요청한다.

❶ 10년 이상 된 모든 반려동물을 찾는 쿼리를 작성하라.

❷ 여러분보다 어린 모든 사람들을 찾는 쿼리를 작성한다. 그 반대의 경우도 작성해 보자.

❸ WHERE 절에 하나 이상의 테스트를 작성하기 위해 AND를 사용해서 쿼리를 작성해 보자.
예를 들어, `WHERE first_name="Zed" AND age>30`이다.

❹ AND와 OR, 세 개의 칼럼을 사용해서 원하는 로를 찾는 쿼리를 작성하라.

❺ 파이썬이나 루비 같은 언어를 알고 있다면 SQL은 정말 이상한 방식으로 데이터를 조회
하고 있다는 사실에 놀랄 것이다. 시간을 가지고 클래스와 객체를 사용해서 같은 관계를
갖는 모델을 작성해 보고, 이것을 SQL에 맵핑해 보자.

❻ 여러분이 오래 전에 입양한 반려동물을 찾는 쿼리를 작성해라.

❼ `person.name` 대신 `person.id`를 사용하는 쿼리로 변경하자.

❽ 여러분이 쿼리를 실행한 결과를 보자. 각 SQL 커맨드들이 어떤 테이블을 만들지, 그리고
어떻게 결과를 산출하는지 등을 분명히 알고 있어야 한다.

● 추가 학습 ●

SQLite3에 대해 깊이 공부를 해보자. SELECT 커맨드에 대해 https://sqlite.org/lang_
select. html 문서를 읽어 보고, https://sqlite.org/eqp.html에 있는 **EXPLAIN QUERY PLAN**
도 훑어본다. **EXPLAIN**이 SQLite3 기능에 대한 답을 줄 것이다.

연습
41

SQL로 데이터 갱신하기

이것으로 CRUD의 CR에 대해 학습했다. 나머지는 갱신하고 삭제하는 오퍼레이션들만 알면 된다. 다른 모든 SQL 커맨드들과 마찬가지로 **UPDATE** 커맨드는 **DELETE**와 비슷한 형태를 보인다. 차이점은 로를 삭제하는 대신 로의 칼럼 데이터를 변경한다.

```
                                                          ex9.sql
1    UPDATE person SET first_name = "Hilarious Guy"
2        WHERE first_name = "Zed";
3
4    UPDATE pet SET name = "Fancy Pants"
5        WHERE id=0;
6
7    SELECT * FROM person;
8    SELECT * FROM pet;
```

이 코드에서 내 이름 제드(Zed)를 'Hilarious Guy(유쾌한 남자)'로 변경하려고 한다. 그 이름이 좀 더 나를 정확히 표현하기 때문이다. 이름을 변경하는 방법을 알려주기 위해 내 유니콘의 이름을 'Fancy Pants(멋쟁이)'로 변경했다.

이 SQL들을 이해하는 것이 어렵지 않을 것이다. 그래도 혹시 모르니까 첫 번째 명령에 대해 부연 설명을 한다:

❶ **UPDATE**로 시작한다. 테이블의 내용을 변경할 것이다. 여기서는 person 테이블이다.

❷ 다음으로 SET을 사용해 칼럼이 어떤 값을 가져야 하는지 적는다. 원하는 만큼 칼럼을 나열할 수 있다. 이때 콤마로 구분만 되어 있으면 된다. 예를 들어, first_name="Zed", last_name="Shaw" 같은 식이다.

❸ 그런 다음 SELECT에서와 같이 WHERE 절을 이용해 각 로를 테스트할 수 있는 조건식을 기록한다. UPDATE가 조건절에 맞는 것을 찾으면 앞에서 지정한 값들이 칼럼에 기록된다.

■ 복잡한 데이터 업데이트

이번에는 앞에서 다른 서브쿼리를 이용해 내 반려동물의 이름을 "Zed's Pet"으로 변경한다.

```
                                                              ex10.sql
1    SELECT * FROM pet;
2
3    UPDATE pet SET name = "Zed's Pet" WHERE id IN (
4        SELECT pet.id
5        FROM pet, person_pet, person
6        WHERE
7        person.id = person_pet.person_id AND
8        pet.id = person_pet.pet_id AND
9        person.first_name = "Zed"
10   );
11
12   SELECT * FROM pet;
```

이 예제는 다른 테이블의 정보를 바탕으로 현재 테이블을 업데이트시키는 방법을 보여 준다. 다른 방법도 있지만 이 방법이 지금 당장 이해하기 좋을 것이다.

데이터 교체하기

이번에는 데이터를 추가하는 다른 방법을 알아보기로 하자. 로의 내용을 교체하는데 좋다. 이 방법을 자주 사용하지는 않을 것이다. 하지만 전체 레코드를 교체하거나데이터 재정렬 없이 복잡한 UPDATE를 하고 싶지 않을 때 이 방법이 쓰인다.

필요한 경우는 다음과 같다. 내 레코드 정보를 다른 사람의 것으로 바꿀 때, 내가원래 가지고 있던 ID를 유지하는 것이다. 문제는 DELETE/INSERT를 하나의 트랜잭션에서 동시에 할 수 있는가 하는 것이다. 만약 그렇지 못하다면 데이터 전체를 변경해야 한다.

다른 방법으로 REPLACE 커맨드를 사용하는 것이다. 다음은 INSERT를 실패한 상황에서 REPLACE의 다른 두 가지 형식으로 데이터를 변경하는 것을 보여준다.

```
ex11.sql
1    /* 0이 이미 있기 때문에 insert가 실패한다. */
2    INSERT INTO person (id, first_name, last_name, age)
3        VALUES (0, 'Frank', 'Smith', 100);
4
5    /* INSERT OR REPLACE 명령은 데이터를 변경할 수 있다. */
6    INSERT OR REPLACE INTO person (id, first_name, last_name, age)
7        VALUES (0, 'Frank', 'Smith', 100);
8
9     SELECT * FROM person;
10
11   /* 앞 명령을 축약한 형태 */
12   REPLACE INTO person (id, first_name, last_name, age)
13       VALUES (0, 'Zed', 'Shaw', 37);
```

```
14
15       /* 이제 수정한 내용이 보인다 */
16       SELECT * FROM person;
```

도전 과제

❶ UPDATE를 사용해서 내 이름을 다시 "Zed"로 변경하기 위해 `person.id`를 이용한다.

❷ 이미 죽은 동물들의 이름을 "DECEASED"로 변경해 보자. 여러분이 이름을 'DEAD'로 변경하려고 하면 실패할 것이다. SQL이 여러분이 의도한 것을 잘못 이해하기 때문이다. "이름을 DEAD 칼럼의 값으로 변경하라"로 해석한다. 이것은 원하는 바가 아니다.

❸ DELETE를 가지고 했던 것처럼 서브쿼리를 사용해 보자.

❹ 'SQL as Understood By SQLite' 페이지(http://www.sqlite.org/lang.html)에 가서 CREATE TABLE, DROP TABLE, INSERT, DELETE, SELECT 그리고 UPDATE 관련 문서를 차례로 읽어 본다.

❺ 문서를 통해서 관심 있는 부분을 찾아보고, 이해되지 않는 부분은 기록한 다음 더 조사할 수 있도록 하자.

추가 학습

https://sqlite.org/lang_update.html에서 UPDATE 관련 문서 및 페이지를 훑어보자.

연습
42

SQL로 삭제하기

이번 연습은 아주 간단하다. 하지만 여러분이 코드를 작성하기 전에 시간을 갖고 생각할 것이 있다. SELECT를 사용할 때는 "SELECT * FROM"을 사용했고 INSERT를 할 때는 "INSERT INTO"를 사용했다. 그럼 DELETE 포맷은 어떻게 될까? 다음 예제를 커닝할 수도 있지만 일단 어떻게 해야 할지 생각해 보자.

```
ex7.sql
1      /* 로봇이 있는지 확인한다. */
2      SELECT name, age FROM pet WHERE dead = 1;
3
4      /* 로봇을 테이블에서 제거한다. */
5      DELETE FROM pet WHERE dead = 1;
6
7      /* 삭제된 것을 확인한다. */
8      SELECT * FROM pet;
9
10     /* 로봇을 다시 살려 보자. */
11     INSERT INTO pet VALUES (1, "Gigantor", "Robot", 1, 0);
12
13     /* 로봇이 살아났다! */
14     SELECT * FROM pet;
```

이번에는 내 로봇을 가지고 복잡한 업데이트 과정을 보여줄 것이다. 데이터를 삭제하고 **dead=0**으로 속성을 지정해 다시 로봇을 살려볼 것이다. 그러고 나서 UPDATE로 동일한 작업을 해볼 것이다. UPDATE로 하는 실제 사례는 고려하지 말자.

라인 5에 있는 것을 제외하면 앞 스크립트 대부분은 이미 친숙한 것들이다. 이것은 DELETE에 대한 것으로 포맷은 다른 커맨드와 비슷하다. DELETE FROM ⟨테이블⟩ WHERE ⟨검사식⟩, 이렇게 작성되고, 로를 삭제하는 SELECT라고 생각하면 되겠다. WHERE로 할 수 있는 것은 무엇이든 DELETE에서도 동일하게 동작한다.

다른 테이블을 이용해 삭제하기

"DELETE가 SELECT와 비슷하지만 테이블의 로(row, 열)을 삭제하는 것뿐이다"라고 했던 것을 기억하기 바란다. 한번에 한 테이블의 데이터만 삭제할 수 있다는 제한 사항이 있다. 이 말은 삭제를 하고 싶으면 쿼리를 먼저하고, 그것을 바탕으로 삭제를 해야 한다는 뜻이다.

이것을 하는 방법은 이미 작성한 쿼리를 바탕으로 삭제하려는 id를 select하는 서브쿼리를 사용하는 것이다. 다른 방법도 있지만 이것이 지금까지 배운 내용으로 바로 할 수 있는 방법이다.

```sql
1    DELETE FROM pet WHERE id IN (
2        SELECT pet.id
3        FROM pet, person_pet, person
4        WHERE
5        person.id = person_pet.person_id AND
6        pet.id = person_pet.pet_id AND
7        person.first_name = "Zed"
8    );
```
ex8.sql

```
 9
10    SELECT * FROM pet;
11    SELECT * FROM person_pet;
12
13    DELETE FROM person_pet
14        WHERE pet_id NOT IN (
15            SELECT id FROM pet
16        );
17
18    SELECT * FROM person_pet;
```

라인 1-8은 일반적인 **DELETE** 명령으로 시작한다. 그러고 나서 **WHERE** 절에 **IN**을
사용해 서브쿼리에서 받은 **pet** 테이블의 **id** 칼럼과 매칭되는 것을 찾는다. 서브쿼리
(혹은 서브셀렉트라고 한다)는 일반적이 **SELECT** 구문이다. 이전에 작성했던 것과 아주
비슷한 형태다. 사람들이 돌보는 반려동물을 찾을 때 사용한다.

라인 13-16에는 서브쿼리를 사용해 **person_pet** 테이블에서 **pet** 테이블에 기록
되지 않는 것들을 모두 제거한다. 이것을 위해서 IN을 사용하지 않고, **NOT IN**을 사
용했다.

SQL이 다음 과정에 따라서 삭제를 수행한다.

❶ 뒤 괄호 안에 있는 서브쿼리를 수행하고 일반적인 **SELECT** 구문에서 하는 것처럼 모든 칼
  럼을 가지고 있는 테이블을 만든다.

❷ 이 테이블을 **pet.id** 칼럼에 없는 것을 매칭하기 위한 테이블로 사용한다.

❸ **pet** 테이블로 가서 이 임시 테이블에 있는 id **IN**을 가진 모든 로(row, 열)를 삭제한다.

❶ ex2.sql에서 ex7.sql의 모든 스크립트를 한 파일로 합치고 스크립트를 다시 실행해 보자. 이 하나의 스크립트로 데이터베이스를 다시 생성한다.

❷ 앞 스크립트에 다른 pet을 삭제하고 이 데이터의 내용을 업데이트해서 다시 INSERT 해보자. 여기서 기억할 것은 이런 식으로 데이터를 변경하는 것은 레코드를 갱신하는 일반적인 방법이 아니라는 것이다. 이것은 연습일 뿐이다.

❸ SELECT 명령을 작성하는 연습을 하고 그것을 DELETE WHERE IN에 사용해서 찾은 데이터를 삭제해 보자. 여러분이 가지고 있는 죽은 동물에 대한 데이터를 삭제해 보자.

❹ 반대로도 해보자. 죽은 동물을 소유하고 있는 사람들의 데이터를 삭제해 보자.

❺ 죽은 반려동물에 대한 레코드를 정말 삭제해야 할까? person_pet에 있는 기록을 삭제해서 죽은 것을 표시하는 것은 어떨까? person_pet에서 죽은 동물에 대한 것을 삭제하는 쿼리를 작성해 보자.

● 추가 학습 ●

https://sqlite.org/lang_delete.html에 있는 DELETE 관련 문서를 살펴본다.

연습 43 SQL 관리하기

'**관**'리'라는 단어가 데이터베이스 분야에는 너무 과하게 사용되는 측면이 있다. '관리'는 간단히 말해 'PostgreSQL 서버를 계속 동작하게 하는 것'이라고 할 수 있다. 혹은 '새로운 소프트웨어에 대응해서 테이블을 변경하고 이전시키는 것'이라는 뜻이기도 하다. 이번 연습에는 간단한 스키마를 변경하고 이전하는 방법만 다룰 것이다. 데이터베이스 서버를 관리하는 전체 내용을 다루는 것은 이 책의 주제를 크게 벗어난다.

테이블을 삭제하고 변경하기

여러분은 생성된 테이블을 삭제하는 DROP TABLE을 이미 보았다. 이번에는 이것을 이용하는 다른 방법을 보여 주고, ALTER TABLE을 사용해서 테이블에 칼럼을 추가하거나 삭제하는 방법을 보여줄 것이다.

```
                                                          ex12.sql
1       /* 테이블이 있을 때만 삭제한다. */
2       DROP TABLE IF EXISTS person;
3
4       /* 다시 테이블을 생성한다. */
5       CREATE TABLE person (
6           id INTEGER PRIMARY KEY,
```

```
 7          first_name TEXT,
 8          last_name TEXT,
 9          age INTEGER
10      );
11
12      /* 테이블 이름을 peoples로 변경한다. */
13      ALTER TABLE person RENAME TO peoples;
14
15      /* peoples 테이블의 hatred 행(칼럼)을 추가한다. */
16      ALTER TABLE peoples ADD COLUMN hatred INTEGER;
17
18      /* 테이블 이름을 다시 person으로 변경한다. */
19      ALTER TABLE peoples RENAME TO person;
20
21      .schema person
22
23      /* 이것을 꼭 해야 하는 것은 아니다. */
24      DROP TABLE person;
```

명령어를 설명하기 위해 테이블을 억지로 변경했다. SQLite3에도 ALTER TABLE과 DROP TABLE 구문을 통해서 할 수 있다. 위에서 제시한 SQL 명령어를 자세히 설명하면 다음과 같다.

라인 2	IF EXISTS를 이용한다. 테이블이 있을 때만 삭제될 것이다. 이것은 테이블이 없는 새로운 데이터베이스에 이 .sql 파일을 실행했을 때 에러가 나는 것을 방지한다.
라인 5	이 명령을 통해서 테이블을 다시 생성한다.
라인 13	ALTER TABLE을 이용해서 테이블 이름을 peoples로 변경한다.
라인 16	변경된 peoples 테이블에 hatred라는 칼럼(column, 열)을 INTEGER 타입으로 추가한다.

라인 19	테이블 이름으로 별로인 peoples 테이블을 다시 person으로 변경한다.
라인 21	person 테이블의 스키마를 덤프해서 새로운 hatred 칼럼이 있는지 볼 수 있다.
라인 24	이번 연습에서 사용했던 테이블을 삭제한다.

▬ 데이터 이전 및 데이터 진화

연습
43

여러분이 배웠던 기술을 적용해 보자. 데이터베이스를 주고 스키마를 변경할 것이다. 이번 연습에서 배운 것을 알고 있어야 하고 **code.sql**이 잘 동작해야 한다. 이중에 하나라도 되지 않았다면 이전으로 돌아가 다시 복습한다.

이번 연습에서 의도한 대로 가고 있는지 확인하기 위해 **code.sql**을 실행하고 나서 **.schema**를 실행시킬 수 있어야 한다.

Exercise 13 Session

```
$ sqlite3 ex13.db < code.sql
$ sqlite3 ex13.db .schema
CREATE TABLE person (
    id INTEGER PRIMARY KEY,
    first_name TEXT,
    last_name TEXT,
    age INTEGER
);
CREATE TABLE person_pet (
    person_id INTEGER,
    pet_id INTEGER
);
CREATE TABLE pet (
```

```
    id INTEGER PRIMARY KEY,
    name TEXT,
    breed TEXT,
    age INTEGER,
    dead INTEGER,
    dob DATETIME
);
```

여러분의 테이블이 내 것과 같아야 한다. 만약 그렇지 않다면 이전으로 돌아가서 연습했던 **ALTER TABLE**이나 기타 내용들을 삭제한다.

도전 과제

여러분이 해야 할 것은 데이터베이스에 다음과 같은 변경을 해보는 것이다.

❶ pet에 했던 것처럼 person 테이블에도 dead 칼럼(column, 열)을 추가한다.

❷ person 테이블에 phone_number 칼럼을 추가한다.

❸ person 테이블에 salary 칼럼을 float 타입으로 추가한다.

❹ person과 pet 테이블에 DATETIME 타입으로 dob 칼럼을 추가한다.

❺ person_pet 테이블에 purchased_on 칼럼을 DATETIME 타입으로 추가한다.

❻ pet에 parent 칼럼을 추가한다. INTEGER 타입으로 부모 pet의 ID를 보관한다.

❼ UPDATE 구문을 이용해서 새로운 칼럼에 대한 데이터를 업데이트한다. 사람들이 반려동물을 언제 샀는지 기록하기 위한 person_pet 관계 테이블의 purchased_on 칼럼도 잊지 말자.

❽ 사람 4명 이상, 동물 5마리 이상을 추가하고 그들 간의 관계를 할당해 반려동물의 부모, 자식을 설정한다. 부모 자식 관계를 설정할 때는 부모의 ID를 구해서 그것을 원하는 동물의

parent 칼럼에 추가하면 된다.

❾ 2004년 이후에 산 반려동물과 그 반려동물의 주인 이름을 모두 찾는 쿼리를 작성해 보자. 이때 핵심은 person_pet의 purchased_on 칼럼을 사용해서 pet과 person 테이블에 데이터를 맵핑하는 것이다.

❿ 주어진 반려동물의 자식들을 찾는 쿼리를 작성하자. 이것을 하기 위해서 pet.parent를 찾아본다. 아주 쉬운 작업이므로 너무 고민하지 말자.

⓫ 여기서 했던 변경들을 모두 반영해서 code.sql 파일을 갱신하자. 이제 DROP TABLE IF EXISTS를 이용해서 데이터를 삭제해 볼 수 있다.

⓬ ALTER TALBE을 이용해 person에 height, weight를 추가하고 code.sql 파일에도 추가한다.

⓭ 데이터베이스를 리셋하기 위해서 새로 작성한 code.sql 스크립트를 실행해 보자. 에러가 없어야 한다.

연습
43

ex13.sql 파일에 새로운 것들을 추가해서 작성하면 된다. 그러고 나서 데이터베이스를 code.sql로 리셋하고, ex13.sql을 실행해 데이터베이스를 변경하고 테스트를 위해 SELECT 쿼리를 해볼 수 있다.

● 추가 학습 ●

DROP TABLE(https://sqlite.org/lang_droptable.html)과 ALTER TABLE(https://sqlite.org/lang_altertable.html)에 대한 자료를 읽고, SQLite3 언어 페이지(https://sqlite.org/lang.html)에 가서 나머지 CREATE와 DROP 구문에 대한 자료를 읽어 보자.

파이썬 데이터베이스 API 사용하기

파 이썬에는 표준 데이터베이스 API가 있어서 같은 코드로 다양한 데이터베이스를 사용할 수 있다. 여러분들이 사용하려는 각 데이터베이스는 다른 모듈로 데이터베이스와 통신하는 방법을 알고 있으며 PEP 249(https://www.python.org/dev/peps/pep-0249/)의 표준을 따르고 있다. 그래서 서로 다른 API로 통신하는 모든 데이터베이스와 연동을 더 쉽게 할 수 있다. 이번 연습에는 **sqlite3** 모듈을 사용하게 될 것이다(https://docs.python.org/2/library/sqlite3.html). 이 API를 통해서 SQL로 작업하는 방법을 알아보자.

■ API 배우기

프로그래머로서 끊임없이 해야 하는 것이 있다. 즉, 다른 사람들이 작성한 API를 공부하는 것이다. 여기서 API를 공부하는 방법에 대해서 특별히 언급하지 않았다. 언어에 따라서 공부하는 방법이 다르기 때문이다. 파이썬과 파이썬 모듈들은 서로 연결되어 있다. 따라서 파이썬을 배울 때 이런 모듈의 API를 공부하지 않을 수 없다. 물론 API를 공부하는 효과적인 방법은 있다. 이번 연습에서 그것을 익혀보자.

sqlite3 모듈과 같은 API를 공부하기 위해 다음과 같은 것을 한다.

❶ API에 대한 모든 문서를 찾아본다. 만약 문서가 없으면 코드를 찾는다.

❷ 샘플이나 테스트 코드를 리뷰하고, 작성한다. 샘플이나 테스트 코드를 읽는 것만으로는 충분하지 않다. 나는 그것들을 실제로 동작시켜 본다. 그 이유는 많은 경우에 API의 현재 버전과 문서가 맞지 않는 경우가 많기 때문이다. 문서에 있는 모든 것을 직접 만들어 보면 문서에서 언급하지 않는 것들도 찾을 수 있다.

❸ 샘플 코드를 찾고 자신의 컴퓨터에 동작시킬 수 있도록 노력하면서 그 절차 하나하나를 기록하는 것이 중요하다. 문서를 작성하면서 빠지는 내용이 있기 때문이다. 문서를 작성한 사람들은 이미 관련 설정이 있어서 인지하지 못한 것이다. 문서를 작성하는 대부분의 프로그래머는 완전히 새 머신에서 작업하지 않는다. 따라서 가끔 반드시 설치돼야 하는 라이브러리 혹은 소프트웨어를 빼먹곤 한다. 이런 상황의 차이는 내가 실제 API를 적용하려고 할 때 문제가 된다. 따라서 이런 부분들을 꼭 기록한다.

❹ 플래시 카드를 만들거나 엔트리 포인트가 되는 주요 API와 그것들이 하는 일들을 적어 놓는다.

❺ API를 사용하는 작은 테스트 스파이크를 해본다. 이때 노트만 보고 테스트를 해야 한다. API를 작성하다가 기억나지 않으면, 문서를 다시 보고 노트를 고친다.

❻ 마지막으로 API를 사용하는 것이 어렵다면 간단한 API의 코드를 래핑해서 필요한 부분만 만드는 것을 고려해 볼 수 있다. 그러면 API를 잊어도 된다.

이런 과정 자체가 API를 가르쳐 주지는 않는다. 결국 여러분이 할 수 있는 여러 가지 방법을 찾아보아야 한다. API를 만든 사람이 코드만 남겨 놓았다면 아마도 문서를 만드는 다른 프로젝트가 있을 것이다. 그 프로젝트로 문서를 읽어 보자. 코드만 있는 API를 사용해야 한다면 주어진 코드를 바탕으로 노트를 하면서 시도해 볼 수 있다. 또 작성자가 하지 않는 부분을 책으로 엮어 돈을 벌 수도 있다.

도전 과제

이번 연습에서 설명한 방식으로 **sqlite3** API를 공부했다면 이제는 여러분이 직접 간략한 API를 작성해 보자. 기억할 것은 DB API 2.0은 데이터베이스를 접근하는 간결하고 훌륭한 API라는 것이다. 그러니 나중에 복잡한 API를 래핑하는 연습을 한다고 생각하고 해보자. 여러분의 목표는 **sqlite3** API를 충분히 공부해서 데이터베이스에 더 쉽게 접근할 수 있는 방법을 연구하는 것이다.

'더 간단히'라는 말은 순전히 주관적이다. 현재의 필요에 따라 다른 의미를 갖는다. *여러분이 간소화해야 하는 것은 SQL 데이터와 통신하는 방법에 대한 것이 아니라 SQL 데이터베이스와 통신이 필요한가에 대한 것이다.* 애플리케이션에서 사람과 동물에 대한 것만 필요하다고 하면, API를 간단하게 만들 수 있다.

● 추가 학습 ●

파이썬에서 사용할 수 있는 다른 데이터베이스의 문서를 보자. Pyscopg PostgreSQL API(http://initd.org/psycopg/docs/)와 MySQL 파이썬 드라이버(https://dev.mysql.com/doc/connectorpython/en/)에 대한 API 문서를 보면 된다.

ORM 만들기

이 책의 SQL에 관련된 마지막 연습으로 조금 큰 프로젝트를 준비했다. 이제 여러분들은 데이터베이스에서 사용하는 SQL 언어의 기본을 알게 되었다. 여러분들은 파이썬의 OOP에 능숙할 것이다. 이제 이 둘을 하나로 합쳐서 ORM(object relational manager)을 만들어 볼 시간이다. ORM의 역할은 기존의 파이썬 클래스를 가지고 이것을 데이터베이스의 테이블에 저장되어 있는 로로 변환시키는 것이다. Django를 한번이라도 써보았다면, ORM을 사용해 본 것이다. Django에 있는 ORM으로 데이터를 저장했을 것이다. 이번 연습에서 Django에서 하고 있는 방식을 구현해 볼 것이다.

도전 과제

현업에서 우리 직원이 ORM을 만들고 싶다면 말하면 "안돼요. 기존에 있는 것을 쓰세요."라고 답할 것이다. 학생으로서 기술을 배우는 상황과 프로그래머로서 일하는 상황 사이에는 큰 차이가 있다. 일할 때는 고객을 위해 돈을 받고 해야 하기 때문이다. 회사에 이익이 되지 않는 것들을 만드는 데 업무 시간을 사용하는 것은 어떤 식으로도 정당화할 수 없다. 하지만 그것을 제외한 여유 시간은 여러분의 것이다. 초심으로 돌아가서 기존 소프트웨어를 최대한 많이 다시 만들어 보아야 한다.

ORM을 작성하다 보면 OOP 개념과 SQL 간의 차이 때문에 생기는 많은 문제를 알 수 있다. 클래스를 사용해 만들었던 모델을 SQL로 표현할 수 있다. SQL은 모든 것이 테이블이라서 다양한 문제가 있을 수 있다. ORM을 만들다 보면 SQL과 OOP 모두에 대해서 더 많은 것을 알 수 있으니 최대한 ORM을 잘 만들 수 있도록 노력하자.

ORM이 꼭 가지고 있어야 할 주요 기능은 다음과 같다.

❶ 외부에서 들어온 문자열을 ORM으로 보낼 때 안전해야 한다. SQL을 만들 때, f-스트링 방식을 사용하면 안 된다. f"SELECT*FROM {table_name}"이라는 식으로 SQL문을 만든다면, 누군가가 이 table_name을 "person; DROP TABLE person" 식으로 설정할 수 있게 된다. 데이터베이스는 아마도 이 SQL을 실행해 모든 것들을 삭제할 수 있거나 더 좋지 않은 상황이 되기도 한다. 데이터베이스 중에는 SQL로 시스템 커맨드를 실행할 수 있는 것도 있다. 이런 문제를 'SQL 인젝션'이라고 한다. 여러분의 ORM에 이런 문제를 만들면 안 된다.

❷ 파이썬에 모든 CRUD 오퍼레이션을 지원하지 않도록 한다. 특히 CREATE TABLE은 다른 것들이 모두 잘 동작할 때까지 하지 않았으면 한다. INSERT, SELECT, UPDATE, DELETE는 처리하기 쉽지만 클래스의 정의를 통해서 데이터베이스 구조를 생성하기 위해서는 파이썬의 마법이 필요하다. 손으로 작성한 .sql 파일을 사용해서 데이터베이스를 생성하고 다른 작업들이 잘 동작하면 이 .sql 파일을 교체해 볼 수 있다.

❸ SQL 타입을 파이썬의 타입에 매핑시키고, SQL 타입을 처리하기 위해서 새로운 타입을 도입한다. 여러분은 파이썬 데이터 타입을 SQL 테이블에 집어 넣기 위해서 많은 노력을 기울여야 한다는 것을 알게 될 것이다. 이런 작업이 아주 고된 일이 될 것이고, 결국 데이터 타입을 모두 새로 만들어야 한다. Django가 그랬다.

❹ 트랜잭션은 아주 어려운 주제이지만 이것을 처리할 수 있다면 한번 해보자.

이번 연습을 하면서 여러분들이 좋아하는 여러 프로젝트의 기능을 가져와 쓰기 바란다. ORM을 디자인하면서 Django의 ORM을 참고해도 된다. 마지막으로 우리가 지금까지 연습한 데이터베이스를 대상으로 ORM을 만들어 보면 좋겠다. 이후 이것을 일반화해 다양한 데이터베이스에도 동작할 수 있도록 하자.

추가 학습

이 책의 앞부분에서 언급했던 것처럼, 조 셀코(Joe Celko)의 『*SQL for Smarties(똑똑이들을 위한 SQL)*』 *5판, Morgan Kaufmann, 2014*을 보면 SQL에 대해서 많은 것을 배울 수 있다. 조의 책은 나보다 더 많은 내용을, 더 잘 설명하고 있다.

Learn MORE PYTHON 3 the HARD WAY

PART 7

마지막
프로젝트

이 책의 마지막 Part는 여러분이 더 큰 프로젝트를 준비하고, 개인적인 프로세스를 강화하기 위한 Part다. 이런 프로젝트들은 여러 가지 어려움이 공존한다. 하지만 프로젝트를 통해 여러분의 프로세스를 정형화하고 어떤 부분이 자신에게 맞는지 이해하는 데 도움이 될 것이다. 가장 중요한 것은 어떤 일을 하고 어떤 것이 여러분에게 최선인지 알아가는 과정이다. 내가 책에서 자기 개발과 관련해서 제시하는 방법들을 모두 해보지 못할 수 있다. 하지만 그 중 일부를 선택해서 사용하고, 이것을 스스로를 분석하는 일을 계속 해야 한다. 그렇게 하는 것이 프로그래머로서 성장하고 발전하는 효과적인 방법이다.

여러분이 지금까지 익혔던 것들을 다시 돌아보자. 그동안 배웠던 것들을 최대한 많이 적용할 수 있어야 한다.

- Part 1은 산업에 필요한 것들에 대해서 공부했다.
- Part 2는 해킹 방법과 최대한 시작을 자연스럽게 하는 방법을 논의했다.
- Part 3는 데이터 구조와 알고리즘에 대해서 배웠다. 그리고 퀄리티에 집중하는 방법과 테스트를 잘 작성하는 방법에 대해서도 배웠다.
- Part 4는 테스트 주도 개발 방법(TDD), 오딧을 사용해서 프로젝트를 테스팅하고 퀄리티를 높이는 기술을 적용해 보았다.
- Part 5는 파싱에 대한 것, 퀄리티를 측정하는 방법 그리고 효과적인 테스트 작성법을 설명했다.
- Part 6는 SQL 데이터베이스를 공부했고 데이터를 분석, 구조화하는 새로운 프로세스를 소개했다.

이번 Part에서는 앞서 설명한 모든 것을 여러 프로젝트에 적용해 볼 것이다. 이때 다음 세 가지 영역에 집중한다.

❶ 프로세스, 여러분의 프로세스를 정의해 보고 그것에 따른다.
❷ 퀄리티, 자동화된 테스트, 테스트 툴, 퀄리티 프로세스를 기록한다.
❸ 창의성, 잘 정의되지 않는 문제를 풀어 보고 간단한 해킹으로 프로젝트를 시작해 본다.

여러분이 일하는 프로세스는 무엇인가?

이 책에서 다양한 프로세스에 대해서 설명을 했다. 프로세스, 품질 혹은 창의성을 집중적으로 다루는 다양한 도전 과제가 주어졌고, 여러분은 각 과제를 풀었다. 그러면서 퀄리티에 대한 기록을 계속해서 어떤 것은 잘했고 어떤 것은 안됐는지 그래프로 그려 볼 수 있었다. 이제 자신만의 프로세스를 만들어 이번 Part의 프로젝트에 적용해 볼 차례다.

시간을 가지고 여러분의 프로세스에 대해 생각해 보자. 해킹을 한번 하고 TDD로 작업할지, 오딧에 많은 시간을 사용하는 엄격한 TDD를 할지, 해킹과 오딧만 할지. 이 두 가지에 대해서만 선택하라는 뜻이 아니다. 이 주제에 대해서 생각해 보라는 뜻이다. 여러분의 개인적인 스타일을 생각해 보자. 나는 모자와 빨간 셔츠를 좋아한다. 왜냐고 묻지 마라. 그냥 좋을 뿐이다. 여러분의 프로세스도 마찬가지다. 여름에 물방울 무늬 드레스와 노란 신발 같은 것을 선호하는 것이다. 프로그래밍할 때, 나는 '해킹, 재정의, 테스트, 휴식'이라는 토픽 프로세스를 따른다.

여러분이 집중할 주제를 정하고 나면 이제 이 주제에 대한 절차를 정한다. 카드에 절차를 적어 그것을 따라 갈 수 있도록 한다. 복잡한 것보다는 간단한 것이 훨씬 좋다. 복잡한 프로세스는 실천하기 어렵다. 그리고 프로세스는 창조성과 퀄리티를 모두 만족시켜야 한다. 내 프로세스는 프로젝트의 종류에 따라서 다른 것을 사용하다. 이것들에 대해서는 이 책을 통해서 이미 다 언급했다. 내가 알려준 것들을 이용해서 여러분만의 프로세스를 만들어보기 바란다.

여러분의 프로세스가 만들어졌으면, 직접 노트한 것을 바탕으로 선택한 것을 정당화하는 지표를 만들 수 있다. 여러분은 TDD를 선택했을 것이다. TDD는 좀 더 완전한 코드를 작성하는 느낌이 들도록 해준다. 하지만 Part 5의 퀄리티 지표는 그렇게 좋지 않았다. 여기서 프로세스에 대해서 꼭 짚고 가야할 것이 있다. 여러분이 선호하는 프로세스라고 해도 자신과 맞지 않으면 휴지통에 던져야 한다.

프로세스에 대한 이해를 바탕으로 몇 가지 프로젝트를 통해서 테스트를 해보도록 하자. 잘못될까 걱정하지 말자. 우리가 생각하는 것 그리고 우리가 결정하는 것들은 항상 최선이다. 원자 폭탄 같은 전장의 열기가 그것을 녹일 것이다. 이것은 여러분이 하는 과학 실험이다. 그러니 어떤 것들이 재앙이라고 한다면 그것을 기록해 이유를 찾는 지표를 만들어서 다시 시도할 수 있도록 하자.

연 습
46

블로그

이번 섹션의 초반에 설명한 것처럼 여러분은 자신들의 프로세스 테마가 있어야 한다. 또한 프로세스 절차를 리스트로 만들어 하나하나 처리해 나갈 수 있어야 한다. 앞으로 진행할 프로젝트를 위한 준비 운동으로 블로그라고 하는 완전히 새로운 것을 만들어 볼 것이다.

이번 프로젝트는 천천히 시작해야 한다. 절대 서두르지 말자. 우리의 목표는 빠른 프로그래머가 되는 것이 아니다. 일을 하는 방법이 자연스러워질 때까지 천천히 체계적으로 접근함으로써 유연하게 속도를 올리는 것이 더 좋다. 서두르면 엉망이 된다.

노트를 계속해야 하는 것을 잊지 말아야 한다. 현재 작업 상황과 작업에 대한 지표를 계속 기록해야만 한다. 여러분이 효과적인 방법으로 일하고 있는지 알기 위한 것이다. 모든 방법들이 잘 되는 것은 아니다. 그렇기 때문에 많은 프로그래머들이 사용하고 있는 다양한 방법론과 전략을 알려주려고 노력하는 것이다. 프로젝트가 실패하면, 노트의 기록을 보고 그 이유를 찾을 수 있도록 해야 한다. 그래서 다음 프로젝트에서 방법을 변경해 보고 어떤 것이 더 좋은지 찾아야 한다.

도전 과제

blog라고 하는 간단한 커맨드라인 툴을 작성해 보자. 창조적인 프로젝트를 위한 창의적인 이름이다. 블로그는 초기 프로그래머들이 작성한 초기 프로젝트로 여러분의 프로젝트는 로컬에서 블로그를 생성해서 생성된 파일들을 **rsync** 툴을 이용해 서버로 보낼 것이다. 다음은 이번 연습의 요구 사항들이다.

❶ 블로그가 무엇인지 모른다면 블로그에 대해서 알아보고 사용해 보자. 다양한 플랫폼들이 있지만 워드 프레스나 텀블러 같은 것이 좋을 것이다. 잠시 사용해 보고 여러분이 만들고 싶은 기능을 찾아서 노트하자. 너무 빠지지는 말자.

❷ HTML 페이지를 꾸미기 위해서 템플릿 시스템을 사용하는 방법을 배워야 한다. 추천하는 것은 Mako(http://www.makotemplates.org/) 혹은 Jinja(http://jinja.pocoo.org/) 템플릿 시스템이다. 이 시스템을 이용해서 HTML 템플릿 파일을 만들면, 사용자들이 디렉토리에 만들어 둔 텍스트 파일을 기반으로 실제 콘텐츠를 집어 넣을 수 있다.

❸ 여러분의 블로그 포맷으로 Markdown(https://pypi.python.org/pypi/Markdown)을 사용할 경우, 프로젝트에 markdown 라이브러리를 설치한다.

❹ 여러분이 만들 블로그는 정적 파일 블로그이다. 따라서 SimpleHTTPServer 문서(https://docs.python.org/2/library/simplehttpserver.html)에 있는 'python -m Simple HTTPServer 8000'을 사용할 수 있다. 이렇게 하면 브라우저로 여러분이 파일을 만든 디렉토리에 바로 접근할 수 있다.

❺ 블로그에 대한 작업을 하기 위해서 **blog**라고 하는 커맨드 라인 툴이 필요하다.

❻ 작업을 시작하기 전에, 여러분의 **blog** 툴이 해야 하는 것들에 대해서 전체적으로 생각해 보고 필요한 커맨드들과 아규먼트들에 대해서 정리해 보자. 그러고 나서 docopt 프로젝트(https://github.com/docopt/docopt)를 체크아웃한다. 이런 커맨드 툴을 개발하는 효과적인 방법이다.

❼ 테스트하고자 하는 것들을 테스트할 수 있는 형태로 만들어주기 위해서 mock(https://pypi.python.org/pypi/)를 사용해야 한다. 특히, 에러 조건에 대해 테스트할 때 필요하다. Mock를 사용하는 방법에 대해서 이번 연습의 비디오를 보도록 하자.

원하는 **blog** 툴을 자유롭게 만들어보는 것 외에 더 해야 할 것이 있다. 창의적인 방법으로 하자. 블로그를 어떤 식으로든 생성하고 그것을 서버에 넣어서 볼 수 있도록 하면 된다.

마지막으로 **rsync**를 이용해서 블로그를 서버에 넣을 수 있다. 다음 예를 보자.

```
rsync -azv dist/* myserver.com:/var/www/myblog/
```

이것을 좀 더 발전시킬 수 있으며 정적 파일을 서비스하는 방법을 배우는 계기가 될 수도 있다. 아마존의 S3를 사용하는 방법에 대해 훈련에서 알아보자.

❶ 여러분의 서버에 있는 정적 파일들은 재미있는 결과물이고 이번 프로젝트의 전부이다. 하지만 아마존 S3와 연동되는 blog 툴을 만든다면 더 좋지 않을까? Boto3(https://aws.amazon.com/sdk-for-python/)라는 프로젝트가 있다. 이 프로젝트는 S3로 연동되는 **blog** 툴을 만들 수 있다.

❷ **blog serve** 커맨드를 작성해서 파일을 생성하는 대신 **SimpleHTTPServer** 클래스를 사용해서 blog를 직접 서비스할 수 있도록 해보자.

bc

이제 워밍업을 마치고, 새로운 프로젝트를 시작할 때가 되었다. 지금부터 소개할 프로젝트들은 하루에 2~3시간의 세션을 한다고 보았을 때, 하루 이틀 혹은 그 이상 걸릴 것으로 생각한다. 하지만 할 수 있는 한 많이 구현하는 데 필요한 시간을 충분히 가져도 좋다.

이번 프로젝트는 Part 5에서 학습한 것을 토대로 bc 프로그램을 위한 언어를 만들어 보기로 하자. 이미 **연습 36**에서 bc를 위한 간단한 수학식을 계산할 수 있는 기능을 구현한 바 있다. 이번에는 최대한 근사한 언어를 개발해 보자. bc를 위해 수많은 오퍼레이션들과 함수 그리고 제어 구조를 만들자. 여러분의 목적은 RDP를 공부한 내용을 바탕으로 목표하는 기능을 개발하는 것이다.

스캐닝 단계를 시작으로 파싱, 분석 단계를 처리하는 파서를 만들고 bc 코드의 샘플을 이용해서 테스트까지 하는 데 집중한다. 이번 프로젝트는 해야 할 일이 많다. 직접 언어를 구현해야 하기 때문이다. 하지만 최선을 다해서 훌륭한 문법을 완성시켜 보자.

도전 과제

bc 언어는 수학식을 처리하는 것 이상의 기능을 갖고 있다. 나는 기본적인 수학식 이상을 사용해 본 적은 없지만 언어 자체는 강력하다. 함수를 정의할 수 있고, `if` 절을 사용할 수 있다. 그리고 많은 다른 일반적인 프로그램의 구조를 구현할 수 있도록 해야 한다. 여러분의 bc를 만들 때 전체 bc 언어를 다 구현하지는 못할 것이다. 너무나 기능이 많다. 대신 다음과 같은 것들은 꼭 구현하기 바란다.

❶ 모든 수학 연산자들(operators)
❷ 변수
❸ 함수
❹ if 절

위에서 나열한 것들은 여러분이 언어를 개발해야 하는 순서이기도 하다. 먼저 오퍼레이션이 잘 동작해야 한다. **연습 35**에서 만들었던 구현을 가져와서 시작해도 좋겠다. 일단 오퍼레이션이 잘 동작하면 변수를 만든다. 변수를 만들기 위해 분석기를 이용해서 변수에 값을 저장하고, 저장된 값을 가져올 수 있도록 만들어야 한다. 그리고 마지막으로 함수를 구현하고, if 절을 구현한다.

bc의 GNU 버전 문서를 자세히 읽어볼 수 있다. 이 문서는 언어에 대한 완벽한 설명을 담고 있다. 이것을 보고 언어를 만들 수도 있다. 하지면 여기에 특별한 마술 같은 것은 없다. 이것들은 대부분 C에서 가져온 것이고 다른 많은 언어도 이것과 비슷하다.

이번 도전을 하면서 시간을 가지고 단계별로 진행을 하자. 언어 개발의 아름다움은 논리적으로 완벽한 순서로 쭉 진행되는 것에 있다. 스캐닝을 거쳐 파싱으로 넘어가고, 다시 분석 단계를 거친다. 세 단계 사이를 오가야 하는 것이 많지 않다.

마지막으로 여러분이 RDP 파서를 구현하고 있다는 것을 명심하자. 솔직히 실제 컴퓨터 과학의 파싱 분야의 초보 버전이다. 진지하게 파싱을 해야 한다면 직접 파서를 만드는 것보다는 파서 생성기를 사용해야 한다. 손으로 작성하는 것은 재미있는 도전이나 텍스트를 처리하는 파서의 논리적인 구조를 배우기 위한 것일 뿐이다.

bc 언어를 공부하기 위해 http://ftp.gnu.org/gnu/bc/에 있는 소스 코드를 가져와 bc.y, sbc.y 그리고 scan.l 파일을 본다. 이 파일의 내용이 복잡하고 이해하기 쉽지 않을 것이다. 그러면 lex와 yacc라고 하는 툴도 조사해 본다.

연습 48

ed

여러분이 일하는 프로세스가 잘 동작한다면, 이제는 몇 주간 집중해서 지속할 수 있는 프로젝트를 할 수 있다. 이번 프로젝트의 목표는 여러분이 할 수 있는 한 ed 커맨드를 거의 정확하게 만들어 보는 것이다. 이번 프로젝트는 뭔가를 창조하는 것과는 거리가 멀다. 그저 소프트웨어를 아주 정확하게 복제하는 것이다. 이번 연습은 위조 프로그램을 만든다고 생각하자. 원본 ed를 대체해도 누구도 눈치채지 못할 만큼 잘 만들면 좋겠다.

ed 커맨드에 대한 마스터 복사를 해보자. 최대한 정확히. 즉, 테스트로 동일한 스크립트에 대해 원래 ed와 여러분이 만든 소프트웨어의 결과를 비교해야 한다는 뜻이다. 이 방식은 알고리즘의 마스터 복제 연습과 동일하다. 단지 이번에는 기억보다는 원래 소프트웨어의 동작을 그대로 복제하는 데 집중하는 것이다. 프로세스는 비슷하다. 테스트를 이용하면 더 빠르게 원하는 것을 할 수 있을 것이다.

도전 과제

ed 툴은 현존하는 가장 오래된 초창기 유닉스 텍스트 에디터 중 하나이다. 솔직히 말하면 그 툴은 사용하기 쉽지 않다. 현존하는 소프트웨어 중 가장 반사용자 친화적인 소프트웨어로, 텍스트를 수정하는 데 ed를 사용하는 사람이 아직도 있을 것이라고 상상할 수 없다. 유닉스의 불편한 컴퓨팅 환경을 경험하고 싶다면, ed 복제품을 만드는 것만으로도 또 다른 재미를 줄 것이다.

ed는 스크립트 방식을 지원하기는 하지만 기본적으로 인터랙티브하게 사용된다. 일종의 텍스트 파일을 위한 MUD 게임 같다. **ed**를 처음 실행하면 커맨드 모드로 실행된다. 이 모드에서 커맨드를 사용해서 텍스트를 변경할 수 있다. 입력이 필요한 커맨드를 실행시키면, 입력 모드로 들어가 필요할 때까지 그 모드를 유지한다. 여러분은 텍스트를 수정할 때, 수정하고자 하는 텍스트 라인을 기억하고 있어야 한다. 다른 에디터들에 비해서 고통스럽기는 하지만 그 당시에는 이 방식이 최선이었다.

ed에서 정규식을 사용하기 위해서 파이썬의 **re** 라이브러리(https://docs.python. org/2/library/re.html)를 많이 사용하게 될 것이다. **연습 31**에서 이 라이브러리를 사용한 바 있다. 그러므로 이 라이브러리와 RegEx에 대해서 친숙할 것이다.

나는 여러분들이 프로젝트를 하는 45분의 세션 중 하나를 적용해 **ed**를 직접 사용해 보았으면 한다. 경험을 통해 얻어지는 것이 많다.

이외에 **man ed** 페이지를 통해서 **ed**의 기본 커맨드와 **ed**를 가지고 할 수 있는 튜토리얼을 사용할 수 있다. 프로젝트를 진행하는 첫 번째의 단계는 온라인에서 다양한 샘플 예제를 찾아보고, 테스트 케이스로서 이것들을 동작시키는 것이다.

> **경고**
> ed 커맨드의 모달(modal) 환경을 처리하기 위해서 FSM(유한 상태 머신)을 사용하는 것이 좋다.

훈련

❶ GNU ed에 대한 소스 코드를 찾아 살펴보자. 비록 C로 작성되기는 했지만.

❷ ed 구현을 모듈로 만들어서 다른 프로젝트에서 사용할 수 있도록 하자. 나중에 다른 연습에서 필요할 것이다.

❸ 심심하지 않다면, 이런 소프트웨어를 다시 만들지 않는다.

sed

연습 9에서 빠르게 해킹하는 방법을 배울 때 아주 간단한 sed 버전을 구현했다. 이 번에는 더 정확한 sed 버전을 만들어 본다. **연습 48**의 훈련에서 ed를 모듈로 만들 라고 했다. sed 커맨드를 하기 위해서 **연습 48**에서 만든 이 모듈이 필요하다.

지금 적용 중인 프로세스는 잘 작동하고 있는가? 그 프로세스가 좀 더 긴 시간이 필요한 프로젝트에도 도움이 된다고 생각하는가? 변경할 부분이 있는가? 평가 지표 자료를 수집하거나 아니면 무시했나? 이번 연습을 시작하기 전에 그동안 작성한 노트를 쭉 보면서 얼마나 여러분들이 발전하고 있는지 확인해 보자.

이번 도전 과제는 **연습 48**의 ed 프로젝트에서 가져온 코드를 재사용한다. '재사용' 이라는 개념은 소프트웨어의 핵심이다. 하지만 많은 프로젝트에서 재사용을 무리하게 적용하다가 엉망이 된 사례가 부지기수이다. 많은 사람들이 소프트웨어를 디자인 하면서 각각의 컴포넌트들이 다양한 소프트웨어에 재사용될 수 있도록 하고 있다. 하지만 그 과정에서 디자인이 너무 복잡해진다. 따라서 소프트웨어를 분리해서 독립적으로 사용할 수 있도록 만들고, 나중에 사용할 부분만 뽑아서 다른 프로젝트에 사용할 수 있도록 하는 것이 좋다.

나는 보통 소프트웨어를 만들 때, 재사용 개념을 고려하지 않고 프로그램을 작성한다. 즉, 다른 프로젝트에 사용될 것을 고려하지 않는다. 내가 고려하는 것은 높은 퀄리티의 소프트웨어를 만드는 것뿐이다. 새로운 프로젝트를 시작할 때, 전에 작성했던 코드 중 재사용할 수 있는 부분이 있는지 본다. 있다면, 그 부분을 모듈로 만든다.

다음은 내가 재사용하는 프로세스다.

❶ 자동화된 테스트를 가지고 있고 완벽히 동작하는 높은 품질의 소프트웨어를 개발하라. 다른 소프트웨어에서 사용될 수 있다고 고려하지 않는다.

❷ 다른 프로젝트의 코드를 사용할 수도 있는 새로운 프로젝트를 시작한다.

❸ 첫 번째 프로젝트로 돌아가 코드를 꺼내 별도의 모듈로 만든다. 첫 번째 프로젝트가 이 모듈을 사용하도록 수정해서 프로그램의 동작에 변화가 없도록 한다.

❹ 프로젝트의 일부를 모듈로 바꾸고 나서 원래 프로젝트의 자동화된 테스트를 모두 통과하면, 이 모듈을 새로운 프로젝트에 사용한다.

❺ 새 프로젝트에서 이 모듈을 사용하면 모듈이 변경될 것이다. 이 변경도 원래 소프트웨어 기능에 영향을 주지 않도록 한다.

이대로 하기 위해 자동화된 테스트가 있어야 한다. ed 프로젝트를 하면서 테스트 코드를 만들지 않았다면 이 책을 잘 읽었는지 의심스럽다. 다시 돌아가서 ed 프로젝트를 모두 커버할 수 있는 테스트 코드를 만들도록 하자.

도전 과제

먼저, ed 프로젝트의 커맨드를 처리하는 부분을 가져와서 모듈로 만들고 기존 테스트가 깨지지 않도록 한다. 솔직히 이것이 이번 프로젝트에서 가장 어려운 부분이다. sed 대부분은 ed 모듈을 사용해서 작업하기 때문이다.

다음으로, **연습 9**에서 예제 코드를 가져와 필요 없는 부분을 제거하거나 수정하는 등 새로운 프로젝트로 처음부터 다시 시작한다. 일단 프로젝트 시작 방식을 결정하고 나면, ed 모듈을 사용해서 sed의 기능을 최대한 많이 개발한다. 이번 프로젝트에서 창의성을 발휘할 부분은 두 프로젝트에서 같이 사용해야 하는 부분이 정확히 어떤 것들인지 결정하는 부분이고, 그것을 모듈로 만드는 것에 있다.

이번 구현을 하면서 여러분의 목표는 sed 명령을 최대한 정확히 만드는 것이다. 이번 연습은 구현 부분에서 창의성을 발휘할 것이 없다. 그냥 최대한 꼼꼼히 하면 된다. 그리고 자동화된 테스트를 이용해서 커맨드가 원래의 sed 작업과 동일한지 계속 확인한다.

마지막으로 sed에 대한 작업을 진행하다 보면 모듈로 만들고 싶은 부분이 보일 것이다. 그것을 모듈로 만들어 sed에도 적용하고, ed 프로젝트에도 적용해야 한다. 세 개의 프로젝트를 왔다 갔다 작업하는 것이 도전적인 부분이다. 45분 시간 단위로 한 가지 일에 집중하는 식으로 작업 전환으로 인해 생기는 문제를 방지하자.

훈련

모듈에 대한 작업을 하면서 코드를 모듈화시키는 데 방해가 되는 코딩 습관이 있었는가? 그것들이 구체적으로 무엇이었나?

연습 50 | vi

이번 연습으로 내가 감옥에 갈 수도 있겠다. 여러분은 ed와 sed에서 사용하는 기능을 개발했다. 그럼 다음 단계로 역사상 가장 미움을 많이 받으면서도 유용한 텍스트 에디터를 만들어 보자. 바로 vi다. 리스프(Lisp)를 알고 있다면 이맥스(Emacs)를 개발할 수도 있다. 하지만 텍스트 에디터를 가장 완벽한 운영 체제로 만들기 위해서 시간을 쓰고 싶어 하는 사람은 없다. 인생은 온종일 세 개의 키를 누르고 탭을 두드리느라 시간을 낭비하기에 너무 짧다.

이번 연습의 목표는 vi를 정확히 복제하는 것이 아니다. 너무 시간이 많이 걸린다. 그러나 여러분의 뜻이 그렇다면 vi를 그대로 복제하는 것도 해볼 만하다. 이번에 만들 프로젝트의 목표는 ed 모듈을 한번 더 재활용해 보고 파이썬의 curses 모듈(https://docs.python.org/2/howto/curses.html)을 사용해 보는 것이다. curses 모듈을 사용하면, 텍스트 터미널 윈도우 그래픽을 제어할 수 있다. '그래픽'은 따로 정확히 표시해야 한다. curses에서 그래픽은 아주 제한적이기 때문이다.

curses를 사용해서 기본적인 vi를 구현할 수 있다. 파일을 열고 모듈을 사용해서 ed와 sed 커맨드를 실행할 수 있다. 또, curses로 이것들을 터미널 화면에 출력할 수 있다. 이 프로젝트를 하면서 vi를 자동화된 테스트로 만드는 것이 쉽지 않다는 것을 알게 될 것이다. 여러분이 가상의 curses 테스팅 프레임워크를 사용하는 방법을 이해하게 되면 추가적으로 포인트를 얻을 것이다. 하지만 내 생각에는 그것을 하기 위해 유닉스(Unix) pty 시스템을 가지고 하는 마법 같은 기술이 필요하다.

테스트를 하는 더 좋은 방법은 최대한 vi를 파이썬 모듈로 만드는 것이다. 그래서 curses 스크린 시스템으로 실행하지 않고 코드를 테스트할 수 있도록 해야 한다. 내가 모듈이라고 말할 때는, ed 모듈에서 했던 것처럼 pip으로 설치할 수 있는 파이썬 모듈을 의미하는 것이 아니다. vi를 위한 코드상의 모듈을 의미하는 것으로, 프로젝트로 임포트해 쓸 수 있다는 의미다.

이번 프로젝트에서는 뷰(curses)를 제어하는 코드를 다른 코드들과 분리하고, 테스트를 위해서 가상의 뷰(view)를 끼워 넣는 방법을 생각해야 한다. 그러면 vi를 실행해서 수동으로 테스트하는 부분은 일부만 남게 된다.

도전 과제

vi의 모든 것을 구현하지는 않을 것이다. 실제 vi는 너무 오래되었고 매우 복잡하기 때문이다. 따라서 vi에 대해서 마스터 카피를 하는 것은 시간이 너무 오래 걸린다. 여러분이 할 것은 다음과 같다.

❶ ed 모듈을 가져온다.
❷ curses로 UI를 만든다.
❸ 다양한 파일에 동작할 수 있도록 한다.

여러분이 할 일은 프로그램에 어느 정도의 기능을 추가하는 것이다. 따라서 집중해야 하는 첫 번째는 curses가 어떻게 동작하는지 알아내는 것이다. curses의 동작 방식을 알기 위해서 문서를 읽고, 테스트 코드를 작성해 본다.

curses로 작업할 수 있을 정도가 되면, vi 사용법을 배워야 한다. 이번 연습에서

vi 속성 과정에 대한 비디오를 포함시켰다. 온라인에서 참고할 수 있는 커닝 페이퍼 (치트 시트)도 여럿 찾을 수 있다. vi에 대한 비디오를 보면서, 실제로 vi로 코딩을 하면 좋겠다. ed와 sed의 구현체를 통해 vi 동작 방식에 대한 아이디어를 얻을 수 있을 것이다. 이론적으로 vi는 'visual ed'일 뿐이다. 따라서 ed에 UI를 입힌 것으로 볼 수 있다.

훈련

❶ ed 구현에서 사용한 유한 상태 머신을 vi 구현에서 사용할 수 있을까? (ed의 디자인을 그대로 사용한다고 했을 때)

❷ curses를 사용하지 않고 GUI를 만드는 것은 얼마나 어려울까? GUI 버전으로 만드는 것을 권장하지는 않는다. 하지만 조사해 보고, 무엇을 해야 하는지 알아보자.

연습
50

lessweb

이 책도 거의 막바지에 왔다. 이제 마지막 두 번의 연습을 통해 할 수 있는 하나의 프로젝트를 해보려고 한다. 웹 서버를 만들어 보자. 이 연습에서 파이썬의 http.server 모듈을 간단히 배워 보고, 이 모듈을 사용해 간단한 웹 서버를 만들 것이다. 동작 방식을 설명하고 방법을 알려주는 문서를 참조하게 될 것이다. 직접적인 방법은 되도록 배제했다. 지금까지처럼 여러분 스스로 해볼 수 있도록 도와줄 것이다.

웹 서버를 만든 후, 웹 서버 해킹을 시도하는 테스트를 작성한다. '깨부수기' 섹션에서 어떻게 하는지 알려줄 것이다. 하지만 이제는 여러분이 작성하는 코드에서 오류를 찾아보는 것에 신경을 곤두세울 필요 없다.

도전 과제

파이썬 3의 http.server 문서(https://docs.python.org/3/library/http.server.html)를 읽고 시작한다. 그리고 파이썬 3의 http.client 문서(https://docs.python.org/3/library/http.client.html)와 requests 문서(http://docs.pythonrequests.org/en/master/)도 읽어 보자. requests 혹은 http.client 중 아무거나 선택해서 여러분이 만든 http.server를 테스트하는 코드를 작성할 것이다.

다음으로 해야 할 것은 다음과 같은 일을 할 수 있는 웹 서버를 http.server를 이용해서 만드는 것이다.

❶ 설정 파일을 통해서 설정할 수 있어야 한다.

❷ 계속 실행을 하면서 들어온 요청을 처리한다.

❸ 설정된 디렉토리에 있는 파일들을 서비스한다.

❹ 웹 사이트에 대한 요청에 응답하고, 올바른 콘텐츠를 서비스한다.

❺ 들어오는 모든 요청을 파일에 로그로 남겨서 나중에 볼 수 있도록 한다.

여러분이 앞에 제시한 문서에 있는 예제를 보았다면 기본적으로 동작하는 방식을 대부분 알 수 있을 것이다. 다음 연습에서는 웹 서버를 해킹하는 방법을 설명하겠다.

코드 깨부수기

이번 섹션에서 해야 할 것은 여러분이 만든 웹 서버를 공격해 보는 것이다. OWASP 보안 취약점 상위 10가지(https://www.owasp.org/index.php/Category:OWASP_Top_Ten_Project)를 시작으로 해서 다른 일반적인 공격들도 해보자. 여러분이 이것을 개발하기 위해서 파이썬 3의 **os** 모듈 문서(https://docs.python.org/3/library/os.html)를 살펴볼 필요가 있다. 여러분이 할 수 있는 실수 목록도 추가했다.

❶ 의도하지 않는 디렉토리에 접근하기. 여러분은 URL(/some/file/index.html)에서 파일 경로를 가져와 요청한 파일을 열려고 했을 것이다. 이 부분에 파일의 전체 경로(/Users/zed/web/some/file/index.html)를 넣을 수 있다. 경로에 '..'를 사용해서 디렉토리 외부에 있는 파일에 접근해 보자. /../../../../../../../../etc/passwd 파일에 접근할 수 있으면 성공한 것이다. 왜 이런 일이 벌어지는지 설명해 보고, 어떻게 수정해야 하는지 생각해 보자.

❷ 의도하지 않는 요청 무시하기. 여러분은 GET과 POST만 찾았을 것이다. 하지만 누군가

HEAD 혹은 OPTIONS을 요청하면 어떻게 될까?

❸ 아주 큰 HTTP 헤더 보내기. 엄청나게 큰 HTTP 헤더 때문에 파이썬의 `http.server`가 잘못되거나 시스템이 느려지는지 확인해 보자.

❹ 모르는 도메인에 대해서 요청을 받을 때, 에러 내지 않기. 어떤 사람들은 서버가 도메인을 인식하지 못할 때, 랜덤한 웹 사이트를 서비스하는 것을 기능으로 보기도 한다(cough, Nginx). 여러분의 서버는 화이트 리스트 방식을 사용해야 한다. 도메인을 인식하지 못하면 404 에러를 내야 한다.

여기에서 설명한 것은 자주 실수하는 것 중 극히 일부에 불과하다. 가능한 많은 케이스를 연구하고. 문제를 고치기 전에 자동화된 테스트로 문제를 재현할 수 있도록 해야 한다. 서버에 이런 문제가 없다면 일부러라도 만들어 보자. 이런 문제를 어떻게 만드는지도 학습에 도움이 된다.

훈련

❶ 파이썬 3 os 문서에서 `os.chroot` 함수를 검토하자.

❷ chroot를 생성하기 위해 `os.chroot` 함수 및 다른 os 모듈 함수들을 어떻게 사용하면 되는지 알아보자.

❸ os 모듈에 있는 많은 함수들과 여러분이 찾은 다른 모듈을 사용해서 서버에 chroot를 적용할 수 있도록 다시 작성하고, 루트 권한을 가진 사용자가 아닌 일반 사용자 권한으로 실행할 수 있도록 하자. 윈도우 운영 체제의 경우, 이 작업이 쉽지 않다. 리눅스에서 작업하거나 이 부분을 무시해도 된다.

연습
52

moreweb

연습 51에서 파이썬의 `http.server` 라이브러리를 이용해 웹 서버를 만들었다. 이제 마지막 프로젝트를 해보자. 여러분이 지금까지 배운 지식을 바탕으로 아무것도 없는 상태에서 웹 서버를 만들어 본다. **연습 51**에서는 `http.server` 모듈에서 대부분의 로직이 처리되는 웹 서버를 만들었다. 여러분이 직접 HTTP 프로토콜을 파싱하거나 네트워크 커넥션에 대한 것을 하지는 않았다. 마지막 연습으로 여러분이 만든 `lessweb` 서버에서 `http.server`가 하던 것들을 복제해서 스스로 개발해 본다.

도전 과제

이번 연습을 하기 위해서 파이썬 3의 **asyncio** 모듈(https://docs.python.org/3/library/asyncio.html)에 대한 문서를 읽어야 한다. 이 라이브러리는 소켓 요청을 처리하고 서버를 만들고 시그널을 기다리는 등 필요한 모든 것들을 제공해 준다. 여러분이 더 큰 도전을 해보고 싶다면 파이썬 3의 **select** 모듈(https://docs.python.org/3/library/select.html)을 사용해 볼 수 있다. 이 모듈은 소켓을 처리하는 낮은 레벨 API를 제공한다. 이 문서에 있는 내용을 이용해서 작은 소켓 서버와 클라이언트를 만들어야 한다.

TCP/IP 소켓으로 통신하는 서버와 클라이언트를 만드는 방법을 이해했다면, HTTP 요청으로 넘어가야 한다. 이 프로젝트에서 가장 힘든 부분이다. HTTP 표준은 필요 이상으로 복잡하기 때문이다. 나는 여러분이 디자인할 수 있는 가장 간단한 HTTP 파싱부터 시작해서 더 많은 예제를 처리할 수 있도록 확장시켜 나갈 것이다.

첫 시작은 RFC 7230(https://tools.ietf.org/html/rfc7230)으로 시작한다. 하지만 사람들이 만들 수 있는 최악의 케이스들에 대한 대비도 해야 한다.

RFC 7230을 공부하는 가장 좋은 방법은 부록에 있는 ABNF(https://tools.ietf.org/html/rfc7230#appendix-B)에서 모든 문법을 살펴보는 것이다. 처음 보면, 내용이 너무 방대해서 말도 안된다고 생각할 수 있다. 이 책의 Part 5에서 비록 작은 부분이지만 배운 것들이다. 우리는 이미 정규 표현식, 스캐너, 파서 등이 어떻게 동작하고, 이런 문법들을 어떻게 읽는지도 알고 있다. 여러분에게 필요한 것은 이 문법을 연구하고, 이것을 조금 개발해 보는 것뿐이다. 이것을 구현할 때, 'chunk' 문법은 완전히 무시했다.

이 문법을 공부하고 나면, 여러분이 이미 만든 것을 사용해서 HTTP에 대한 파서를 작성해야 한다. HTTP의 작은 부분을 처리하는 파서를 만들기 위해서 여러분이 알고 있는 모든 것, 즉 데이터 구조, 파싱 툴 등을 이용한다. 이 문법을 최대한 처리하려고 해보자. 여러분에게 도움이 될 수 있는 테스트 파일이 https://learncodethehardway.org/more-python-book/http_tests.zip에 있다. 이 테스트 파일을 다운로드 받아서 파서가 올바르게 동작하는지 확인해볼 수 있다. 나는 이 테스트 케이스를 And-HTTP 서버(http://www.and.org/andhttpd/)에서 가져왔다. 그리고 추가로 기본 예제를 포함시켰다. 여러분의 목표는 이 테스트를 최대한 많이 통과하는 것이다.

마지막으로, **asyncio** 혹은 **select**를 이용해서 서버를 작성하는 방법과 HTTP를 파싱하는 방법을 알게 되면, 이 두 개를 하나로 합쳐서 웹 서버로 동작할 수 있도록 만든다.

코드 깨부수기

여러분이 만든 웹 서버를 해킹해 봐야 한다. 하지만 여기서는 다른 것들도 시도해야 한다. RDP 스타일로 작성한 파서를 사용해 가능한 논리적인 방식으로 올바르게 HTTP를 처리할 수 있도록 파서를 작성했다. 그럼 여러분의 HTTP 파서가 올바르지 않은 요청을 걸러내는지 봐야 한다. 지난 번에 했던 공격을 찾아서 이 웹 서버에 사용해 보자. 해킹을 자동으로 해주는 웹 사이트들이 몇 개 있다. 그중 하나를 선택해서 여러분의 서버에 실행해 보자. 안전을 위해서 믿을 만한 테스트 툴을 사용하고 본인 서버에만 사용해야 한다.

● 추가 학습 ●

여러분이 웹 서버와 웹 기술에 대해서 완전히 이해하고 싶다면, moreweb 서버를 사용해서 웹 프레임워크를 만들어 본다. 웹 사이트를 먼저 만들고, 웹 프레임워크에 필요한 패턴들을 앞에서 만든 것에서 뽑는 방식을 사용하는 것이 좋다. 웹 프레임워크의 목표는 여러분이 사용하는 패턴들을 캡슐화해서 웹 애플리케이션을 간단히 만들 수 있도록 하는 것이다. lessweb과 moreweb 연습에서 했던 것처럼 웹 프레임워크에 대해서도 연구하고, 구현하고 일반적인 공격에 대응하는지 확인해야 한다.

여러분이 TCP/IP를 더 깊이 알고 싶다면, 『Effective TCP/IP Programming(효과적인 TCP/IP 프로그래밍』 Jon C. Snader, Addison-Wesley, 2000을 읽어 보기 바란다. 이 책은 C로 작성되었지만 TCP/IP의 동작 방식을 확실히 배울 수 있도록 간단한 예제와 함께 44개의 다양한 주제를 다룬다. TCP/IP는 C로 만들어졌기 때문에 C로 소켓이 어떻게 처리되는지 이해하지 못하면 다른 언어에서 사용되는 방식이 이상하게 보일 수 있다. TCP/IP를 공부하면 소켓 서버가 어떻게 동작하는지 알수 있다. 한 가지 주의할 것이 있다면, 이 책은 오래 전에 작성된 것이기 때문에 코드 자체는 동작하겠지만 사용할 수 있는 가장 최신 코드라고 할 수 없다.

Ｉｎｄｅｘ • 찾아보기

더 탄탄하게 배우는 파이썬 3

2018. 8. 9. 1판 1쇄 인쇄
2018. 8. 17. 1판 1쇄 발행

지은이 | 제드 쇼(ZED A. SHAW)
옮긴이 | 안진섭
펴낸이 | 이종춘
펴낸곳 | **BM** 주식회사 **성안당**
주소 | 04032 서울시 마포구 양화로 127 첨단빌딩 5층(출판기획 R&D 센터)
　　　 | 10881 경기도 파주시 문발로 112 출판문화정보산업단지(제작 및 물류)
전화 | 02) 3142-0036
　　　 | 031) 950-6300
팩스 | 031) 955-0510
등록 | 1973. 2. 1. 제406-2005-000046호
출판사 홈페이지 | **www.cyber.co.kr**
도서 내용 문의 | hrcho@cyber.co.kr
ISBN | 978-89-315-5571-4 (13000)
정가 | 20,000원

이 책을 만든 사람들
책임 | 최옥현
기획·진행 | 조혜란
교정·교열 | 장윤정
본문·표지 디자인 | 임진영
홍보 | 박연주
국제부 | 이선민, 조혜란, 김해영
마케팅 | 구본철, 차정욱, 나진호, 이동후, 강호묵
제작 | 김유석